U0887731

中等职业教育财经商贸类系列教材

电子商务类“岗课赛证”融通创新成果

直播销售

ZHIBO
XIAOSHOU

主　编　吴玉红
副主编　崔　前　张传莉
参　编　赵亚娟　郭晓燕
　　　　杨梅玲　白佳弘　刘　芬

北京师范大学出版集团
BEIJING NORMAL UNIVERSITY PUBLISHING GROUP
北京师范大学出版社

图书在版编目（CIP）数据

直播销售 / 吴玉红主编. -- 北京：北京师范大学出版社，2025. 1. -- ISBN 978-7-303-30472-1

Ⅰ. F713.365.2

中国国家版本馆CIP数据核字第20250GQ434号

ZHIBO XIAOSHOU

出版发行：北京师范大学出版社 www.bnupg.com
北京市西城区新街口外大街12-3号
邮政编码：100088

印　刷：保定市中画美凯印刷有限公司
经　销：全国新华书店
开　本：889 mm × 1194 mm　1/16
印　张：14.5
字　数：390千字
版　次：2025年1月第1版
印　次：2025年1月第1次印刷
定　价：45.00元

策划编辑：鲁晓双　　责任编辑：焦　静
美术编辑：焦　丽　　装帧设计：焦　丽
责任校对：王志远　　责任印制：赵　龙

版权所有　侵权必究

读者服务电话：010-58806806
如发现印装质量问题，影响阅读，请联系印制管理部：010-58800608

前　言

网络直播作为数字经济的一个重要组成部分，正逐渐成为电子商务发展的新常态。直播销售不仅缩短了供应链环节，减少了信息差，提高了消费者信息的反馈速度，还通过更真实、精准、稳定的需求反馈实现产业间的深度合作与共赢。党的二十大报告指出，加快发展数字经济，促进数字经济和实体经济深度融合，打造具有国际竞争力的数字产业集群。

直播销售作为一种新兴的在线营销方式，在增加就业、扩大内需、促进数字经济发展等方面发挥了积极作用。随着“网络主播”成为国家认可的正式职业，这一领域的专业化和标准化程度不断提高。2021年，《职业教育专业目录（2021年）》在“电子商务类”中新增了“直播电商服务”专业。伴随着直播电商行业生态的日益成熟，企业对“直播+电商”人才的需求急剧增长，职业院校师生和行业内的从业人员迫切需要一套系统化、实用化的教材和学习资源，以便更好地掌握直播销售的相关技能和知识。为适应“十四五”国家经济社会发展和2035年远景目标对职业教育的要求，推进“岗课赛证融通”的高技能人才培养模式，根据直播电商课程特点和相关岗位的技能要求，与相关职业标准和工作过程紧密对接，融入了行业发展的新知识、新技术、新工艺、新方法，介绍当前主流直播电商平台，校企合作共同开发，以确保内容的实用性和前瞻性。

本教材以习近平新时代中国特色社会主义思想为指导，根据新形态教材建设相关要求设计内容，本着“毕业即能上岗、上岗即能操作”的原则，将课程思政融入教材，注重学生职业核心素养的培育，以学生为中心采用项目任务式教学，教材由“走进直播销售”“直播销售商业模式和商业逻辑”“直播销售策略和技巧”“主流直播平台销售”“提升直播销售能力”“直播销售数据采集与分析”6个项目组成，共安排20个任务，每个任务中包含若干个活动，并围绕“课程学习、岗位能力、技能竞赛、1+X证书”等指标，设计了“直击大赛”“知识链接”“拓展阅读”“团队实训”“项目评价”等栏目，让学生切实了解自身学习情况，为实习和就业提供了一定的参考依据。

本教材由合肥市经贸旅游学校吴玉红担任主编，全书编写分工如下：项目1由铜陵市中等职业技术教育中心赵亚娟编写，项目2由合肥财经职业学院郭晓燕编写，项目3由合肥市经贸旅游学校张传莉、刘芬编写，项目4由合肥市经贸旅游学校杨梅玲编写，项目5由合肥市经贸旅游学校白佳弘编写，项目6由青岛华夏职业学校崔前编写。吴玉红负责统稿、审校、数字资源的统筹与整理等工作。本教材的编写也是一个产教融合的过程，我们邀请了行业企业的专家深度参与，强调“以学生为中心”的教学理念，通过整合真实生产项目、典型工作任务和工程实践案例，为学生创造了具有真实工作环境的学习环境。教材编写组参阅了相关著作和部分网页资料，同时得到了北京快手科技有限公司夏磊的指导，在此一并表示感谢！

在这个充满挑战和机遇的时代，直播销售作为一种新兴的营销模式，正在引领着商业的未来。《直播销售》这本教材，是我们对这个时代的最好回应，也是我们对未来的一份承诺。我们相信，本教材有助于学生成为行业的领跑者，为社会的发展贡献自己的力量。

由于本课程的特殊性，教材中使用了一些电商网站和部分品牌的案例和图片，仅作举例使用，不作广告推荐，如有疑问，请联系编辑部邮箱（lxs@bnupg.com）。由于编者水平有限，本教材若有疏漏之处，恳请广大读者批评指正，使教材在修订中不断完善。

编　者

目录

CONTENTS

项目1 走进直播销售

项目概述

校企合作企业针对电商专业学生开展了在岗实践活动。晓慧作为新媒体时代的中职生，对于在各大直播平台购物操作自如，现在需要转换身份成为商家，如何运营直播平台？怎么做好直播销售？晓慧还一知半解，她希望可以通过本次项目实践，了解直播销售，进一步把自己的兴趣发展成职业。新入职的直播从业人员需要先了解直播销售、熟悉直播销售行业发展现状及法律法规、熟悉直播销售员的岗位要求和职业素养，晓慧决定好好学习直播销售的基础知识，为将来成为一名优秀的直播销售工作者打下基础。

知识目标

1. 了解直播销售的概念、优势及软硬件设施。
2. 熟悉直播销售行业发展现状、行业法律法规。
3. 熟悉直播销售从业人员的构成、直播销售员道德素养及技能要求。

技能目标

1. 熟悉直播销售的基本情况，能够根据团队情况选择合适的硬件和软件设施。
2. 熟悉直播销售员岗位现状，能够成为合格的直播销售从业人员。

素养目标

1. 培养对直播销售的工作兴趣。
2. 养成团队合作意识和职业精神。
3. 增强遵守法律法规及行业规则的意识。

任务一　了解直播销售基础知识

工作情景描述

晓慧在本次直播轮岗实践中担任主播岗位，在与直播运营员的配合中，了解到许多直播销售的基础知识。晓慧意识到自己在专业知识方面还有所欠缺，需要进行系统的学习，于是她决定先从直播销售的概念学起，由浅入深熟悉直播销售，为毕业后更好地从事直播销售工作做好准备。

思考

1. 直播电商与传统电商的区别是什么？
2. 直播销售有哪些优势？
3. 在直播销售中需要哪些类型的软件设备？这些设备分别有什么作用？

任务分解

- 了解直播销售基础知识
  - 初识直播销售
    - 直播电商与传统电商的区别
    - 直播销售的概念
    - 直播销售的优势与劣势
  - 认识直播销售硬件和软件
    - 直播销售硬件设备
    - 直播销售软件设备

活动一　初识直播销售

晓慧开始担任直播销售员，新入职的第一课就是熟悉直播销售的概念、优势等基础知识，了解直播销售的历史和发展现状，接下来让我们一起来跟着晓慧学习吧。

一、直播电商与传统电商的区别

直播电商与传统电商的区别

直播电商的核心是电商，直播是一种实现电商营销的新模式、新途径。与传统电商相比，直播电商拥有强互动性、高转化率等优势，直播电商是对人、货、场三要素的重构。

1. 人

除了传统买家卖家，直播电商还融入主播和第三方结构，如MCN机构等新型参与者，输出专业内容，提升消费者信任度。

2. 货

直播商品以“高性价比+限量”为主要卖点，主动为消费者推荐商品，吸引消费者购物，缩短购物决策时间。

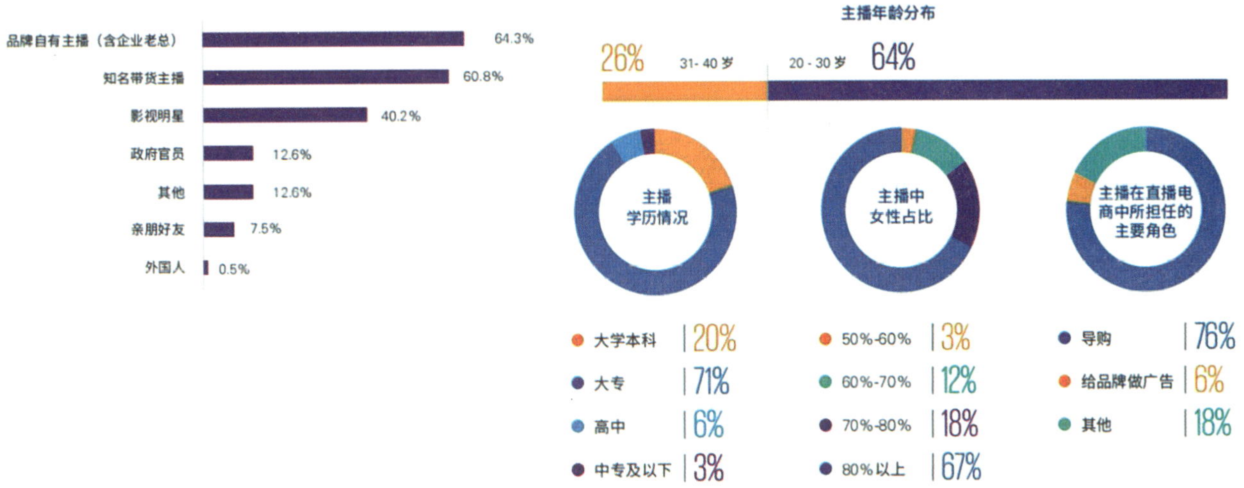

图1-1-1　直播电商对“人”的分析

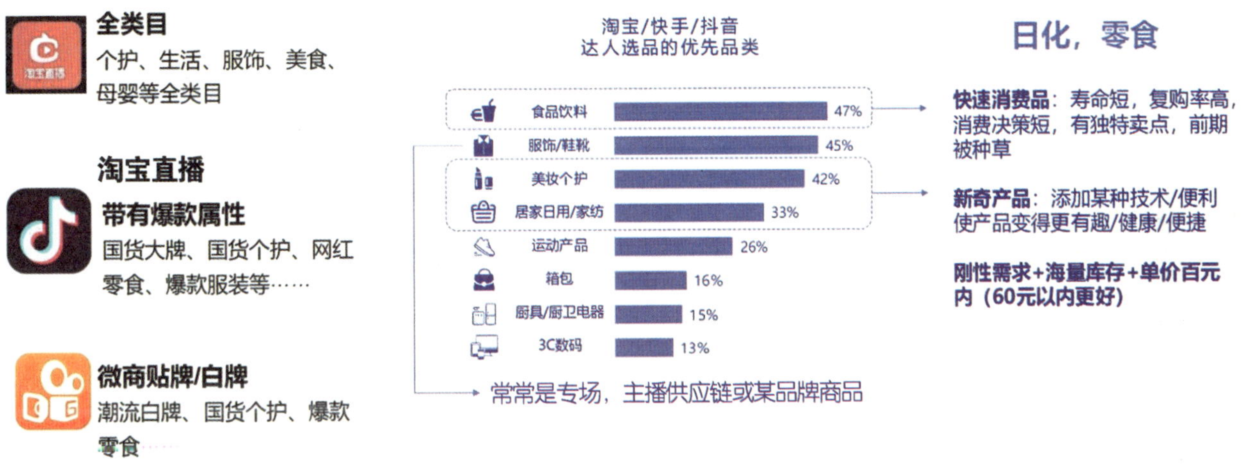

图1-1-2　直播电商对“货”的分析

3. 场

除了传统“商品详情页”，直播电商还通过对新技术的应用为消费者营造消费环境和使用场景（绿幕、智能主播助理），通过场景的搭建带来更强的集聚效应，推动消费者购物体验升级。

图1-1-3　直播电商对“场”的分析

直播电商重构了人、货、场三要素，提供了一个全新的商品营销模式，直播电商与传统电商有哪些区别呢？（表1-1-1）

表1-1-1　直播电商与传统电商的区别

所示	直播电商	传统电商
内容呈现	主播导购	商品详情页
属性特征	娱乐+营销	营销
商业逻辑	货找人， 主播将商品呈现给消费者	人找货， 消费者自行搜索所需商品
商品价格	价格具有一定优势；日常通过限时抢购、礼赠降价等手段吸引消费者	价格优势不明显；价格较为稳定，日常折扣小
互动性	强， 主播与消费者进行实时互动	弱
转化率	较高	较低

二、直播销售的概念

2016年，淘宝平台新增直播带货模块，从此直播带货开始崭露头角。2020年，直播行业迎来新的发展机遇，发展至今直播销售已成为企业和个人销售的新模式，越来越多的人选择通过直播平台获取信息和购买商品，直播销售也因此成为一个热门话题。

（一）直播的内涵

直播销售不是简单的“直播+销售”，直播能够通过图像和声音展示真实场景，激发消费者想象力和情绪，从而满足受众快速获取信息的需要。现场直播是所有节目中最能实现传收双方互动的形式之一。直播分为文字图片直播和视频直播两种，传统电视台多以视频直播为主，如新闻类的《新闻联播》、演艺类的《春节联欢晚会》等。

移动互联网时代，文字、图片、视频皆可实现直播，比如泛娱乐化的抖音、快手、花椒直播、哔哩哔哩等，侧重于游戏直播的虎牙直播、斗鱼直播等，侧重于电商直播的淘宝，侧重于企业直播的目睹直播、盟主直播、好视通等平台。

（二）销售的内涵

销售是指以出售、租赁或其他方式向第三方提供产品的行为，包括为促进该行为进行的有关辅助活动，如广告、促销、展览、服务等。即，销售是指实现企业生产成果的活动，是服务于客户的活动。

（三）直播销售的内涵

直播销售是在特定的网络直播平台上实现视频交互、影像实时化的应用产品推销和推广。直播销售的两种作用：一是产生即时的买卖行为；二是通过对产品介绍与展示，使客户能够全面地了解产品的使用价值及性能。直播销售实际上是商家在网络平台上的营销行为，是企业和商家经营销售与网络直播深度融合的创新产物，是一种运用网络渠道招揽顾客的新型营销模式。主播使用语音直播功能向观众推荐商品，引导观众通过淘宝、抖音、快手等平台进行购买，这个销售过程就叫直播销售，如图1-1-4所示。

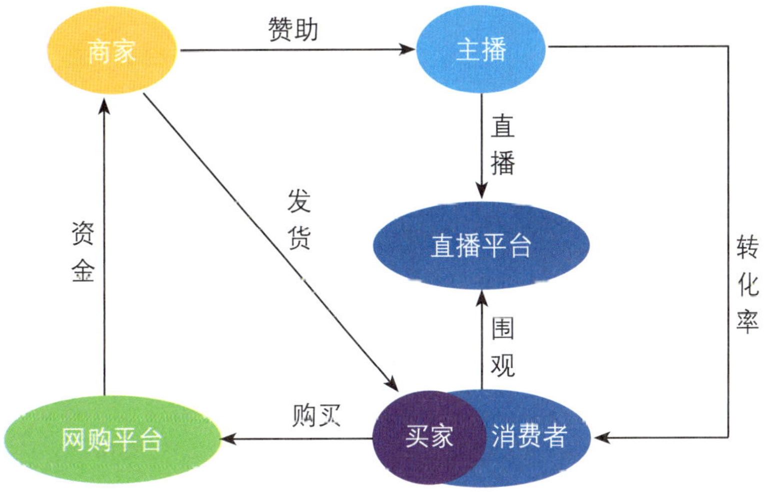

图1-1-4　直播销售图解

三、直播销售的优势与劣势

（一）直播销售的优势

1. 降低营销成本

通过直播带货的方式营销， 成本较低，省去了很多实体商店所需要的成本，如店面租金、仓储压货等，同时省去传统电商请明星代言、拍摄广告、投放广告等费用。主播可以自己进行产品讲解和销售，将重点放在产品讲解本身。

2. 激发购买欲望

由于互联网直播销售采用的是网络视频化的销售模式，人与人之间可以进行无障碍的沟通交流，通过企业的营销策划，经过“包装”的主播与顾客进行互动，营造一种热烈和激动人心的购买氛围，提升顾客购物的欲望。

3. 扩大消费者范围

一般的线下店铺只能吸引周边的消费者进行消费，即使是繁华地段也只能吸引本地区消费者的消费，流量是有限的。然而，通过直播平台卖货，可以吸引到来自全国各地的消费者，拓宽了销路。

4. 增强展示效果

与传统电商不同，直播模式是多维度立体化的，更加直观，更加真实，互动性也更强。消费者不仅能通过图片来了解商品，还能通过短视频、主播讲述对产品的使用体验，甚至可以通过弹幕中看到的其他已购消费者的发言，增强对商品的了解。

5. 提高营销效率

直播销售主要以实时的网络视频方式进行营销，使商家与客户能够随时随地通过网络进行沟通。在实时互动中，商家还可以运用多媒体等多种数字化技术，在视频画面中即时插入宣传的图片、文字和产品介绍的相关视频。这种网络媒体的营销模式使产品信息宣传有了质的转变，提高了营销效率。

6. 拉近与顾客的距离

主播一般是公众人物，许多影视明星、网络红人等都利用直播进行品牌代言，这些有影响力的名人主播往往更能吸引消费者，拉近商品与顾客的距离。此外，还有一些商家直接在直播中展示企业工厂生产经营的画面，使顾客更为直观地了解产品的生产流程，增加信任感，拉近与顾客的心理距离。

（二）直播销售的劣势

1. 内容同质化现象严重

直播带货处于流量红利期时，吸引了大量“入局者”，导致行业竞争愈发激烈，但缺乏有效监管，直播内容同质化严重，产品质量参差不齐，受众定位不明确，一些主播没有自己的特色，渐渐地失去市场。所以，主播也要对宣传的产品质量进行严格把关，对产品的消费主体进行精准定位。

2. 话语不慎影响口碑

平台主播面对公众发言，直播时有大量消费者观看，因为网络直播具有实时性的特点，所以举止稍有不慎，很容易影响自己的形象。因此，主播在与消费者互动的过程中，一定要注意自己的话语和举止。

3. 法律及平台规范相对滞后

随着直播销售模式的快速发展，一些问题也在凸显。如，主播个人言行失范，平台主体责任履行不到位、虚假宣传、销售假冒伪劣商品、售后缺位等问题频发，法律及平台规范相对滞后阻碍着直播电商市场的长远发展。

活动二　认识直播销售硬件和软件

俗话说，“三秒看场景，五秒看货品和主播”。一个完美的直播现场需要视觉上的完美展现。如果硬件设备没有准备好，就无法呈现出完美的直播现场，也无法让消费者产生场景代入感。晓慧在试播时会遇到卡顿、噪声大，或者灯光、设备调节不到位导致画面模糊等情况，发现自己对直播软硬件和数据平台还不太了解。为了更好地完成直播销售，接下来就让我们跟晓慧一起认识直播硬件和软件吧。

一、直播销售硬件设备

（一）摄像类设备

直播间类型可以分为手机直播间、虚拟直播间、专业直播间三类，不同类型的直播间需要配置不同级别的摄像设备。

1. 基础配置：两部手机及支架

一部手机用于直播，另一部手机作为客服执行上链接等操作。手机支架是为了给直播提供稳定的画面。目前市面上手机支架的品牌、种类繁多，可以根据直播环境选择落地式或台式手机支架。手机支架可以支持多个机位，协助主播兼顾多个直播平台。主播可以优先选择带有美颜补光灯的手机支架，它有利于打造室内良好的灯线效果，提升主播上镜的形象。（图1-1-5）

2. 升级配置：摄像机、摄像头及支架

摄像机和摄像头能够采集输出高清、优质的直播画面，效果是手机镜头无法比拟的。这

类配置一般是在电脑直播时需要用到的。（图1－1－6）

3．高级配置：顶摄摄像机、长焦机位、游机、特写机位等

这些设备可实现多机位镜头切换、表情特写等直播效果。（图1－1－7）

（二）数码类设备

高品质的直播需要用到电脑等数码设备，电脑直播在稳定性、画质音质、功能应用上比手机直播效果更出色，是淘宝、抖音、快手较多主播首选的直播方式。电脑直播同时还可以配备电视机、LED屏、采集卡、导播台、监听器、监听耳机、音效键盘、调音台、无线麦克风、提词电脑及提词器等硬件设备，可以为主播提供产品信息介绍和脚本提示，准确引入流量，切换主播画面和输出清晰的产品内容讲解等。大家可以根据直播需求选择适合的设备匹配直播，搭配场景如图1－1－8、图1－1－9所示。

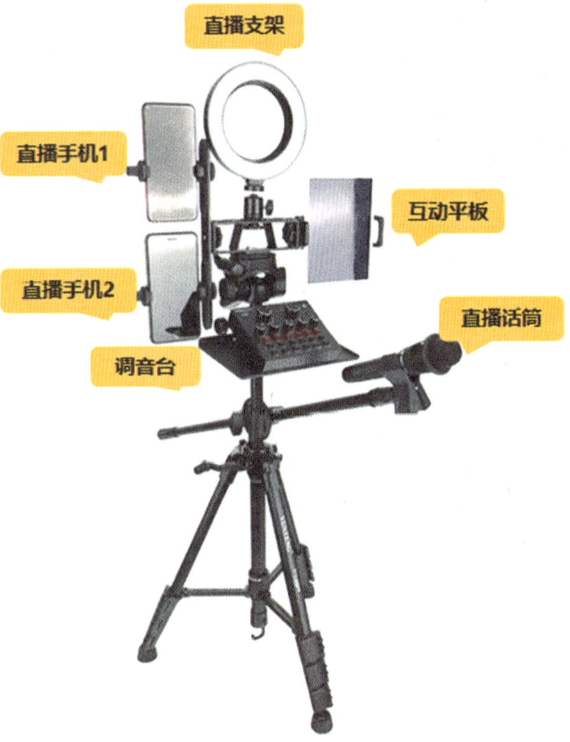

图1－1－5　基础配置

图1－1－6　升级配置

知识链接

游　机

游机：通常指用于直播过程中，能够灵活移动、捕捉现场细节的摄像机设备。游机通常具有较高的机动性和灵活性，能够迅速调整拍摄角度和位置，及时捕捉直播中的精彩瞬间和细节。

图1-1-7　高级配置

图1-1-8　数码类设备组合1

图1-1-9　数码类设备组合2

数码类设备（图1-1-10）的名称及功用如下。

1. 推流电脑

直播间运营人员上链接、剪辑引流视频、直播期间推流，同时直播需配备2台或以上推流电脑实时待命。

2. 直播画面屏

显示直播间呈像效果，与观众观看直播间画面同步。

3. 监听耳机

监听主播声音，为主播、现场团队提供现场画面监听。

4. LED屏/电视机

背景产品信息展示，通常位于主播身后，提供产品信息介绍（可与电视机二选一）。

5. 音效键盘

直播时为了调节现场氛围可以对音效进行控制。

6. 无线麦克风

主播说话更省力，声音效果会更好；观众可以获得沉浸式体验，直播效果更好，后期剪辑更快捷，不需要二次补音。

7. 调音台

可以把多种声音混合起来组成一组立体声，为主播“返送”监听协助效果器，为各个通道添加混响、延迟等效果。

8. 导播台

当直播间采用机位摄像时，导播台可以切换不同摄像机机位，为推流电脑输出不同画面，同时呈现给观众。

9. 提词器

为主播提供产品讲解、流程等信息提示连接提词器，控制提词器显示内容，帮助主播顺利完成直播。

图1-1-10 数码类设备

知识链接

党的二十大报告中提到，教育、科技、人才是全面建设社会主义现代化国家的基础性、战略性支撑。必须坚持科学技术是第一生产力、人才是第一资源、创新是第一动力，深入实施科教兴国战略、人才强国战略、创新驱动发展战略，开辟发展新领域、新赛道，不断塑造发展新动能、新优势。

（一）直播一体机简介

随着科技的发展，直播设备日新月异，从最初的“电脑+摄像头”发展到现在更专业化和细分化的“手机+麦克风”等，直播设备专业化，直播一体机也应运而生（图1-1-11），将多种功能（如手机、电脑、显示屏、导播台、调音台、采集卡等）集于一体，能够实现智能背景、镜头特写、绿幕抠图、直播提词等功能。

（二）直播一体机功能介绍

1. 开启融合媒体时代

直播一体机可连接多种设备输入源，手机、摄像机、摄像头、电脑、网页、本地媒体文件及IP流，满足不同用户的不同需求。直播一体机拥有实时字幕包装、画中画、分屏效果、实时绿幕合成、自由切换信号等功能，可以同时推送多个直播平台，同时输出到多个直播客户端。

2. 异地制作，随时连线互动

直播一体机可以打造异地制作桥梁，随时随地连线——手机与演播室连线，电脑与演播室连线，演播室与演播室连线。

知识链接

3. 强大的切换和自由合成效果

直播一体机具备传统切换台功能、切换、转场、键、划像转场，自带的强大图文编辑系统可自由创作任意模板、无限图层、字幕、画中画、开窗、实时特效等。

4. 实时精细化抠像与无轨虚拟演播室

超高清基于GPU抠像合成，一键抠像，环境要求低，效果细腻，无限虚拟集制作，实现推拉平移无轨机位效果。

5. 多路输出，多路录像，多路推流

系统支持多通道录制、多码流录制、多格式录制、多编码录制、多信号源录制、多路推流，最大支持6路地址同时直播。

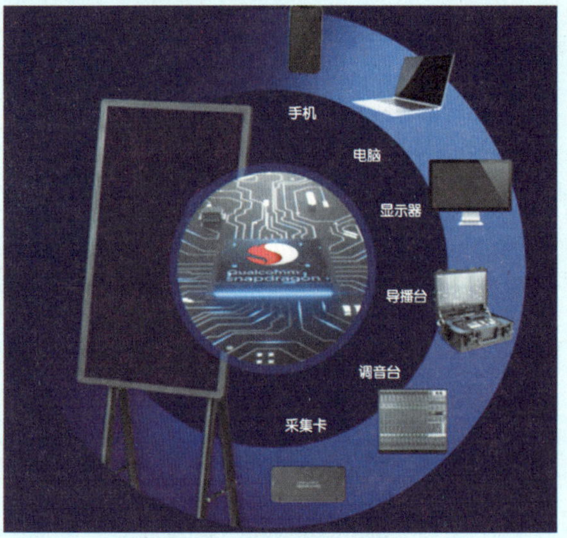

图1-1-11　直播一体机

6. 内置调音台

内置音频混音器，控制所有音频源，可用单独声道平衡、静音、独奏、监听。

7. 多画面监看，一览无余

符合视频生产的未来趋势，系统基于NDI协议，支持整套系统IP化搭建、制作，省去传统布线的成本和烦琐，一条网线即可实现传输6路高清高质量信号。

8. 内置的媒体通道

2路4K本地视频DDR通道，2路GFX图文通道，支持二次入点出点，调色、裁剪、播放、列表、循环、断点播放、自动转场。

（三）灯光类设备（图1-1-12、图1-1-13、图1-1-14）

补光灯能够为直播间提供柔和而充足的光线，让主播和产品看起来更有质感。专业补光灯有美颜灯、球形灯和日光灯等几种类型，搭配灯罩使用效果更佳。顶灯的设计需要注意，很多人会觉得顶灯越亮越好，但是如果顶灯太亮就会导致直播间视觉效果较差。因此，建议在装修直播间时使用散光灯作为顶灯，不会太亮，又会光线充足。

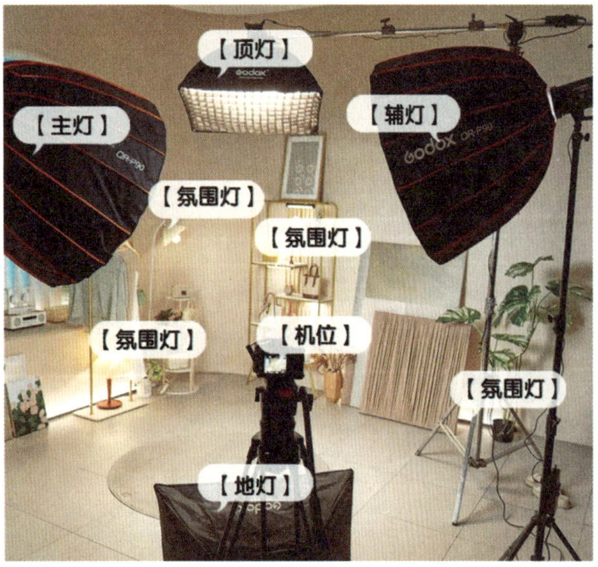

图1-1-12　灯位图正面图

1. 主灯

主灯是整个直播间的主要光线之一，决定直播画面整体的基调，90深口，灯头朝下，在侧面打出人脸阴影，呈三角形立体感、光影质感强。

2. 辅灯

在人物右侧，一般选择深抛作为辅光，建议辅灯亮度比主灯低百分之五十左右，这样我们就会得到有亮暗层次的面部，如果辅光打得太强，人物则没有立体感。

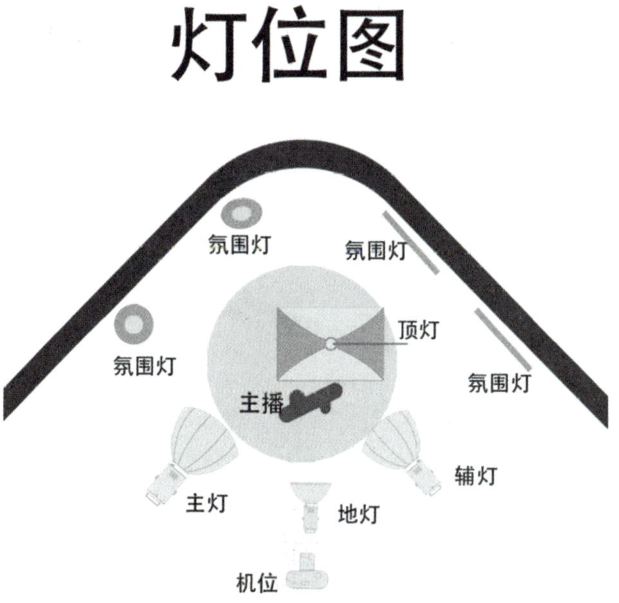

图1-1-13　灯位图俯视图

图1-1-14　灯位图主播图

3. 顶灯

顶灯一般用比较冷的顶光，从头顶的后上方打光，打亮头发和肩部，使人物在画面中更加突出。

4. 地灯

地灯灯头放到人物前方的地面上，从前方通过正角度打光，可以让主播的下半身更加有光泽感，使其看上去更加突出。

5. 氛围灯

氛围灯主要分为发丝灯和环境灯，点缀背景，可用于提高暖色调的氛围感，增加画面的层次感，同时可以给主播打上微弱的轮廓光来增加层次感。

知识链接

直播间常用的三种灯光布局

1. 单灯布光

适用于单人直播或1～2人的小型直播。

图1-1-15　单灯布光

知识链接

2. 三点布灯

三点布灯是最常见的灯光布局，适用范围广。

3. 直播间七盏布灯

直播间七盏布灯适用于大型直播。

图1-1-16　三点布灯

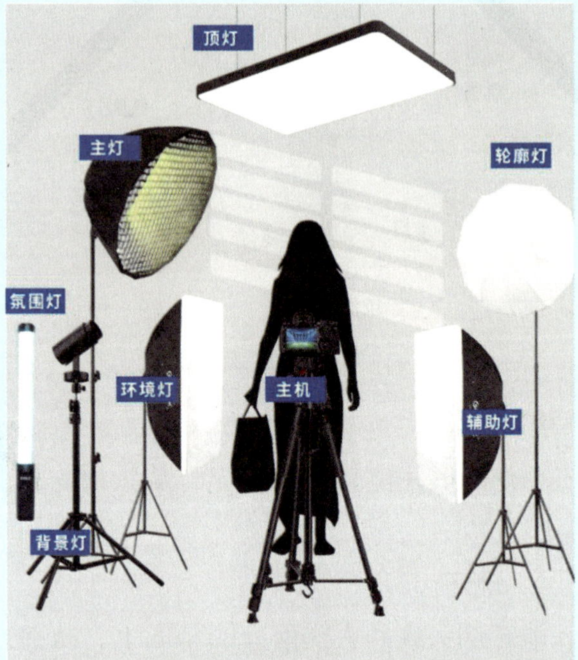

图1-1-17　直播间七盏布灯

（四）网络类设备（表1-1-2）

主播在进行直播销售时需要稳定、顺畅的网络条件，不能出现长时间卡顿或断网现象，否则将对直播造成严重影响。特别需要注意的是上传速率，在直播时需要配置一条专线网络，还需要配备一条专线网络。此外，无线路由器也需要提前设置好。

表1-1-2　网络类设备

网络类设备名称	用　途	图　片
专线网络及备用专线网络	重要直播必须设置专线网络并同时配备一条专线网络	
无线路由器	搭设现场Wi-Fi，严禁使用直播专线网络搭设Wi-Fi	
充电器	为直播机充电	

（五）工具类设备（表1-1-3）

直播间需要准备各种工具，保证直播顺畅进行。首先是桌椅板凳可以用来展示样品和供主播休息。如果需要展示的样品很多，则准备一个产品陈列架，将准备好的直播样品（包括赠品）整理好摆放在上面。如果直播间需要使用道具，还可以准备一个道具架，方便随时取用。此外，插线板、KT板、马克笔、胶水、各类连接线、电池等小物件也需要提前准备好。

知识链接

KT板

KT板：直播间常用的KT板，即高聚KT板，是一种创新板材。因其本身具备轻质、平整、易于切割和加工的特点，常用于广告制作、标识牌、展览展示等场景。在直播中，KT板可以用来装饰直播间、呈现最新直播活动信息等。

表1-1-3　工具类设备

工具类设备名称	用　途	图　片
桌椅	展示样品，主播休息	
产品展示台	通常放置于主播身前，用于摆放并展示产品	
产品陈列架	陈列整理好的，准备直播的样品（含赠品）	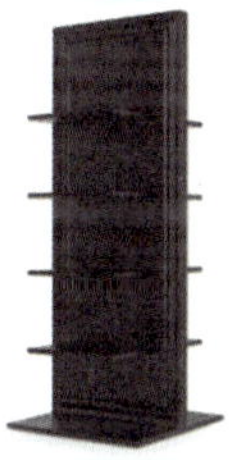
道具架	统一放置道具的架子，方便随时取用	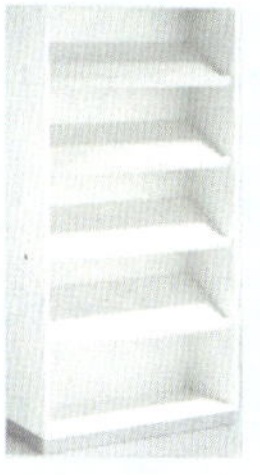
插线板	为各类用电设备提供插电接口	

续表

工具类设备名称	用　途	图　片
KT板	为直播提供美观、专业的背景装饰和道具支持	
马克笔	具有实时标注、互动教学、增强视觉效果、快速绘制等多种作用	
大力胶	用于各类连接线的连接和固定	
各类连接线头	连接各类设备	
电池	为麦克风、摄影机、通控器供电	

二、直播销售软件设备

（一）直播销售平台类软件

直播带货兴起于2016年，之后逐渐走入人们的视野，例如，各地县长走进直播间为当地农产品销售贡献力量，网红主播作为特殊人才落户上海。与此同时各大电商平台都加入了直播带货的赛道，比如：抖音直播、快手直播、小红书、腾讯视频号等。基于CNPP品牌榜中榜大数据研究院和CN10排榜技术研究院的研究，以下是2023年上半年直播销售品牌软件的品牌指数排名，如表1-1-4所示。

知识链接

直播平台相关知识

1．CNPP品牌榜

CNPP品牌榜是一个权威的品牌评价榜单，由CNPP（中国品牌规划研究院）发布。它集合了多个行业、多个领域的品牌评价榜单，旨在通过综合评估品牌的市场表现、消费者满意度、产品质量、创新能力等多个维度，为消费者提供一个权威、客观的品牌数据供消费者选择参考。

知识链接

2．品牌指数

品牌指数，是一个综合性指标，旨在衡量品牌的综合价值和市场影响力。它基于一系列科学的评估方法，结合品牌在市场中的实际表现，通过数据量化，为品牌提供一个可比较、可追踪的评价体系。品牌指数源于品牌管理和市场营销的需要，是企业了解品牌市场状况、评估品牌价值、优化品牌营销策略的重要依据。

3．白牌

白牌是相对品牌而言的，指一些小厂商生产的没有牌子的商品。比如：品牌台式机与组装台式机（白牌PC）。

4．SKU

SKU是物理上不可分割的最小存货单元。它是库存进出计量的基本单位，可以是以件、盒、托盘等为单位。

5．马太效应

强者越强、弱者越弱的两极分化现象，常被叫“赢家通吃”。

表1-1-4　直播销售品牌软件

软件名称	简　介	图　片
淘宝直播（点淘）	品牌指数：85.5 ——基于“粉丝”沉淀的店铺直播 所属公司：阿里巴巴集团控股有限公司 淘宝直播是阿里巴巴于2016年推出的消费类直播平台，国内领先的直播电商消费专业平台，为直播带货达人提供货品选择，为商家提供新电商消费模式 2021年手机版App升级为点淘，点淘采取短视频加直播的双核模式，让内容连接消费者与服务。基于电商优势，销售体系完善、SKU丰富兼具品牌与白牌，商家直播为主（占总直播场次90%），头部效应显著	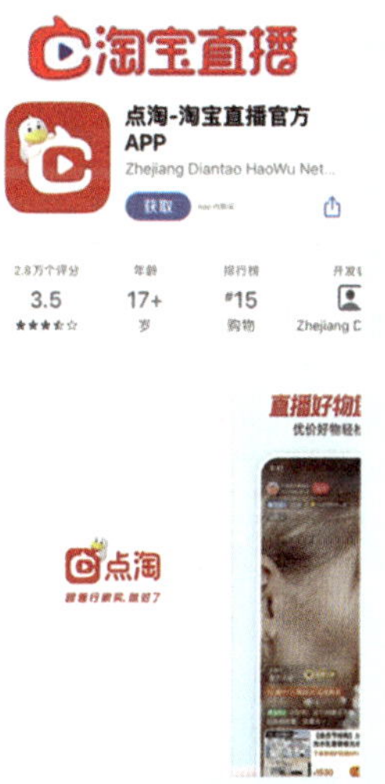
抖音电商	品牌指数：84.5 ——基于“用户规模”的多元化直播 所属公司：抖音有限公司 抖音旗下电商平台，致力于成为消费者发现并获得优价好物的平台，众多抖音创作者通过短视频、直播等丰富的内容形式，给消费者提供个性化、高效的消费体验 抖音旗下抖店是电商商家实现一站式经营的平台，抖店为商家提供全链路服务。内容和电商两手抓，消费者使用时间较长、偏年轻化、消费力较旺盛，主播资源丰富，没有明显的头部效应	

续表

软件名称	简　介	图　片
快手直播	品牌指数：83.9 ——基于“下沉市场”的黏性直播 所属公司：北京快手科技有限公司 快手短视频旗下品牌，国内颇具影响力的社交电商平台，快手小店是快手推出的电商服务工具，旨在为平台提供更好的交易服务，让快手上的每一位商家都能幸福出货，让快手每一位忠实用户都能幸福收货，是高性价比、值得信任的新市井电商社区。快手短视频平台上白牌商品多、竞争机制相对合理，没有明显的马太效应，深耕私域流量、粉丝效应显著，主播对粉丝型消费者具有较强的号召力	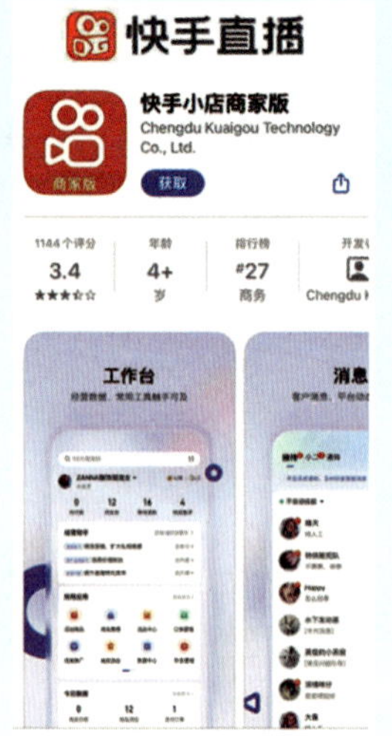
京东直播	品牌指数：82.9 ——基于“品牌粉丝”沉淀的店铺直播 所属公司：北京京东叁佰陆拾度电子商务有限公司 京东旗下直播平台，京东直播主推电商泛娱乐营销模式，通过生态建设、基建赋能、内容品质化，引领电商直播赛道升级。与抖音、快手等直播平台不同的是，京东直播主要采用商家自播的模式，观看直播的消费者大多是品牌忠实消费者。基于原有电商平台转化、潜力大、走高端路线，适合新人主播	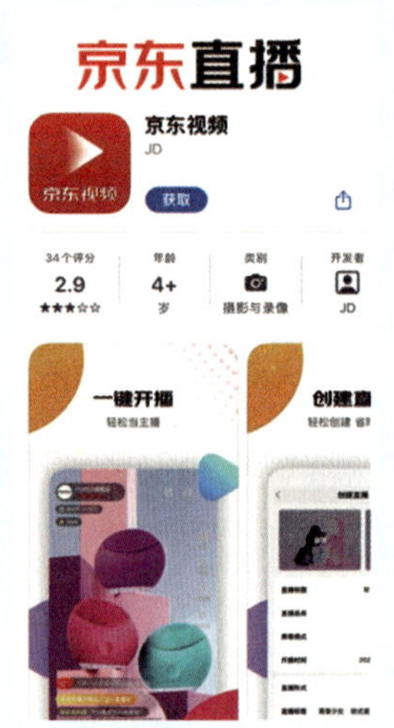
小红书	品牌指数：82.3 ——基于“种草文化”的博主直播 所属公司：行吟信息科技（上海）有限公司 创办于2013年，颇受现代年轻人欢迎的生活分享社交平台。小红书消费者可以通过短视频、图文等形式记录生活点滴，分享生活方式，并基于兴趣形成互动，目前内容已覆盖美妆、母婴、读书、运动、旅游、家居、美食、酒店等领域的信息分享。基于原社交平台发展而来，潜力大，特别适合各领域直播，尤其是种草、测评类直播	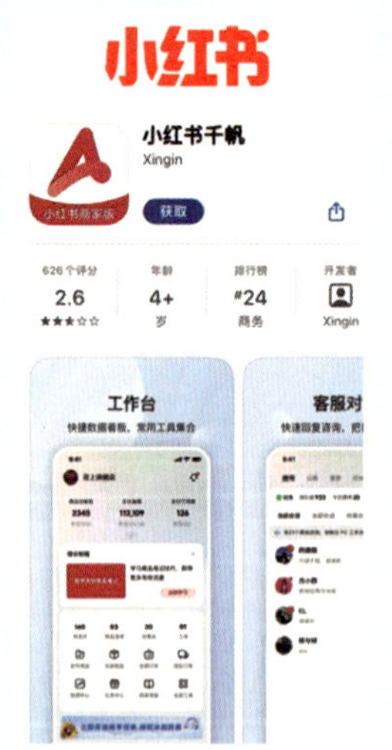

续表

软件名称	简　介	图　片
微信视频号	品牌指数：81.5 ——基于“社交关系”的裂变直播 所属公司：深圳市腾讯计算机系统有限公司 视频号是2020年1月22日腾讯公司依托微信生态正式宣布开启内测的平台，是一个全新的内容记录与创作平台，视频号内容以图片和视频为主，可以发布长度不超过1分钟的视频。微信视频号在视频版权、游戏直播等领域较具优势。适合在私域流量里有一定关注量的公众号博主、社区、超市团购、线下门店推介、社区团购，未来潜力巨大	

（二）直播销售助手类软件（表1–1–5）

表1–1–5　直播销售助手类软件

软件名称	简　介	图　标
直播伴侣	直播伴侣能够很好的辅助直播，提供桌面的音效，调整画质清晰度、屏幕捕捉、智能特效、画中画、海量歌库、音视频录制、多路视频导播、多平台推流、处理直播禁言和拉黑，可用绿幕打造虚拟直播背景，复原商品真实性	直播伴侣
OBS	OBS是一款直播软件，不需要每个直播平台都下载相关平台的专用直播软件，几乎可以用于所有直播平台。可以选择推流高清分辨率直播，画面会更清晰 OBS软件除了可以推流到抖音、快手这种C端直播平台的公域直播，还能实现社群、App商城的私域直播。如果想指定人群，可以通过OBS+企业直播系统，直接实现微信群直播/企业商城直播等私域直播，分享给指定的社群人员消费者观看	OBS
巨量千川	巨量千川融合了DOU+，鲁班（商品推广），直播间投放（抖音号推广），所有直播服务形成闭环全部在千川内完成 巨量千川是一体化电商广告软件，通过流量提效、场景协同、数据支持、开放生态等四大驱动力，激发商家生意新增长	巨量千川
快提词	快提词是一款免费的专业悬浮提词器，可用于短视频Vlog拍摄、直播提词、培训提词、演讲提词等各种需要提词器的场景 悬浮提词，支持搭配任何拍摄/直播App使用。专业提词板，可以横竖屏任意切换，还支持硬件提词器专属镜像模式。文本样式，大小、颜色随心调。高清拍摄提词，可以边拍边提词，提高一镜到底效率	快提词

（三）直播销售数据分析类软件（表1-1-6）

想要做出爆款短视频及直播，需要找到对标账号、对接品牌方、找到合适的达人、深度了解用户画像，这些都需要借助各种数据分析工具，不同直播平台对应不同数据分析工具，比如：淘宝直播可以采用生意参谋数据分析；抖音直播可以采用抖查查、巨量算数；快手直播可以采用灰豚数据、磁力聚星；京东直播可以使用京东商智；小红书直播可以采用千瓜数据、蒲公英；微信视频号可以采用新视、友望数据等平台，除此以外还有关键词指数分析、行业数据分析、微博数据分析等，分析观众真实的数据从而制定直播方案、优化直播策略。

表1-1-6　直播销售数据分析类软件

平台名称	软件名称	简　介	图　标
淘宝直播（点淘）	生意参谋	为淘宝卖家提供大数据分析，包括实时数据、商品实时排行、店铺行业排名及经营状况、流量、商品、营销剖析，以及市场行情信息。商家可以据此更加精准地把握市场趋势和用户需求，优化直播策略和销售效果	生意参谋
抖音直播	抖查查	为抖音博主提供数据分析，包括抖音排行榜、热门视频、脚本库、电商分析等，追踪短视频市场趋势及流量趋向	抖查查
	巨量算数	为抖音博主提供数据分析，可以洞悉营销趋势和内容风向，开放算法数据指数、算数榜单、抖音垂类数据分析工具，可实时查看并生成带货数据，方便进行数据分析和整理、快速摸清用户画像，抓住消费者喜好、价格、折扣等	巨量算数
快手直播	灰豚数据	为快手博主提供数据分析，功能齐全，包括商品分析、数据大盘、达人查找等数据分析工具、提供多种热门素材库	灰豚数据
快手直播	磁力聚星	为快手博主提供数据分析，提供直播带货、视频创意、场景工具、多维榜单、热卖商品等数据，可以实现内容变现、根据推广需求选择发布视频和直播推广订单	磁力聚星
京东直播	京东商智	为京东商家提供数据分析，包括商品销售明细、店铺关键词、行业关键词、行业品牌分析、行业属性分析、店铺诊断、店铺评分、售后概况、仓储配送分析、单品分析等数据从各个渠道，展示实时与历史两个视角下，店铺与行业两个范畴内的流量、销量、客户、商品等全维度的电商数据	京东商智
小红书	千瓜数据	为小红书博主提供数据分析，提供小红书多维度榜单、舆情监测、达人画像、竞品投放、营销结案等专业数据	千瓜数据

续表

平台名称	软件名称	简　介	图　标
小红书	蒲公英	小红书博主与品牌的合作平台，提供数据洞察、分析能力，实时效果检测，让商家和博主高效完成合作	蒲公英
微信视频号	新视	为视频号博主提供数据分析，可以对外发布公众权威的视频号垂类榜单，视频号动态搜索查找、热门话题、优质脚本等全面数据服务，打通公众号全链路	新视数据
微信视频号	友望数据	为视频号博主提供数据分析，提供各垂类视频号榜单、视频号博主查找、爆款视频与话题分析，并提供视频号直播和带货数据分析功能	友望数据

【做一做】

请同学们2～3人为一组，选择一家直播电商公司，调查该公司的基本信息，了解该公司直播销售的产品类目、运用的直播硬件设备、软件设备，收集资料并进行小组间分享。可具体调查以下问题：

1. 该公司发展现状如何？
2. 该公司在哪些平台直播带货？
3. 该公司直播销售哪个类目的产品？
4. 运用了哪些直播硬件设备、软件设备？分析该公司运用的直播设备分别起到哪些作用。

任务二 认识直播销售行业

工作情景描述

晓慧进入公司，在掌握了直播销售的基础知识和设备使用后，又遇到了新的问题，她发现有的主播因为违反平台规则被提醒警告，中断直播，甚至被封停账号，归根结底是主播对直播行业新技术、新模式、新规范及法律法规的不了解。晓慧意识到自己的直播销售行业知识储备还远远不够，于是决定继续深入学习直播销售行业知识，遵守直播销售行业法律规范，更好地从事主播工作。

思考

1. 直播销售行业发展历经了哪几个阶段？
2. 直播销售行业存在哪些行业风险？

任务分解

- 认识直播销售行业
  - 了解直播销售行业现状
    - 直播销售发展演变
    - 直播销售发展现状
    - 直播销售发展趋势
  - 洞察直播销售行业法律法规
    - 直播销售行业风险
    - 直播销售法律法规
    - 直播销售行业监管

活动一 了解直播销售行业现状

直播销售是如何发展演变的？新入职的主播晓慧的师父李老师让晓慧收集整理出直播销售行业的发展演变、现状和发展趋势，以方便晓慧适应主播岗位，深入了解直播销售行业。接下来让我们一起来学习吧。

一、直播销售发展演变

中国直播销售的发展可以分为以下三个阶段。

（一）1.0萌芽期——流量为王（2014—2016年）

在这个阶段，直播带货还处于萌芽阶段，主要以个人直播为主。特点是直播平台开始尝试通过直播形式进行商品销售，但规模和影响力相对较小。商业模式主要是主播开设个人直播间，通过直播间推销商品，并提供购买链接。

直播销售的发展演变

这个时期，以网红、明星为代表的主播在电商平台上通过直播形式，向消费者推荐和销售产品。此阶段参与的商家和消费者还比较少，直播销售者掌握先入者优势，流量巨大，直播销售运营重点在于引流，投资回报率较高。

（二）2.0成长期——粗放带货（2017—2019年）

在这个阶段，直播带货迅速兴起并呈现爆发式增长，直播带货平台和主播数量大幅增加，直播带货逐渐成为流行趋势。商业模式包括以下三种：一是品牌直播，即品牌方与主播合作，通过直播推广品牌产品；二是淘宝直播，即淘宝平台推出的直播功能，通过直播引导消费者在淘宝上购物；三是KOL直播，即知名网红主播通过直播推荐消费者购买商品。

（三）3.0成熟期——内容+科技（2020年至今）

在这个阶段，直播带货已经成为中国电商领域的重要一环，运作模式更加成熟和规模化，产业链条更加完善。其商业模式主要有三种：一是电商直播，即电商平台推出的直播功能，通过直播形式进行商品销售；二是社交电商直播，即结合社交媒体平台和电商平台的直播带货模式，通过社交关系网络进行商品销售；三是全民直播，即普通消费者通过直播平台进行自我营销和商品销售。直播销售的进化之路是从流量为王到科技赋能的精细化运营，接下来是图片的流程图内容。

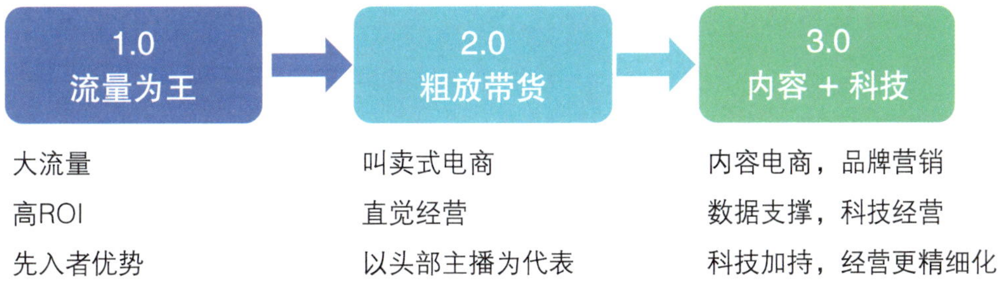

图1-2-1　直播销售发展历程

知识链接

ROI

ROI：ROI，全称Return On Investment，即投资回报率，是衡量投资效率或比较不同投资效率的一种绩效评估指标。它是指企业从一项投资活动中所获得的经济回报，它反映了投资的盈利能力和资金使用效率。

二、直播销售发展现状

（一）直播销售商业模式现状

目前，直播销售在中国的发展现状是非常活跃和蓬勃的。直播销售已经成为中国电商领域的重要一环，吸引了越来越多的消费者和商家参与。现在直播销售的商业模式有以下几种。

1. 品牌直播

品牌方与主播合作，在直播中推广品牌产品，提升品牌知名度和销售额。

2. 电商平台直播

各大电商平台为了提升用户体验和销售额，纷纷推出直播功能，通过直播形式进行商品销售。

3. 社交电商直播

结合社交媒体平台和电商平台的直播带货模式，通过社交关系网络进行商品销售，包括社交电商平台或社交媒体平台上的直播推广。

4. KOL直播

KOL（key opinion leader）直播是指知名网红主播通过直播带动消费者购买商品，并借助自身影响力带动销售。

（二）直播销售业态现状

电商直播发展日趋成熟，拉动企业营收，主要体现在以下两个方面。

1. 电商直播业务成为传统电商平台营收的重要抓手

以阿里巴巴电商直播数据为例，天猫“双11”期间，62个淘宝直播间成交额过亿元，632个淘宝直播间成交额在千万元以上，新主播成交额同比增长345%。

2. 短视频平台对电商直播业务的探索初见成效

以“双11”期间为例，抖音电商参与“双11”活动的商家数量同比增长86%，7 667个直播间销售额超过百万元；快手参与活动的买家数量同比增长超过40%。

（三）直播销售技术现状

目前，直播带货技术已经相对成熟，得到了广泛的应用和发展。以下是目前直播带货领域涉及的五类技术的现状。

1. 实时直播技术

现如今，各大直播平台都提供了高质量的实时视频直播技术，能够确保视频画面的稳定传输和流畅播放。

2. 互动功能

直播平台提供了聊天室、弹幕、打赏等互动功能，观众可以与主播进行实时的文字交流，增强互动体验。

3. 商品链接和购物车功能

直播平台通常提供商品链接和购物车功能，观众可以直接点击链接或将产品加入购物车，方便快捷地进行购物操作。

4. 无人直播技术

通过人工智能技术和自动化设备实现视频内容的实时生成和分发，画面并不需要真人主播出镜和讲解产品卖货。无人直播常见三种玩法：第一，无人出境挂车卖货；第二，录播挂车卖货；第三，转播挂车卖货。

5. AI数字人技术

AI数字人直播可以复刻真人分身，依靠AI的多模态交互生成能力，只需拍摄一段真人视频，基于深度学习算法即可快速生成主播数字人形象，外形、表情、口型与真人无限接近，AI数字人可以自动进行语音、文字、动作等方面的识别和互动，以配合相关活动做一些娱乐形式的展示，更有效地达成促单行为，提高成交率。

三、直播销售发展趋势

直播带货作为一种新兴的商业模式，未来的发展趋势可以预见如下。

（一）多元化内容

随着市场竞争的加剧，直播带货将更加注重内容的多元化和个性化。主播会更注重产品知识和专业性，为消费者提供更丰富、有深度的购物体验，包括产品介绍、实操演示、用户评价等。

（二）个性化推荐

随着AI技术的应用和数据分析能力的提升，将有更多的个性化推荐算法应用于直播带货平台，通过分析用户的购买行为和偏好，向用户推荐适合他们的产品。

（三）种草经济繁荣

种草经济是指通过网红主播、明星等传递购买潮流和时尚风向的商业模式。直播带货将进一步激发种草经济的繁荣，通过主播的影响力和推荐，引导消费者选择和购买。

（四）O2O融合

线上直播和线下实体店的融合将成为未来的趋势。通过直播带货，消费者可以在线上观看产品介绍和购买，同时可以选择到线下实体店进行试穿、试用等实体体验，进一步提供全方位的购物服务。

（五）人工智能+直播电商

数字人产品崭露头角。百度智能云在2022年7月发布数字人直播平台，实现超写实数字人24小时纯AI直播，将数字人的制作成本从百万元下降到万元级别，制作时间缩短到小时级别。

（六）VR+直播电商

VR全景直播提升用户收视体验。在第五届中国国际进口博览会上，运营商通过多台VR全景摄像机，将现场的真实环境完整地呈现出来，观众不仅能无死角地观看视频画面，还能自主调整观看视角，以第一视角实现“云”收看。

（七）国际化发展

中国的直播带货已经受到海外市场的关注，未来将继续向国际市场扩张。通过跨境直播带货，将中国的产品和品牌推广到全球，促进国内消费者与海外消费者之间的交流与互动。

知识链接

1. 数字人：指运用数字技术创造出来的、与人类形象接近的数字化人物形象。
2. AI：指Artificial Intelligence，即人工智能技术。

活动二　洞察直播销售行业法律法规

直播带货技术的成熟和发展给消费者提供了更方便、快捷的购物体验，但同时也存在一些风险和挑战。晓慧从事主播工作一段时间后，看新闻时发现直播销售存在一些违法乱纪的行为。晓慧决定学习了解直播销售行业风险、法律法规和行业监管，做一个遵纪守法的直播从业人员。接下来让我们一起来学习吧。

一、直播销售行业风险

直播销售存在的行业风险包括但不限于以下六个方面。

（一）产品质量问题

由于直播电商的商品信息主要依赖于主播提供，存在一定的信息不对称风险。消费者无法亲自验货，增加购买到质量不合格的产品的风险。

（二）假冒伪劣商品

直播电商平台庞大的交易量和虚假宣传可能导致一些商家销售假冒伪劣商品，损害消费者权益。

（三）公平竞争问题

一些直播电商平台存在商家之间的排他性合作，限制其他商家进入市场，扰乱市场竞争秩序。

（四）数据安全问题

直播电商平台需要收集用户的个人信息和支付信息，如果未能妥善保护用户的隐私和数据安全，会导致用户信息被滥用或泄露。

（五）直播侵权问题

直播电商中的主播经常使用音乐、影视剧等内容进行宣传，如果未经授权使用，可能涉及版权侵权问题。

（六）预售和售后问题

直播带货的商品通常是预售或限时促销，因此可能存在一定的供应链风险，如备货不足、物流延迟等问题。同时，对于产品的质量问题和售后服务也需要留意，选择有保障的品牌和商家。

二、直播销售法律法规

直播销售新业态呈"井喷式"发展态势，直播用户规模急剧增长，直播购物成为许多人的生活常态。与此同时，一些乱象也在潜滋暗长，涉嫌侵犯知识产权、不正当竞争、产品质量与食品安全问题、违法违规广告等现象日益增多，而法律法规主要关注直播带货涉及的广告宣传、商品质量、消费者权益和合同关系等方面，旨在保护消费者的权益，维护市场秩序和公正竞争。直播带货发展迅速，相关的法律法规在逐步完善，下表列举直播销售代表性法律法规。

表1-2-1　直播销售代表性法律法规

时间	发布单位	政策名称	主要内容
2020-06-24	中国广告协会	《网络直播营销行为规范》	国内首个关于网络直播营销活动的规范，规定直播带货禁止刷单、主播直播时禁止抽烟、低俗举动和危险动作等，要求网络直播营销平台应建立商家、主播信用评价奖惩等信用管理体系，完善商品和服务交易信息保存制度等

续表

时间	发布单位	政策名称	主要内容
2020-11-05	国家市场监督管理总局	《市场监管总局关于加强网络直播营销活动监管的指导意见》	主要包括总体要求、压实有关主体法律责任、严格规范网络直播营销行为、依法查处网络直播营销违法行为等四部分内容，明确参与网络直播营销活动各方主体的责任义务、禁止性规定、经营活动规范和市场监管部门重点打击的违法行为等
2020-11-23	国家广播电视总局	《国家广播电视总局关于加强网络秀场直播和电商直播管理的通知》	对网络直播和电商直播的登记、内容、审核、主播、打赏等方面提出了具体管理细则。监管政策传递出直播带货急需合规化的明确信息
2021-04-23	国家互联网信息办公室等七部门	《网络直播营销管理办法（试行）》	对直播营销平台、直播间运营和直播营销人员、监督管理和法律等方面提出了具体办法，以保障网络直播营销健康有序发展
2022-03-25	国家互联网信息办公室 国家税务总局 国家市场监督管理总局	《关于进一步规范网络直播营利行为促进行业健康发展的意见》	意见提出网络直播平台要认真落实管理主体责任，加强网络直播账号注册管理和账号分级分类管理；网络直播平台、网络直播服务机构应依法履行个人所得税代扣代缴义务，不得转嫁或者逃避个人所得税代扣代缴义务，不得策划、帮助网络直播发布者实施逃避税

三、直播销售行业监管

除了法律法规，还有一些行业自律协会制定的规范和标准，如中国电子商务协会制定的《电商直播行业自律倡议书》，旨在规范直播带货行业，促进行业健康发展。目前，中国对直播销售行业的监管逐渐加强，规范市场秩序、保护消费者权益，并促进行业健康发展。以下是目前的行业规定和监管措施。

（一）监管机构

国家市场监督管理总局（原国家工商行政管理总局）等相关部门负责直播带货行业的监督管理和法律执法工作。

（二）注册备案

直播带货平台需要按照相关规定进行注册备案，包括提供平台信息、主播信息、合同管理等。

（三）主播资质审核

直播平台针对主播的资质进行审核，确保主播具有相关的经营能力和良好的信誉。有些平台要求主播取得网络主播资格证书或经过培训考核。

（四）广告宣传规范

直播平台和主播在广告宣传时需遵守《中华人民共和国广告法》等相关法律法规，确保广告真实、合法、诚信。同时，自媒体账号需符合相关政策和规定。

（五）虚假宣传打击

对于直播带货中虚假宣传、夸大宣传、违法宣传等行为，相关监管部门将依法予以打击和处罚。消费者也可以通过投诉、举报等方式维护自己的合法权益。

（六）数据安全保护

直播平台需按照《中华人民共和国网络安全法》等相关法律法规要求，加强用户数据的安全管理，保护用户个人信息和隐私。

（七）自律行为规范

中国电子商务协会等行业组织制定了《电商直播行业自律倡议书》，明确了直播带货行业主播和平台应当遵循的行为规范，包括宣传真实、产品质量保证、售后服务等。

【做一做】

请登录搜索引擎类网站，查看近期直播电商相关案件，分析该案件违反了哪些法律法规？假如让我们来处理，应该如何规范自己的行为？

案件简介	
违反法律法规	
如何规范自身	

任务三　了解直播销售岗位和直播销售员

工作情景描述

晓慧进入直播电商公司参加直播实训，该公司采用轮岗制，晓慧这周被分配到了直播运营部，下周再去其他岗位进行实训。晓慧想要在轮岗之前了解直播销售的岗位分工及要求，从而有针对性地学习以便更好地适应每一个直播销售岗位，并找到自己擅长的直播岗位。

思考

1. 直播销售岗位有哪几种?
2. 直播销售员分为几个层级?
3. 直播销售员需要遵守哪些职业素养?

任务分解

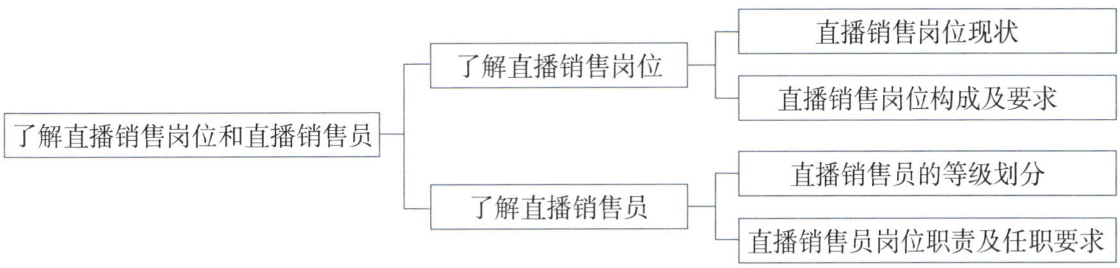

活动一　了解直播销售岗位

晓慧进入主播岗位后了解到工作任务较多，对人的综合能力要求较高，为顺利就业，晓慧跟着师父李老师学习岗位知识，接下来让我们一起来学习吧。

一、直播销售岗位现状

近年来，直播电商迎来快速发展，不仅拓展了传统产业的营销渠道，还带来了新的巨大的消费场景，并催生了一系列围绕直播电商产业出现的新就业形态，包括主播、助播、选品、脚本策划、运营、场控等多种新岗位。

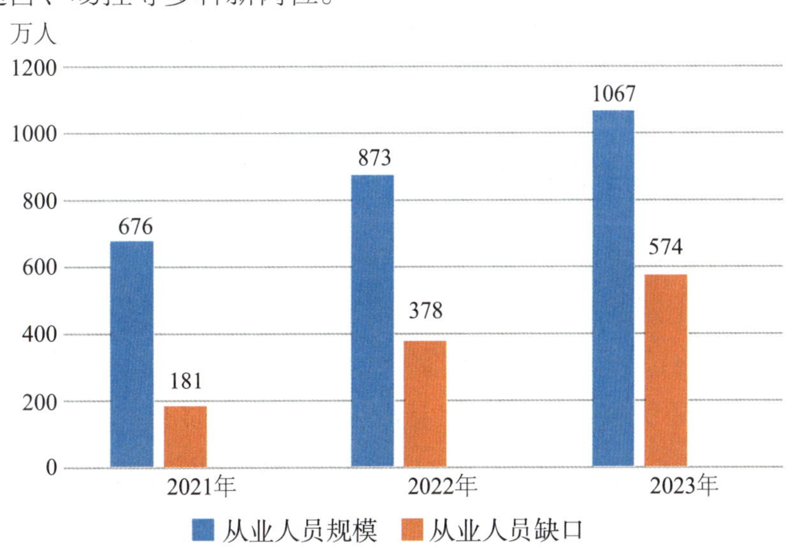

图1-3-1　短视频与直播电商领域从业人员规模（2021—2023年）

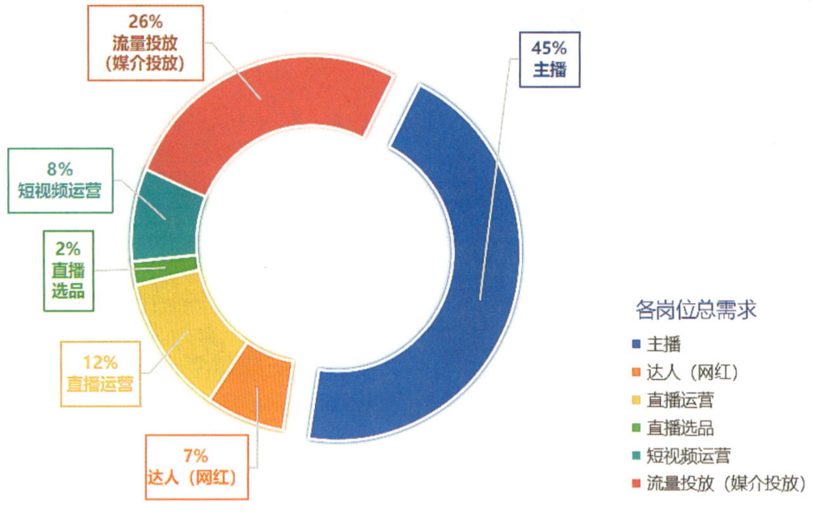

图1-3-2 各岗位总需求分布

二、直播销售岗位构成及要求

根据工作任务的不同，直播销售核心岗位通常可分为：直播策划、直播销售、直播运营、直播推广。

（一）直播策划

直播策划具体岗位包括直播策划专员，达人策划等，需要具备的能力有宣传素材收集能力、直播内容策划能力、脚本创意策划能力、主播形象策划能力、直播方案策划能力。

（二）直播销售

直播销售具体岗位包括直播助理、专业主播、达人等，需要具备评估选品能力、买点/卖点提炼能力、现场展示讲解能力、消费者互动转化能力。

（三）直播运营

直播运营具体岗位包括运营助理、场控人员、选品人员、消费者运营人员、新媒体运营人员、直播项目经理等，需要具备直播间搭建运维能力、商品发布与设置能力、直播控场能力、直播数据分析能力。

（四）直播推广

直播推广具体岗位包括推广专员、互联网营销师等，需要具备对宣传的把控能力、平台推广引流能力、直播二次传播能力。

活动二 了解直播销售员

晓慧了解到，我国于2020年正式在“互联网营销师”的职业下增设了“直播销售员”的工种，从此带货主播有了正式的称谓——直播销售员。晓慧想要考取直播销售员职业资格证书，但是对直播销售员等级划分、道德素养、技能要求、职业素养等内容不太清楚。接下来让我们一起跟随晓慧了解直播销售员，明确自己成为一名合格的直播销售员，应该提升哪些方面的能力。

直播销售员

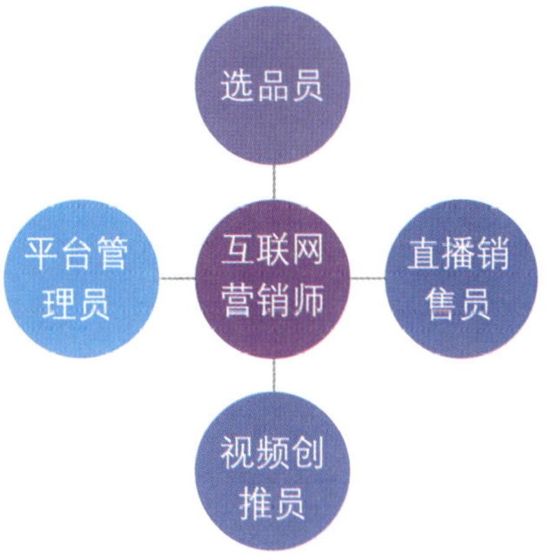

图1-3-3　互联网营销师岗位内容

一、直播销售员的等级划分

2020年5月11日，人力资源社会保障部拟在“互联网营销师（4-01-02-07）”职业下增设“直播销售员”工种。2021年11月18日，《互联网销售国家职业技能标准》正式颁布，其对直播销售员设五个等级：五级/初级工、四级/中级工、三级/高级工、二级/技师、一级/高级技师。

直播销售员等级划分

二、直播销售员岗位职责及任职要求

登录公开招聘网站，查看不同公司招聘直播销售员的信息，如图1-3-4所示。

（一）直播销售员的岗位职责

根据公开招聘网站，各公司直播销售员招聘信息的岗位职责如下。

（1）讲解、展示商品，介绍直播间优惠活动，回答消费者问题，引导消费者购买商品。

（2）与消费者互动，活跃直播间氛围，引导消费者关注和分享直播间。

（3）熟悉直播平台，协助团队成员选品、布置直播场地、梳理直播流程。

（4）参与直播脚本、直播话术等的策划和撰写，分析直播数据，开展直播复盘等。

（5）参与短视频的拍摄，协助团队成员剪辑、发布短视频和进行直播预告。

（6）协助处理商务合作、商品信息整理等事宜。

（二）直播销售员的任职要求

根据公开招聘网站，各公司直播销售员的招聘中一般要求应聘者具有高中及以上学历、半年及以上工作经验，优先考虑电子商务、市场营销、影视表演、播音主持等专业。同时，对直播销售员的能力要求较多，具体如下。

1. 语言表达能力

直播销售员在直播时需要讲解商品，及时与消费者互动，因此直播销售员应当具备较强的语言表达能力，保证发音准确、语速适中、思路清晰，能清楚地将实际想法传达给消费者。

2. 形象管理能力

一般来说，形象好、气质佳的直播销售员更能吸引消费者。直播销售员不需要很漂亮，但是一定要能管理好仪容、仪表和仪态，做到着装得体，妆容清新、自然，言谈举止落落大方。

职位描述 微信扫码分享 举报

抖音 天猫 京东 智能电子 普通话流利 五险一金

岗位职责

1. 在抖音直播平台、推广产品（母婴智能产品），解说每件产品特点，挖掘产品的卖点亮点。

2. 通过直播向客户提供产品信息，回答顾客相关的询问并提供相应的建议，引导有购物需求的观众完成购买流程（提前熟悉产品信息、当天额外优惠活动）。

3. 根据节目气氛与观众互动，拥有较好的逻辑思维和反应能力，应对直播间的观众提问，引导观众关注直播间，达成粉丝关系，在线直播与粉丝进行互动，吸引更多的粉丝，维护好老粉丝。

4. 定期策划、组织各种活动，提高活跃度，增加粉丝的黏度以及数量。

5. 直播期间，即兴发挥，调动粉丝情绪，增加粉丝的活跃度，确保直播间热度。

6. 按照公司运营需要，出镜录制相关视频，并分享视频。

7. 完成公司统一安排的其他工作内容。

任职要求

1. 热爱直播行业，具有良好的主观能动性，发现直播中的问题，客户消费习惯问题，提出优化方案。

2. 镜头表现力强，形象气质佳，性格开朗外向；积极进取，有较好的承压能力，临场思维敏捷，具有较强的语言表达能力和临场应变能力。

3. 具有数码3C类直播主播或电视台、网络新媒体主持、主播经验优先考虑。

4. 能根据直播间气氛互动，即兴发挥，调动用户情绪。

5. 热爱媒体事业，工作态度积极主动，能够承受一定的工作压力；具备良好的敬业精神和职业操守。

薪资构成：底薪+缴效+提成。

职位描述 微信扫码分享 举报

抖音 快手 天猫 普通话流利

岗位职责

1. 负责在天猫、京东、抖音、快手、直播等平台的直播，根据不同平台策划直播脚本，介绍公司产品，为公司产品销售。
2. 策划拍摄短视频上传短视频平台。
3. 活跃直播间气氛，娱乐观众，维护频道秩序。
4. 与线上观看者进行互动，对账号进行增粉和维护。

岗位要求

自带流量有一定粉丝基础者优先。

1. 自信，良好的镜头感，表现欲强，能快速适应在镜头前表现自己。
2. 形象气质佳，身材匀称，声音甜美，性格外向。
3. 有较强的责任心和进取心，较好的协调沟通能力，能遵守公司规章制度。
4. 普通话标准，思维敏捷，沟通能力强，性格活泼开朗。
5. 把控节奏能力强，善于沟通，口辞清晰流利，能形成良好互动。
6. 热爱媒体事业，工作态度积极主动，具备良好的敬业精神。

图1-3-4 直播销售员的招聘信息

3. 控场能力

控场能力主要体现在调动直播间气氛，控制直播节奏，引导消费者点赞、分享直播间等方面。在直播间人气不足、热度不够时，直播销售员要能及时引导消费者分享直播间，引导消费者展开话题讨论；在消费者的讨论偏离话题时，直播销售员要能及时引导，防止舆论失控。

4. 应变能力

应变能力是指直播销售员能沉着、冷静地应对直播时发生的各种突发状况，有效化解直播危机。对于直播销售员而言，对直播工作进行预演，对整个直播流程和直播商品有大致的了解，可以有效减少直播突发状况的发生。

5. 抗压能力

直播销售员常常会面临直播间人气不足、商品销量低、消费者发表负面评价等问题。因此，直播销售员应当具备强大的心理承受能力，能管理好直播压力，快速调整情绪和状态，化解负面情绪。

【做一做】

查看与直播销售员有关的招聘信息

下载招聘App，选择自己感兴趣的城市，在其中查看不同公司与直播销售员有关岗位的招聘信息，选择自己感兴趣的岗位，查看其岗位职责和任职要求，然后判断自己是否达到要求。

团队实训

制定直播销售员岗位规划

【任务目标】

在学习了项目1的内容后，请同学在进行自身能力分析的基础上，登录招聘网站选择自己理想的直播销售员岗位，并分析目前自身能力与理想职位之间的差距，给自己制订一份直播销售员岗位规划，从而使自己的能力达到理想岗位的要求。

【组织形式】

1～2人为一个讨论合作小组，两位成员相互帮助，分析自身能力并制定一份自己的直播销售员岗位规划，并相互监督完成规划内容。

【主要内容】

第一步：认识真我

请同学们诚实回答以下问题，然后对自身性格特征、兴趣爱好、职业能力、职业价值观等方面进行分析。

我的性格是怎样的？我具有怎样的人格特质？

我的兴趣是什么？

我掌握了哪些与直播销售员岗位匹配的知识和技能？其中有哪些与众不同？

我具有哪些优势和劣势？

我具有怎样的职业价值观？渴望从工作中获得什么？

第二步：直面职业

请进入招聘平台，搜索直播销售员岗位信息，查看招聘信息后选择三个城市分析各地区、岗位职责、任职要求、薪资水平。

第三步：制定职业规划

（1）请同学根据自身需要提出切实可行的个人目标，包括知识目标、能力目标、职业技能目标、薪酬目标、工作环境目标等。

（2）请根据个人实际衡量与目标之间的差距，制订提升行动计划，行动计划要尽可能量化，方便小组成员之间相互监督，方便检查。例如，每天早读课练习20分钟普通话，每个星期完成一篇直播脚本，等等。

完成以上内容后，请撰写一份完整的直播销售员岗位规划书，可参考以下格式。

时间：　年　月　日

姓　名		性　别		年　龄	
认识真我	性格特征				
	兴趣爱好				
	职业能力				
	优势劣势				
直面职业	目标城市				
	目标公司				
	薪酬待遇				
	岗位职责				
	任职要求				
	工作环境				
确定目标	知识目标				
	能力目标				
	职业技能				
	薪酬目标				
行动计划					

项目总结

通过项目1的学习，晓慧知道了直播电商与传统电商的区别、直播销售的概念、优势和弊端，以及直播销售的软硬件设备，并掌握了直播销售行业现状、规模、趋势及技术现状，熟悉了直播销售行业的法律法规，坚定要做一名优秀的直播销售者。与此同时，晓慧熟悉了直播销售员的岗位现状和任职要求，以及直播销售员国家职业资格标准，并能够通过分析自身条件和招聘信息，为自己制定直播销售员的职业规划，从而产生奋斗目标，踏上更深层次的学习。

综合评价

评价项目	评价内容	评价标准		评价方式		
				小组自评	小组互评	教师评价
学生姓名			综合评价等级			
指导教师			日期			
职业素养	安全意识 责任意识	A. 作风严谨、自觉遵章守纪、出色地完成实操任务 B. 能够遵守规章制度、较好地完成实操任务 C. 遵守规章制度、未完成实操任务 D. 不遵守规章制度、未完成实操任务				
	学习态度	A. 全勤，积极参与教学活动 B. 缺勤率达本任务总学时的10% C. 缺勤率达本任务总学时的20% D. 缺勤率达本任务总学时的30%				
	团队合作 意识	A. 与同学协作融洽、团队合作意识强 B. 与同学能沟通、分工、协调工作能力较强 C. 与同学能沟通、分工、协调工作能力一般 D. 与同学沟通困难、分工、协调工作能力较差				
专业能力	知悉直播 销售概念	A. 能够全面、深入地阐述直播销售的概念、理论框架及其在整个商业生态中的地位和作用 B. 了解直播销售的基本概念，熟悉软硬件设备及场景布置并熟练应用 C. 能够清晰阐述直播销售的定义、特点及其与传统销售方式的区别 D. 能够简单描述直播销售是通过网络平台实时展示并销售商品的方式，但不够深入或全面				
	熟悉直播 销售行业	A. 对直播销售行业的市场规模、主要平台、关键玩家有一定的了解，并能简述行业发展趋势或热点问题 B. 对直播销售行业的市场规模、主要平台、关键玩家有一定的了解，初步了解行业发展趋势或热点问题 C. 对直播销售行业的市场规模、主要平台、关键玩家有初步的了解，缺乏对行业发展趋势或者热点问题的深入认识 D. 对直播销售行业有初步的认识，知道其大致的运作方式，但缺乏对市场、竞争格局或未来趋势的认识				
	掌握直播 销售员岗位	A. 具备一定的直播经验和专业技能，能根据市场需求和观众反馈调整直播策略，提升销售业绩。同时，了解团队合作、供应链管理等相关环节 B. 具备直播销售岗位的基本技能，能有效地进行产品介绍、与观众互动有技巧等，有一定的直播经验和成功案例 C. 了解直播销售员岗位的基本职责，如进行产品介绍、与观众互动等，但可能缺乏实际操作经验或专业技能不熟练 D. 初步了解直播销售员岗位的基本职责，缺乏实际操作经验				

续表

评价项目	评价内容	评价标准	评价方式		
			小组自评	小组互评	教师评价
专业能力	实训任务测评	A. 按时、优秀地完成实训操作与任务测评，实操总结汇报表述清晰、流畅 B. 按时、较好地完成实训操作与任务测评，实操总结汇报表述基本清晰、流畅 C. 未能按时完成实训操作与任务测评，实操总结汇报表述错误较多 D. 未完成实训操作与任务评测题，无实操总结汇报			
创新能力		学习过程中提出具有创新性、可行性的建议	加分奖励：		

实战训练

一、单选题

1. 直播电商是一种新兴营销模式，其核心是（　　）；直播是一种实现电商营销的新模式、新途径。

A. 直播　　B. 商谈　　C. 电商　　D. 销售

2. （　　）是国内首个关于网络直播营销活动的规范，禁止刷单、主播抽烟或做出低俗举动和危险动作。

A. 《网络直播营销行为规范》

B. 《市场监管总局关于加强网络直播营销活动监管的指导意见》

C. 《网络直播营销管理办法（试行）》

D. 《关于进一步规范网络直播营利行为促进行业健康发展的意见》

3. 根据工作任务的不同，直播销售核心岗位通常可分为：（　　）、直播销售、直播运营、直播推广。

A. 直播策划　　B. 直播设计　　C. 直播分析　　D. 直播营销

二、多选题

1. 直播销售的弊端不包括（　　）。

A. 产生不良问题　　B. 产生同质化现象

C. 话语不慎影响口碑　　D. 易产生垄断

2. 直播要进行数据分析，可以用（　　）作为数据分析软件。

A. 京东商智　　B. 千瓜数据　　C. 巨量算法　　D. 生意参谋

3. 直播销售的优势包括（　　）。

A. 降低营销成本　　B. 激发购买欲望　　C. 扩大受众群体　　D. 增强展示效果

4. 直播销售的硬件设备包括（　　）。

A. 数码类设备　　B. 摄影类设备　　C. 灯光类设备　　D. 网络类设备

5. 直播销售平台类软件有（　　）。

A. 淘宝直播　　B. 抖音直播　　C. 快手直播　　D. 斗鱼

6. 目前直播销售的商业模式有（　　）。

A. 品牌直播　　B. 电商平台直播　　C. 社交电商直播　　D. KOL

7. 直播销售未来的发展趋势包括（　　）。

A. 多元化内容　　B. 个性化推荐　　C. 种草经济繁荣　　D. VR+直播电商

三、判断题

1. 直播电商与传统电商的销售逻辑都是货找人，把商品呈现给消费者。（　　）

2. 直播销售指在特定的网络直播平台上实现视频交互、影像实时化的应用产品推销和推广。（　　）

3. 直播销售发展经历了三个阶段，分别是萌芽期（2014—2016年）、成长期（2017—2019年）、成熟期（2020年至今）。（　　）

4. 互联网营销师中直播销售员划分为五个等级。（　　）

5. 直播销售具体岗位包括直播助理、专业主播、达人等。（　　）

四、案例分析

××市市场监管局联合市委网信办、市公安局、市文化和旅游局、市商务局、市税务局等六部门开展网络直播营销违法违规行为专项治理。自专项行动开展以来，全市共出动执法人员2 563人次，查办案件160件，罚没款207万余元。现将典型案例通报如下。

（一）主播陈某虚假宣传案

2022年5月，当事人在直播平台销售一款珍珠盲盒秒拍产品，宣称现场开蚌取珠。直播时，将事先准备好的成品珍珠放入河蚌内，假装现场开蚌取出成品珍珠，按天然珍珠推介给消费者。绍兴市市场监督管理局依法对其作出没收违法所得2 106元，罚款30 000元的行政处罚。

（二）浙江某电子商务有限公司发布违法广告案

当事人为绍兴市某知名品牌黄酒企业旗下负责电子商务营销的公司。其在2022年2月25日、3月25日发布的两则直播小视频对该品牌黄酒进行宣传时，广告演员表演了饮酒动作，违反了《中华人民共和国广告法》第二十三条第（二）项的规定，酒类广告不得含有出现饮酒动作的内容。越城区市场监管局依法对当事人作出罚款1 358元的行政处罚。

（三）浙江某建筑材料有限公司侵害消费者权益案

当事人于2022年5月起，陆续在直播平台上发布“厂家免费设计+配送+安装+售后质检”等视频内容招揽消费者。经查证，当事人与消费者签订的合同均未包含“包安装及免费配送”等服务项目，与宣传不符。上虞区市场监管局依法对当事人作出罚款400 000元的行政处罚。

（四）诸暨市某珠宝首饰有限公司商业诋毁案

2022年1月，当事人在直播间卖货的过程中，编造同行攻击其信誉的虚假信息，诸暨市市场监管局依法对当事人作出罚款500 000元的行政处罚。

（五）诸暨市某食品商行价格违法案

2022年5月，当事人在直播销售“国科优选羊奶粉”时，称购买羊奶粉即赠送999金叶子。直播中、直播页面中均未标明999金叶子的具体重量、规格、材料等产品说明，属于不正当价格行为。诸暨市市场监管局依法对当事人作出罚款30 000元的行政处罚。

（六）主播何某不履行主体义务案

2022年6月，诸暨市某商行雇用当事人直播销售珍珠饰品。当事人在直播中多次宣称其所售产品价格远低于该商行线下专柜和“隔壁店铺”，但该商行及主播无法提供相关证明，且该商行无线下专柜。诸暨市市场监管局依法对当事人作出罚款20 000元的行政处罚。

阅读上述材料，并所学知识回答下列问题。

1. 材料中呈现的违法行为，涉及哪些法律法规?

2. 如果你是一名直播销售从业者，你会如何规避这些违法违规行为?

五、实训题

请根据所学知识，制作一份直播销售员岗位求职简历，简述自己的基本情况、求职意向、教育经历、实践经历、专业技能、获奖情况、自我评价等。

项目2　直播销售商业模式和商业逻辑

项目概述

通过在直播机构的实践和学习，首先，晓慧了解到直播的商业模式以传统的电商模式为基础，通过直播的形式为商品营销和推广增加了新的渠道，进一步提高了销售效率。其次，晓慧发现直播带货的主播们通过展示商品和分享使用心得等形式，让消费者更加直观地了解商品的特点，这对于一些需要消费者亲自体验才能决定是否购买的商品来说尤为重要。最后，晓慧认为直播带货的商业模式融合了互联网技术、社交媒体和消费者购物的需求，可以在消费者购买的同时建立更深层次的社交关系，增加消费者的黏性。经过在直播机构的学习和了解各大招聘网站对主播和运营的任职要求，晓慧深刻地认识到自己的不足和未来的发展方向，更加努力学习直播的相关知识以及实操技能，为步入工作岗位打下坚实的基础。

知识目标

1. 了解直播销售行业的商业模式和底层逻辑。
2. 熟悉直播销售的思维模式。
3. 熟悉直播销售的运营模式。
4. 熟悉直播销售的转化模式。
5. 熟悉直播销售的盈利模式。

技能目标

1. 掌握直播销售的逻辑规则。
2. 掌握直播销售的运营方式。
3. 提升直播销售的转化。
4. 结合现状，实现直播销售盈利。

素养目标

1. 坚守直播销售职业道德素养。
2. 恪守直播销售行业的法律底线。
3. 熟悉并遵循直播销售的行业规范。
4. 具有理论结合实际、实事求是的直播销售作风和严谨的专业态度。

任务一　知悉直播销售商业模式

工作情境描述

晓慧在直播机构学习的过程中了解到，近年来，直播带货作为一种新型电商营销方式迅速崛起，成为电商行业中的一种热门销售模式。抖音、快手、淘宝、京东及其他平台，越来越多的主播和品牌开始进入直播带货领域，推动这个时代的电商经济的发展。晓慧也很疑惑，为什么直播带货如此受欢迎呢？它背后有哪些商业模式和社会趋势在起作用？在接下来的学习中将深入探索和分析。

任务分解

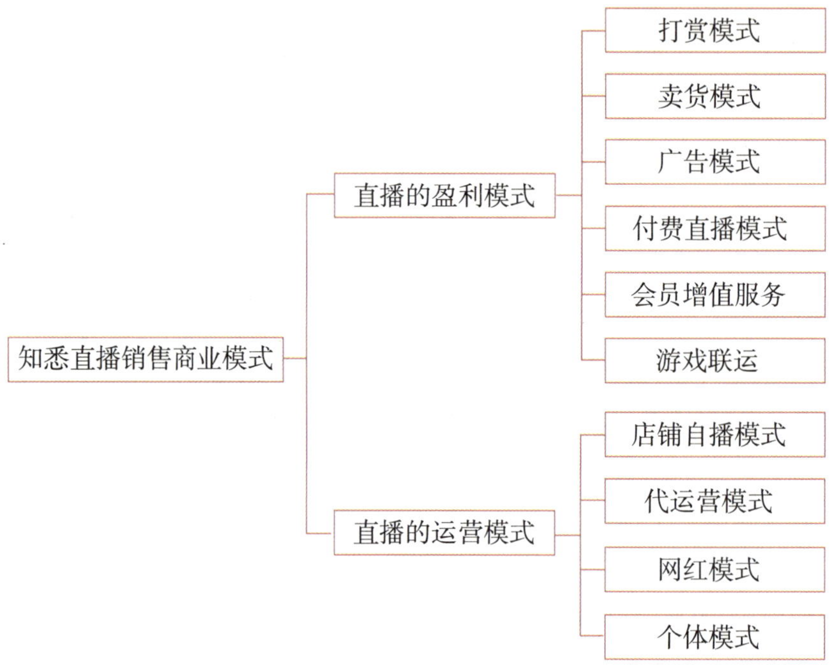

活动一　直播的盈利模式

直播销售是一种流量变现渠道，消费者能在其中发现自己的兴趣点，支持喜欢的主播、消费喜欢的内容。对于直播平台而言，其商业目标就是吸引用户访问，挖掘流量价值。

结合目前主要的直播销售路径，以及行业现状和产品特点，有以下六种直播销售的商业模式。

一、打赏模式

消费者付费充值买礼物送给主播，平台将礼物转化成虚拟币，主播对虚拟币进行提现，平台从中抽成。如果主播隶属于某个工会，则由工会和直播平台统一结算，主播则获取的是工资和部分抽成。这是最常见的主播收入形式。

若要获得用户的打赏，主播就要有自己的特长和足够的吸引力，作品要得到用户的喜爱和认可。实际操作时，主播为了得到足够多的打赏，有的采取了不规范的方式，游走在灰色地带甚至触碰了法律红线（如引导未成年人高额打赏），给这个行业带来许多负面影响。

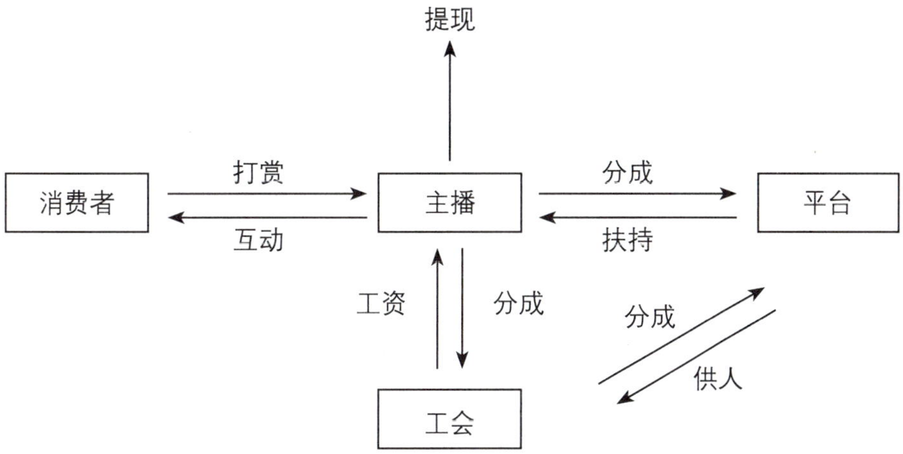

图2-1-1　打赏模式图解

主播要在直播打赏中有不错的收益：一要自身素质过硬，有自己的特长；二要有足够多的消费者；三要主动与消费者互动，提升消费者的黏性。

二、卖货模式

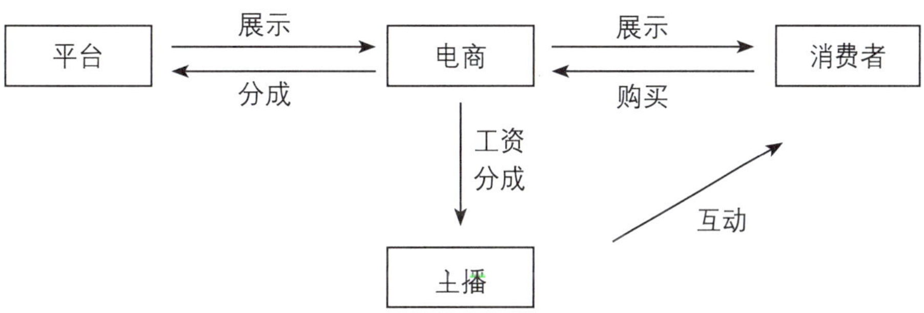

图2-1-2　卖货模式图解

一般电商类直播产品采用该方式。电商类直播产品指通过直播平台进行的在线销售活动，主播通过直播展示产品并提供购买链接，观众可以实时互动并下单购买。卖货模式的场景为：主播自己经营店铺，或某店铺需要主播推广，主播负责在直播时推广店铺商品，用户看直播时可直接挑选并购买商品，最终直播平台和主播或者店铺进行分红。

主播通过展示商品和分享使用心得等形式，让消费者直观地了解商品的功能和特点，从而产生购买欲望，完成线上交易。卖货模式主要特点：一是直观性比购物平台更好，二是可互动。

直播销售成功的关键点：一是产品质量过关；二是价格有可比性；三是主播有个人魅力，能使消费者信任；四是产品的通用性较强。

三、广告模式

直播平台负责在软件、直播室、直播礼物中植入广告，按广告页面展示或消费者点击和广告主结算费用。

直播平台的广告收入分为站内广告和站外广告。站内广告是非平台运营行为，指主播通过向平台支付费用以获取资源位和更多的流量，这部分收入主要来源是一些追求曝光的新主播，占比较低。

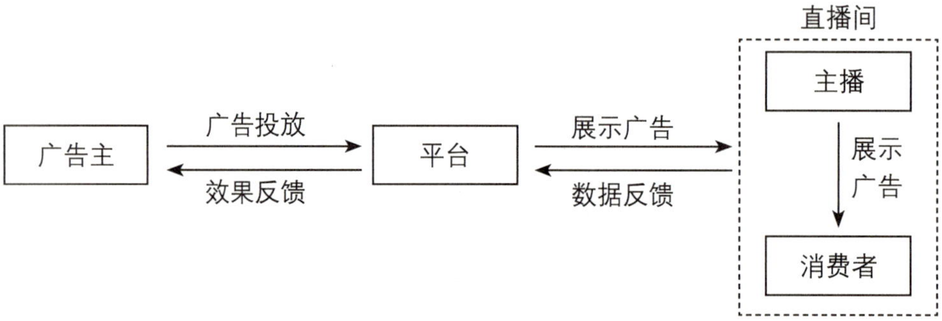

图2-1-3 广告模式图解

站外广告是指广告主在直播平台上投放广告，直播平台会按照合同收取广告主费用。站外广告对直播平台的收入有一定的贡献，如游戏厂商会在游戏直播平台上打广告，因为消费群体十分贴合，投入产出比很高。

四、付费直播模式

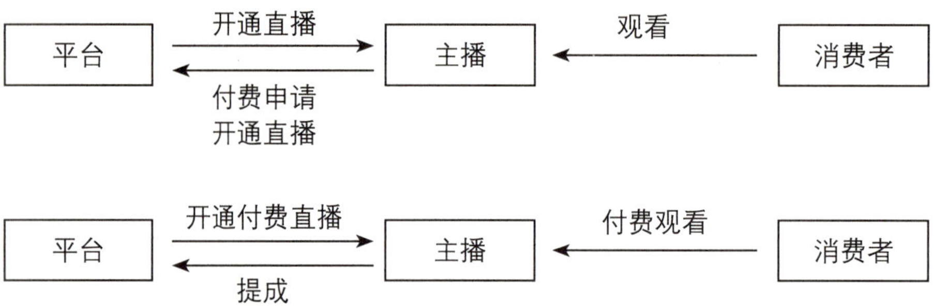

图2-1-4 付费直播模式图解

付费直播有两种模式：一种是主播付费开通直播，由直播平台提供更高级的直播服务；另一种是消费者付费看直播，由主播设置入场费用，平台和主播分成。

五、会员增值服务

会员可分主播和消费者两类，可分别在付费成为会员后，收获专属特权，见表2-1-1。

表2-1-1 会员增值服务

会员	主播	观众
功能特权		
身份特权		
内容特权		

直播平台对于主播会员，可提供：直播室开放更多功能权限，如添加场控、提高聊天室人员上限、收入翻倍、开通私密直播室等；身份特权，如尊贵勋章、升级提速、首页推荐等。

直播平台对于消费者会员，可提供：功能特权，如个性点赞、特权礼物、视频连线、隐身入场等；身份特权，如头像美化、会员标识、入场特效等；内容特权，如观看指定（付费）内容。

六、游戏联运

“游戏联运”通常指的是游戏开发商与发行商、平台或其他第三方合作，共同推广和运营一款游戏的运营模式。这种合作方式可以帮助游戏产品触及更广泛的用户群体，同时分享来自不同渠道的资源和收益。

游戏联运常见于游戏直播平台。游戏厂商希望直播时嵌入游戏入口，观众在观看直播室如果通过入口点击、下载了游戏，则平台和厂商据此分成。

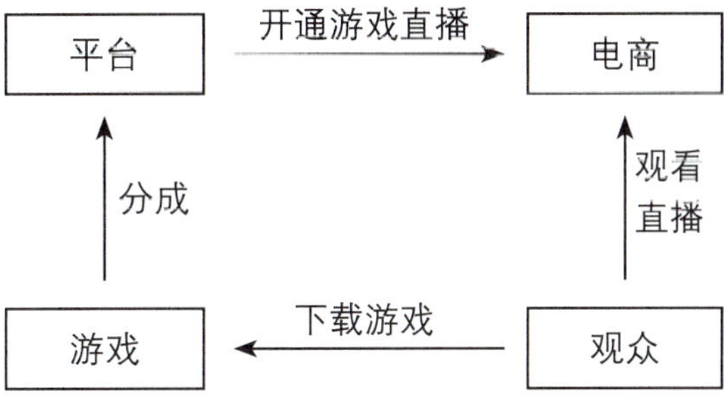

图2-1-5　游戏联运图解

活动二　直播的运营模式

一、店铺自播模式

店铺自播模式是指平台店铺利用直播平台开展直播，消费者通过悬浮窗口进入直播间的网店自播模式。该模式的特点是平台会根据店铺自播实时数据进行前台推荐，店铺回访直播的人越多，消费者点击商品的次数就越多。直播间下单数越多，公域给到的流量就越多。如品牌商家设立直播部门，聘请专业主播对商品进行展示介绍，在假日销售旺季借助线上店铺开展直播活动，促进销售。

知识链接

“公域”是指公有领域的概念，在此处是指不受版权保护的状态或作品。在公域的任何作品都可以被任何人自由使用，无需支付版税或取得许可。有些作品的版权期限可能已经过期，或者可能从未受到版权保护。

二、代运营模式

代运营模式是指商家与第三方代运营机构合作，代运营公司利用自己的成本优势对商家的产品进行直播销售，目的是参与并获得销售分成。商家除了承担卖货的佣金，还要支付固定的服务费给第三方机构。随着主播薪资上涨，有固定主播的第三方机构更具有成本优势。商家可以较大程度地降低前端成本，并获得和自己产品更匹配的主播。商家的获利方式不再局限于靠差价营利，而是更主动地参与到经营当中，获得直播风口的红利。

三、网红模式

网红模式是指网红在直播过程中，使用一系列营销手段展示产品并激发消费者购买欲望，最终促成消费者下单的一种销售模式。网红模式是以网红为中心，以电商、流量、场景和物流作为支撑来销售产品。在该模式中，网红扮演着非常重要的作用，综合能力和销售技巧将直接影响成交量。关注网红带货的消费者大多来自全国各地，当直播售卖的产品价格低、重复购买率高时，容易引起消费者的冲动消费。

四、个体模式

个体模式即个人经营，有人专门负责直播介绍商品，有人专门负责物流。这种模式常见于多年从事线下交易有着丰富的商业经验和具备稳定的供应链的批发商，很多都在某地区具有一定的规模。该模式对个人的硬实力要求比较高，要有资深的行业经验和商业头脑。商家自己进货，通过直播带货赚取差价，等到具备一定的知名度后，与当地的线下门店或知名品牌合作，赚取资源位费用或佣金。

任务二　掌握直播销售商业逻辑

工作情境描述

晓慧通过前面的学习，知道做直播销售的人越来越多。市场已经渐渐成熟起来了，不管是明星、商家，还是网络达人，都纷纷进入直播销售市场。

很多人也想要转型做直播带货，开始跃跃欲试，但是存有疑问，例如：定什么主题？直播前要做什么准备？带什么产品？

这些问题，归根结底，都是直播销售商业逻辑的问题。

策划好方案，选择合适的产品，打造对应的人设，配合相应的场景，就可以解决上面这些问题。

任务分解

- 掌握直播销售商业逻辑
  - 直播销售策划逻辑
    - 确定直播主题
    - 策划直播脚本
    - 制订直播预热方案
    - 准备直播设备清单
    - 设计直播内容
    - 监测直播中数据及场控调度
    - 复盘直播
  - 直播销售选品逻辑
    - 引流款商品
    - 转化款商品
    - 利润款商品
    - 机会款商品
  - 直播销售人设逻辑
    - 账号定位
    - 账户变现模式
    - 账户取名
    - 差异化
    - 强化账号属性
    - 账号人设的强化
  - 直播销售场景逻辑
    - 直播间的三大功能区
    - 场景搭建的七个要素
    - 搭建高转化率场景
    - 直播间场景优化技巧

活动一　直播销售策划逻辑

直播已经成为一种被广泛使用的营销和宣传手段。然而，想要做一场成功的直播，需要制订一套完整的直播方案。

以下从七个方面阐述做一场直播的策划策略。

一、确定直播主题

确定直播主题就是确定你的直播性质，是游戏直播、秀场直播、生活直播还是电商直播。例如，会玩游戏的人，可以直播打游戏；会唱歌的人，可以做秀场直播，展现自己的嗓音魅力。

如果你的生活很有意思，例如，热爱分享美食，就可以做生活直播；想要在直播间卖货，那就做电商直播。

总而言之，根据账号定位，选择合适的直播主题。定下直播主题后，围绕你的直播主题展开直播内容和流程的策划。

二、策划直播脚本

策划直播脚本的目的在于，让直播能够按照流程走。在直播脚本中，就要安排好直播时间，直播内容，产品讲解话术及优惠券设置等内容。

三、制订直播预热方案

制订直播预热方案，然后按照计划推广直播间，向“全世界”宣告你要直播。

把你的直播时间、直播内容、直播福利等进行文案策划，发布在用户能够看到的地方。

1. 发布预热短视频

在抖音，几乎所有主播在直播前都会发布预热短视频，通过各种各样的方式告诉用户：“我要直播了！”

2. 微博、微信直播预热

微博、微信都是日活跃用户过亿的平台，如果你的消费者基数大，就一定要利用这两个平台来为直播间预热。

3. 淘宝直播预热

淘宝商家及头部主播也经常在淘宝做直播预热，通知用户直播时间福利，引导用户准点进入直播间。

我们可以参考直播预热文案技巧，给出福利诱饵：抽奖送平板电脑，送红包等，提升宣传文案的热度，吸引更多人发现你的直播预告，引导他们进入直播间。

除此之外，还可以通过微信朋友、社群、今日头条等多种渠道来推广直播间，为直播间吸引消费者。

四、准备直播设备清单

很多人误以为，直播只需要一部手机或相机就能完成。但是，一台手机或相机可以直播，但不能保证直播质量。

一场高质量的直播除了手机或相机之外，还需要很多辅助工具以提升直播质量。其中主要包括灯光、支架、背景墙、声卡、麦克风、产品陈列、其他道具等。

支架主要是为手机或相机直播而准备，为了保持稳定性，手机或相机直播要准备一个支架用来支撑手机或相机。

麦克风主要是为了防止爆音和杂音，大部分主播使用的都是电容麦克风。

声卡的作用在于优化直播声音质量，避免声音中的杂音、延迟失真等问题。所以，尽量选择质量好一点的声卡。

直播时，直播间光线明亮舒适是最基本的要求。例如，美妆等品类的近景拍摄，室内灯光较弱，需要一盏美颜灯，常用的是环形美颜灯。

五、设计直播内容

这里的直播内容主要包括话术、互动和成交。

做带货直播，我们要用什么话术来引入产品？又要用什么方式来和观众互动，再怎么做促进成交？例如，你可以通过品牌历史或者产品背后的小故事来引入产品。然后讲解产品的外观特点、卖点，展示产品的使用方法，并和其他同类产品进行对比，突出你产品的优势。

除此以外，可以通过福利抽奖、分享评论等方式来促进用户成交，最后用追单话术“催”消费者下单。

参考以下追单话术。

1. 还有最后三分钟，没有买到的宝宝赶紧下单、赶紧下单。时间到了我们就下架了（恢复原价）！

2. 各位宝宝，线上抢购的人数多，以收到款项的时间为主，请大家看中了抓紧时间下单哈！没抢到的宝宝请谅解哦！

3. 这款我们品牌连续5年的销量都是非常好的，这次超级低价回馈给我们的客户，买到就是赚到哦。

六、监测直播中数据及场控调度

除了直播内容，直播中还有很多事情需要时刻进行监测调度，保证直播的有序进行。主要包括以下内容。

1. 直播后台推送

维护商品库存，及时上架商品并把控抽奖送福利等环节。

2. 场控

助理要根据直播时观众的反应以及主播的需求举牌提醒主播直播的进度及直播注意事项。

例如，达人直播间经常需要加货，此时就需要有助理及时跟品牌商确认是否加量，然后再反馈给主播，最后由主播传达给消费者，形成一个顺利且流畅的传播链。

3. 数据监测及策略调整

直播过程中需要有助理随时监测直播数据，并根据消费者的反应和产品销量及各种突发状况及时做出策略上的调整。

七、复盘直播

注意，不要以为直播结束就结束了，每一场直播结束后都应该复盘，发现直播中的不足之处然后做出应对措施，以便在下一场直播时避免同样的失误。

直播结束后，要核对直播中送出的奖品福利以及免单发放明细，确保消费者的福利得以顺利发放。

复盘正常的直播，并记录直播中的失误，盘点直播的成果，分析直播中的规律（产品销量好的时段、品类等），最后做总结会议，提出解决及优化方案。

活动二　直播销售选品逻辑

在直播间中，商品能够起到吸引流量、引起互动、快速转化等不同的作用，主播对于商品的讲解和上架能够引发一系列的直播间数据变化，从而优化其直播间的表现。在组货中，商家需要理解不同商品的特性及对直播间数据的影响，并根据每场直播的具体经营目标和数据推算来安排货品。

一、引流款商品

引流款商品的作用是为直播间聚集人气，让更多消费者进入直播间、延长消费者看播停留时长、并增加直播间的互动热度。

1. 福利限时抢购商品

通常限时抢购商品以非常低的库存和价格挂出以吸引观众“限时抢购”购买，主播可以提前预告“限时抢购”活动开启的时间，从而吸引消费者在直播间进行更长时间的看播停留。

优点：能够快速吸引大量的看播流量，同时能够留住观众进行更长时间的看播，配合主播互动话术还能增加点赞、评论、加粉等直播间互动。

缺点：商家需要为这些福利提供货真价实的折扣补贴，有一定的成本支出。

2. 实惠爆款商品

通常选择知名度高且价格较低的爆款商品。

优点：不仅可以带动直播间的互动，同时因为其有一定的价格门槛，从而引入高购买行为和购买力的人群，因此能够带动直播间GPM等数据的提高。

知识链接

“GPM”即毛利润率，是公司销售收入扣除销售成本后的毛利与销售收入之间的比率。毛利润率是衡量公司盈利能力的重要指标之一，通常用百分比表示。

3. 薄利多销款商品

通常选择品牌、类目中商品热度和转化率较高、价格较低的“薄利多销款”商品。

优点：虽然利润较低，但是单品销售不亏损，因此支持放量销售，上架后能提升转化效率且能快速拔高GPM数据，从而撬动自然流量的分发。同时由于商品是品牌自身的产品，且价格与品牌其他主力商品的价格接近，吸引的人群画像更加精准，为这部分人群后续的进一步转化提供可能性。

缺点：选品有一定困难度，商家需要找到既具备高需求度，又具备价格优势的商品。

4. “噱头”商品

通常是限量款、联名款、断货款等稀缺商品，消费者对于这些商品有很高的兴趣，会为了这些商品上架开售而停留等待，上架后的转化效率也很高。

优点：热度高且人群画像准，同时商家也有正常的利润空间。

缺点：这样的商品非常稀缺，需要结合一定的营销手段来制造“噱头”。此外，同一款“噱头”商品不能在一场直播中多次使用，也限制了它的作用范围。

二、转化款商品

转化款商品是一场直播中的主力商品，负责达成整场直播的销售目标，同时也是备货量最大的商品。在为一场直播组货时，往往会配置多种转化款商品，以尽可能地发挥转化潜力，达成销售目标。转化款的选品思路与前文中“爆品选品”的思路相似，通常需要综合考虑。

1. 商品本身质量高

转化款在一场直播中的出货量最大，高质量可以减少售后服务的压力，也可以让店铺评分维持稳定或增长。

2. 与看播观众的匹配度

匹配度是产生高效转化的关键，当店铺看播人群画像趋于稳定时，不建议变更转化款的目标人群，这可能导致人群不匹配而出现转化率快速下降的情况。

3. 商品的知名度和讨论度

当商品的知名度和匹配度高，说明该商品在直播前已经被充分地曝光和推荐，进入直播间的观众对于商品已经有了一定的了解，而无须在直播间里从零开始介绍和种草，确保了直播间的转化效率。

4. 过往的销售数据验证

转化款通常经过多场直播的成功销售，商家对于该商品的销售转化数据有着清晰的预期，转化数据与目标出现差异时商家有一套成熟的措施来补救。对于缺少数据验证的商品，若作为直播间主力的转化款则会带来一定的库存积压风险。

三、利润款商品

利润款商品是一场直播中商家用来寻求更多利润的商品。要支撑高利润，就需要在其他方面有独特的优势作为支撑，通常来讲利润款商品有以下特征。

1. 独特性

利润款商品在市场上缺少相似竞品，从而不会面临激烈的比价竞争，消费者也没有明确的价格预期。如服装、鞋履等非标品更容易打出独特性。

2. 竞争优势

利润款商品跟竞品或者自身其他商品相比有明显的优势，能够明显带来体验上的升级，消费者对这种优势感到认可并愿意支付更高的价格。在直播中，需要将这种体验上的差异进行清晰的展示，才能让消费者认可其优势。

3. 抢新心智

对于新设计、新功效、新技术、新成分，当消费者关注商品的新特性时，对性价比的敏感度就相对降低，因此进行商品的定期升级更新，是商家维持利润款商品供给的重要方式。

4. 囤货心智

当消费者一次性购买更大包装的商品时，分摊在单件商品上的运营成本更低，也就为商家创造了更高的利润空间。对于转化情况好、商品需求度高、复购数据好的商品，商家可以尝试进行更大包装的囤货组合，在提高利润空间的同时也增加了客单价，还能提升直播间GPM。

四、机会款商品

商家的货盘不可能永远依赖几个有限的主力货品进行销售，因此在日常直播中也需要关注对于第二梯队机会款的发掘和优化。

1. 借鉴爆款商品经验，让机会款发掘有迹可循

通过总结爆款商品的人群、卖点、价格等属性，商家可以形成一套自身的打造爆款商品经验，而根据爆款商品经验对于有潜力的商品机会款进行筛选，提高机会款商品销量增加的概率。

2. 灵活调整，快速更新

商家可以对机会款的介绍话术、展示方式、详情页设计等进行快速的优化更新，以测试出最合适的销售方式。对于机会款的选品也同样应该参照数据表现进行替换。

3. 切勿过多占用直播间资源

直播间的销售产出主要依赖转化款商品和利润款商品，商家可以用较少的过款时长和广告投入来进行机会款商品的测试，或者将机会款商品加入购物车中让其自行出单。如果机会款商品占据过多的直播时长，则有可能因为数据表现不佳而降低直播间热度，影响直播间的后续表现。

活动三　直播销售人设逻辑

“个人IP”指的是个人创造的知识产权，例如，文学作品、艺术作品、发明等，可以是版权、商标或专利等。打造自己的个人IP，其实就是建立自己的人设标签。如果你在平台上有一个独一无二的标签，让人一说到这个标签马上就能想到你，那么你建立的人设标签就成功了。

一、账号定位

做账号之前，我们要想好自己适合做一个什么类型的账号，根据自己的兴趣爱好和擅长点来做，如真人出镜、美食、宠物、美妆、搞笑、动漫、音乐等，这样可以源源不断地输出优质内容。账号不是一天两天就做好的，我们需要长期运营维护，只有不断输出优质的内容才能把我们的账号做大做强。

总之一句话，要找好自己的定位，这样才能更好地输出消费者喜欢的内容，才能让更多人关注你。

通过对各个垂直领域的作品分析，我们会发现以下四种比较常见的IP。

1. 故事型IP

将故事和剧情，通过表演的形式向消费者传达自己所想表达的情感和树立的形象。

2. 产品型IP

围绕热门产品，延伸出人物情感及相应的消费。

3. 创始人IP

在这个个性化消费的时代，消费者希望买到的产品跟他个人的价值观、个人的品位相吻合。

4. 知识型IP

个人必须在某个领域拥有持续产出原创内容的能力，而且必须要有一定的影响力。

想要打造一个IP，起步要做的就是人物的设定，如有些明星的人设，即向外界所展现的形象，包括外部形象和性格特征等。

二、账号变现模式

确定好账号定位后，我们就要考虑变现的问题：是自己培养账号还是主做带货？能否把自己打造成网红？做直播还是商演？这些都要考虑好。

三、账号取名

给自己的账号取一个独特的名字，让别人一秒就能记住你，这有助于增强消费者的黏性（尽量不要频繁修改）。

取名之前在平台里搜索下，看看有没有同名或者类似的账号，有时候取相似的名字也能给你带来一大波流量。

总之，取名尤为重要，要慎重考虑。

四、差异化

拍视频时，有的人甚至照搬别人视频中的剧情，结果是人家上了热门，自己却惨淡经营，没播放量。我们就要增大差异化，不是不可以模仿别人，而是要再次升级，不是一味地照搬照抄，而要加入自己的想法和创意，这样就可以做到青出于蓝而胜于蓝了。

五、强化账号属性

账号运营一段时间后，有了一定的消费者，这时我们就要分析消费者的年龄、性别、男女比例、地域城市等信息。根据分析结果，我们就要对自己的作品进行完善，提高消费者的黏性。

六、账号人设的强化

账号人设的强化有利于我们账户消费者更精准垂直，提高转化率。

在做内容策划时，我们要以一条故事线为主，结合演员特点，突出演员自身的特征，并通过细节及故事情节的发展，来不断强化自己的IP。

活动四 直播销售场景逻辑

直播间场景的好坏，直接关系到消费者看到直播间的推荐页面时，是否愿意点击进入，影响着消费者进入直播间后，是直接滑走，还是停下来继续观看。所以，打造一个优秀的直播间场景，是做好直播间运营的第一步。

一、直播间的三大功能区

按直播间的真实性来分，直播间可以分为绿幕直播间和实景直播间两类；按是否有真人出镜来分，直播间可以分为真人直播和手播（只有手部出现在直播画面中）两类；按场景来分，直播间可以分为室内直播和室外直播两类。

1. 主推区

主推区的核心作用是突出主播讲解及展示的商品。

2. 商品区

商品区通过货架陈列、商品打堆头等方式向消费者展示其商品。这样不但能延长消费者在直播间的停留时间，还有利于增加直播间的氛围感和消费者对主播的信任感。

3. 道具区

道具区用于增强品牌信任度、告知福利活动或者突出那些需要消费者知道的信息。运费险、信用信息、直播间里的活动形式等，如果是用手机直播，可将相关信息用A4纸打印并张贴出来。如果是绿幕直播间，通常会让美工做成贴纸，展示在直播背景上。

二、场景搭建的七个要素

场景搭建的七大要素，即场地、背景、音乐、灯光、设备、环境、商品陈列。

直播间场景搭建

1. 场地

个人直播间一般可控制在8～15平方米，多人团队配合型直播间多控制在20～40平方米。美妆类直播间控制在8平方米大小即可，而服饰类直播间一般需要更大的空间和场景深度，以进行服饰的陈列和展示。

在选择直播间场地时，一定要测试场地的隔音和回声情况。隔音不好或回声太大，可采用加装隔音棉、加固木板等方式来解决。有些场地顶部是中央空调，上方是镂空的，这时就需要做封闭处理，以免影响隔音效果。

2. 背景

直播间背景建议以浅色、纯色背景墙为主，打造简洁、明亮的基础风格。例如，我们可以以灰色为主色调，这样不但容易和其他颜色搭配，还会让直播间显得非常干净，更容易衬托灯光效果。从长远来说，如果后续涉及该直播间更换商品、品类，这种百搭的颜色显然更具备普遍适用性。

3. 音乐

直播间可以播放一些背景音乐，以避免直播太过单调。音乐的选择，一是要选择抖音自有版权的音乐；二是不要喧宾夺主，影响主播对商品的介绍；三是根据直播间的氛围和流程来选择音乐。例如，达人在做大的直播场景时基本从头到尾都是激昂的音乐，以烘托福利感和大促的紧张气氛。有些直播间还会采用下单声等特殊音效，渲染直播间的氛围。

4. 灯光

从灯光配置上，我们需要环形灯、顶光灯、侧光灯、轮廓灯的组合。环形灯与直播支架多是一体的，可以提供基础的灯光来源。顶光灯需要足够明亮，才能显得整个直播间明亮。顶部光线打下来之后，主播的面部容易有阴影。所以需要我们再去补一个面部光源，也就是侧光灯。另外，我们还需要轮廓灯。轮廓灯会让整个人的轮廓显得比较好看。

我们要注意灯光冷暖色调的选择。如果是服装鞋帽或彩妆护肤品类直播间，建议选用冷色系的白光，以让商品有最佳的展示效果。如果是美食家居类直播间，建议选择暖色调的黄光，目的是衬托美食的色泽，让消费者感觉更有食欲，或者衬托温馨的家居环境。

5. 设备

直播间设备一般还包括手机、摄像头、相机、麦克风、计算机及各类充电器等常用设备，以及秒表、计算器等辅助工具，各种展示板和小黑板。例如，服装类直播间就会经常用到尺码表；美妆类直播间则会选用一块小黑板，写上不同肤色或不同场合选用什么色号或款式的商品。

6. 环境

直播画面中的物品都应摆放整齐，擦洗干净。例如，服装类直播间为了营造直播间场景的质感，往往需要放置模特。

7. 商品陈列

如果直播间的空间有限，商品可直接摆放在镜头中。如果空间充足，就可以选用匹配商品调性的陈列架进行展示，给商品以视觉冲击力。

三、搭建高转化率场景

1. 借鉴竞品直播间

一是多刷同行的直播间，在抖音的信息流里可以找到；二是在各类第三方工具的榜单上，查找上榜的优秀同行直播间。观察这些直播间的画面是否友好或具备较强的吸引力、其出售的商品与我们直播间的商品是不是同一类型、主打的消费群体是否与我们直播间相匹配，以及整个直播间的销量是否较高。

选定直播间后，拆解其直播间场景的各项要素，再从如下几个方面审视这样的场景是否合格。

- 当进入直播间后，能否两秒内就停留下来？
- 能否在两秒内就知道出售什么商品？
- 各种商品是否主次分明，主推款商品是否得到了很好的展示？
- 商品卖点和福利活动是否得到了很好的展示？
- 视觉效果和听觉效果是否让用户感觉舒适，是否匹配品牌和商品风格？
- 整体效果是否匹配账号的人设定位？

2. 绿幕直播间的搭建

绿幕直播间搭建

绿幕直播间，也叫抠像直播间、虚拟直播间。绿幕直播间的背景一般是一块绿色的幕布，我们通过绿幕技术设置一个任意的虚拟背景并推送到电脑上。绿幕直播间能突破实景直播间的场地、环境等限制，实现更丰富多样的直播间场景。平时大家在直播间里看到的主播身后播放的短视频，就是绿幕直播间的效果。此外，虽然在工厂里直播能加深消费者对直播间“源头”和“性价比”的印象，但考虑到时间成本和收音效果的关系，大部分工厂背景的直播间都是通过绿幕实现的虚拟背景。

在搭建好绿幕直播间后，我们需要再通过抖音官方的直播伴侣或OBS推流软件，进行诸如抠像、添加贴纸等处理，经过各种调试达到满意效果后即可开启直播。

在采用绿幕直播间时，需要注意以下五点。

第一，展示主体不要出现与绿色相近的颜色。主播尽量穿与绿色对比明显的深色衣服，不可花哨。如果无法避免绿色主体的出现，可将幕布换成蓝色。

第二，绿幕抠像的最佳距离是1.5米。在布置灯光时，尽量让绿幕上没有影子。除了常规灯光，还可单独用一盏灯照亮幕布。

第三，直播镜头光圈适当缩小，可以减少人物与背景之间的景深和边缘虚化。

第四，避免绿幕上有太多褶皱和暗角。

第五，避免人物和物品在直播间内快速移动。

知识链接

1. 直播伴侣：这是抖音官方提供的直播辅助软件，主要用于直播间的画面处理、场景切换和特效添加。通过直播伴侣，主播可以实现换人像背景、添加贴纸等效果，使直播画面更加丰富和吸引消费者。

2. OBS推流软件（open broadcaster software）：这是一款开源的直播推流软件，广泛应用于各类直播平台。它支持多种直播源输入，包括摄像头、屏幕捕捉等，允许用户自定义直播画面的布局、滤镜、音频混合等设置。

四、直播间场景优化技巧

1. 视觉冲击力决定场景点击率，情绪冲击力决定场景停留率

很多人卖袜子，直播间就摆上一排袜子；卖图书，就摆上一排图书。这样的场景毫无视觉冲击力可言，也无法快速调动用户的情绪，激发用户的购买欲望。

图中这种场景就可谓别出心裁，用大牧场的场景调动大家好奇的情绪，用看起来很有食欲感的肚包肉勾起大家的食欲。肚包边缘那种明显的不规则，又很好地契合了商品“手撕”的卖点，整个场景和商品相互呼应。

2. 贴近生产流程，贴近人设

越贴近生产流程的直播间场景，越能激发消费者的购买欲望；越贴近人设的直播间场景，越能激发消费者的信任感。

很多商品摆在货架上往往平平无奇，但展现其生产、加工流程的场景却非常吸引人。例如，有些商品直接采用生产车间或工厂的场景，匹配其品牌创始人或源头工厂的人设。

3. 新账号想要取得突破，要从场景搭建上另辟蹊径

例如，同样是卖羽绒服，当直播间场景被设置成冰天雪地的雪山之后，整个直播效果立即迎来了较大的提升。

4. 爆款商品是最好的“直播间场景”

直播带货，好商品才是关键。有些商品卖点鲜明、价格劲爆的直播间，在直播间场景上未必需要下很大功夫，一样可以卖得很好。当然，如果有这类爆款，围绕爆款卖点去搭建直播间场景就更好。例如，有一个销售牛肉的直播间，直播间场景是现切现称重和发货的场景。每销售一单，现场用密封袋装好牛肉，贴上快递面单进行发货，非常真实，效果也很好。

团队实训

直播销售产品选品逻辑分析与搭配训练

【任务背景】

作为一家电商直播团队的选品经理，你需要为即将到来的直播活动挑选一系列产品。你的目标是构建一个既能吸引观众又能实现销售目标的产品组合。本次任务要求你选择一款产品，并分析其在直播销售中的选品逻辑，包括引流款、转化款、利润款和机会款的选择和搭配。

【任务要求】

1. 选择一款产品作为核心产品，该产品将作为直播销售的重点推广对象。

根据以下四个类别，分析并选择相应的产品进行搭配。

- 引流款：用于吸引流量，提高直播间人气。
- 转化款：用于促进观众转化为消费者，实现销售转化。
- 利润款：用于提升整体销售额和利润。
- 机会款：用于探索新的市场机会，可能是一款创新或趋势性产品。

2. 编写一份直播销售产品选品逻辑分析报告，包括以下内容。

核心产品的特点、目标客户群体、市场定位。

各类别产品的选择理由、预期效果以及如何与核心产品搭配。

整体产品组合的策略，包括价格策略、促销策略和直播销售话术建议。

【任务步骤】

1. 确定核心产品，并分析其市场潜力和目标客户群体。
2. 选择引流款、转化款、利润款和机会款产品，并阐述选择理由。
3. 撰写产品选品逻辑分析报告，详细说明产品组合的策略和预期效果。

提出针对直播销售的促销策略和话术建议。

【评分标准】

- 核心产品的选择合理性（20%）
- 各类别产品搭配的逻辑性和创新性（40%）
- 分析报告的完整性、策略性和实用性（40%）

项目总结

通过本项目的实践和学习，我们认识到直播带货已经成为电商新模式。直播销售不仅为商品营销和推广开辟了新渠道，还极大地提高了销售效率，通过主播与消费者之间的实时互动，建立了更深层次的联系，增强了消费者的黏性。

首先，在盈利模式方面，我们探讨了打赏模式、卖货模式、广告模式、付费直播模式以及会员增值服务等不同的商业模式，每种模式都有其特定的运作机制和目标用户群。例如，打赏模式依赖于观众对主播的喜爱和认可，而卖货模式则侧重于商品的展示和销售。

其次，运营模式方面，我们实践了店铺自播模式、代运营模式、网红模式和个体模式等。这些模式各有特点，适用于不同的商家和主播，帮助他们根据具体状况选择最合适的运营策略。

再次，我们还掌握了策划逻辑、选品逻辑、人设逻辑和场景逻辑的重要性和应用方法。这些逻辑是直播销售成功的关键因素，涉及如何确定直播主题、如何选择合适的产品进行推广、如何塑造吸引人的个人形象（人设）以及如何通过布置直播间场景以提升用户体验和转化率。

最后，通过对直播数据、场控调度的分析以及对直播后的沉淀与复盘，我们学会了如何根据直播数据及时调整策略，以及如何复盘并改进直播。这种持续优化的过程对于提高直播质量和销售业绩至关重要。

综合评价

评价项目	评价内容	评价标准		评价方式		
				小组自评	小组互评	教师评价
学生姓名			综合评价等级			
指导教师			日期			
职业素养	安全意识 责任意识	A. 作风严谨、自觉遵章守纪、出色地完成实操任务 B. 能够遵守规章制度、较好地完成实操任务 C. 遵守规章制度、未完成实操任务 D. 不遵守规章制度、未完成实操任务				
	学习态度	A. 全勤，积极参与教学活动 B. 缺勤率达本任务总学时的10% C. 缺勤率达本任务总学时的20% D. 缺勤率达本任务总学时的30%				
	团队合作意识	A. 与同学协作融洽、团队合作意识强 B. 与同学能沟通、分工、协调工作能力较强 C. 与同学能沟通、分工、协调工作能力一般 D. 与同学沟通困难，分工、协调工作能力较差				

续表

评价项目	评价内容	评价标准	评价方式		
			小组自评	小组互评	教师评价
专业能力	知悉直播销售商业模式	A. 能够全面、深入地阐述直播销售商业模式的概念、理论框架及其在整个商业生态中的地位和作用 B. 了解直播销售商业模式的基本概念，熟悉软硬件设备及场景布置并熟练应用 C. 能够清晰阐述直播销售商业模式的定义、特点及其与传统销售方式的区别 D. 能够简单描述直播销售商业模式是通过网络平台实时展示并销售商品的方式，但不够深入或全面			
	掌握直播销售商业逻辑	A. 具备一定的直播思维，能根据市场需求和观众反馈调整直播商业逻辑，提升销售业绩。同时，了解团队合作、供应链管理等相关环节 B. 具备直播销售商业逻辑，能有效地进行产品介绍、与观众互动有技巧等，有一定的直播经验和成功案例 C. 了解直播销售商业逻辑，如进行产品介绍、与观众互动等，但可能缺乏实际操作经验或专业技能不熟练 D. 初步了解直播销售商业逻辑的基本内容，缺乏实际应用经验			
	实训任务测评	A. 按时、优秀地完成实训操作与任务测评，实操总结汇报表述清晰、流畅 B. 按时、较好地完成实训操作与任务测评，实操总结汇报表述基本清晰、流畅 C. 未能按时完成实训操作与任务测评，实操总结汇报表述错误较多 D. 未完成实训操作与任务评测题，无实操总结汇报			
创新能力		学习过程中提出具有创新性、可行性的建议	加分奖励：		

实战训练

一、单选题

1. 以下哪种盈利模式中，观众需要直接为观看直播付费？（　　）

A. 打赏模式　　B. 卖货模式　　C. 付费直播模式　　D. 广告模式

2. 直播销售中，以下哪种运营模式更依赖网红的个人影响力来促进销售？（　　）

A. 店铺自播模式　　B. 代运营模式　　C. 网红模式　　D. 个体模式

3. 直播策划时，为了让直播按照流程有序进行，需要重点做好以下哪项工作？（　　）

A. 确定直播主题　　B. 策划直播脚本

C. 制定直播预热方案　　D. 准备直播设备清单

4. 在直播间场景搭建中，美妆类直播间一般建议选用什么颜色的灯光来展示商品？（　　）

A. 暖色调的黄光　　B. 冷色系的白光　　C. 彩色灯光　　D. 自然光

5. 直播间商品中，用于向上寻求更多利润回报，且在市场上缺少相似竞品的是哪种类型？（　　）

A. 引流款　　B. 转化款　　C. 利润款　　D. 机会款

二、多选题

1. 直播销售的盈利模式包括以下哪些？（　　）

A. 打赏模式　　B. 卖货模式　　C. 游戏联运　　D. 付费直播模式

E. 会员增值服务

2. 一场成功的直播策划需要做好以下哪些方面的工作？（　　）

A. 确定直播主题　　B. 策划直播脚本

C. 准备直播设备清单　　D. 制定直播预热方案

E. 进行直播后复盘

3. 直播销售中，选品逻辑里转化款商品的选择需要考虑哪些因素？（　　）

A. 商品本身的质量　　B. 与看播观众的匹配度

C. 商品的知名度和讨论度　　D. 过往的销售数据验证

E. 商品的价格是否最低

4. 打造直播间人设时，强化账号属性需要分析粉丝的哪些标签？（　　）

A. 年龄　　B. 性别　　C. 地域城市　　D. 消费习惯

E. 兴趣爱好

5. 直播间场景搭建的要素包括以下哪些？（　　）

A. 场地　　B. 背景　　C. 音乐　　D. 灯光

E. 商品陈列

三、判断题

1. 直播销售中，只要商品价格足够低，就一定能吸引大量消费者购买。（　　）

2. 店铺自播模式下，店铺回访直播的人越多，平台给到的公域流量就越多。（　　）

3. 主播在直播中只需要专注介绍商品，不需要关注与观众的互动。（　　）

4. 机会款商品在直播间中可以占用大量的直播时长进行重点推广。（　　）

5. 绿幕直播间在搭建时，主播可以随意穿着，无需考虑服装颜色与绿幕的搭配。（　　）

四、简答题

1. 请简述直播销售的商业模式和商业逻辑。

2. 请解释直播销售中的打赏模式、卖货模式、广告模式、付费直播模式和会员增值服务的运作方式。

3. 请解释直播销售中的店铺自播模式、代运营模式、网红模式和个体模式的特点和适用情况。

五、实训题

请你了解直播销售市场现状，分析目标客户群体、竞争对手情况、行业发展趋势等。运用创新思维，结合直播平台特点、消费者需求、技术发展趋势等，设计一个独特的直播销售商业模式。请你从价值创造、客户获取、交易促成、盈利模式等方面，分析商业模式的逻辑关系，确保其内部运作顺畅。

项目3 直播销售策略和技巧

项目概述

为实现产教深度融合，培养优质直播销售员，进一步拓展学生实习实践基地，发挥实践育人作用，学校选择当地优质电商企业，针对电商专业学生，开展为期一个月的直播电商实践月活动。实践月期间需要强化学生直播销售在直播策划、播前预热、开播热场、商品推介、引导成交方面的实战技巧和策略。作为奖励，企业将推荐优秀学员参与到年度“6·18”直播大促活动中。晓慧作为新媒体时代的学生，特别珍惜本次实践机会，希望可以通过实践月的锻炼，把自己的兴趣爱好发展成职业。当她得知本次考核重点是掌握直播销售策略和技巧时，想进一步了解进行直播策划是什么。如何借助开播预热实现直播间人气翻一番？开播热场的方式有哪些？主播是如何进行商品推介的？哪些方式可以助力直播间销量翻倍？在兴趣的引领下，晓慧开启新项目的学习。

知识目标

1. 明确直播策划流程。
2. 知悉直播预热的内容和开播热场的方式。
3. 了解商品推介的技巧。
4. 知悉引导成交的促单技巧。

技能目标

1. 能够根据直播策划方案撰写直播脚本。
2. 通过不同项目实训，选择一个品类初步完成各商品直播销售的播前预热、开播热场、商品推介、促进成交。
3. 能够选择一个合适的平台，初步学会该平台的直播销售操作。

素养目标

1. 树立直播意识，学会直播操作，提升专业素养。
2. 具备制定直播销售策略的创新意识。
3. 借助项目实训，增强团结协作意识，强化自身责任意识，提高个体的社会适应能力。

任务一　直播策划

工作情境描述

每一场电商直播都离不开电商企业精心的策划。妇女节来临之际，为促进本地特产销售，某家勇于承担社会责任的电商企业，其直播团队决定合力策划一场山核桃销售的直播活动。晓慧希望利用直播销售实践岗位学到的知识和技能，和同学一起揭开直播策划的面纱，完成直播策划任务。

思考

在人、货、场不断被打通的今天，销售方式也变得更加多元化、娱乐化、人性化。如何在竞争激烈的新零售环境下脱颖而出，牢牢抓住消费者的心，直播策划的重要性不言而喻。一场成功的直播是由多人组成的统筹全场的团队，是在每个岗位各司其职的基础上互相配合下完成的。晓慧作为直播团队的一员，为了和团队成员共同完成销售 1 万斤宁国山核桃的销量目标，需要在直播前精心策划，做好准备工作，撰写直播脚本。

任务分解

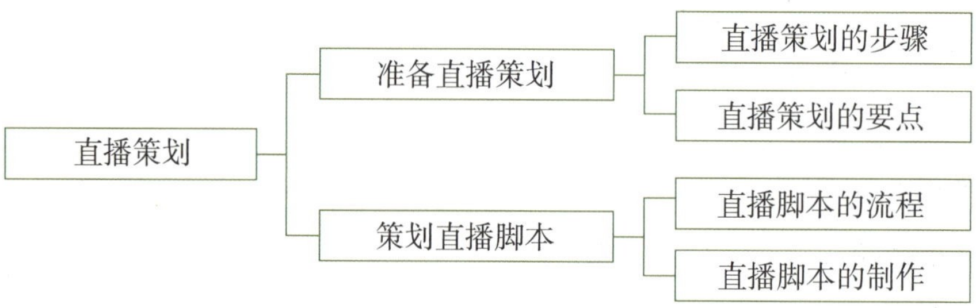

活动一　准备直播策划

一、直播策划的步骤

有吸引力、高质量的内容才是直播销售能够吸引有效流量的关键，而任何一场吸引力、高质量的内容都离不开精心的策划。直播策划从准备到实施大致可分为两个步骤。

（一）精确的市场调研

精确的市场调研的步骤如下。

（1）目标设定

策划直播营销活动之前，首先需要明确活动的目标。目标可以是增加品牌曝光、提升产品销量、建立用户互动等。明确目标有助于确定活动的重点和策略，确保活动具有针对性和可衡量性。

（2）目标受众分析

了解目标受众是成功策划和实施直播营销活动的关键。进行目标受众分析，包括了解受众的特征、兴趣、偏好和消费习惯。根据目标受众的特点，确定适合他们的内容和互动方式，以吸引他们的关注和参与。

（3）活动主题和内容策划

基于目标设定和目标受众分析，工作人员制定活动的主题和内容。工作人员选择合适的主题，要与目标受众的兴趣和需求相匹配。确定活动的核心信息和关键亮点，以吸引观众的注意力，给观众留下深刻的印象。

（4）选择合适的直播平台

在实施直播营销活动时，工作人员选择合适的直播平台非常重要。根据活动的需求和目标受众的特点，选择稳定可靠、功能全面的直播平台。工作人员要确保直播平台提供高质量的视频传输、互动功能和数据分析工具，以支持活动的顺利进行。现行的主流直播平台有淘宝直播、抖音直播、快手直播、小红书直播、微信视频号直播、拼多多直播、京东直播等。

（5）宣传和预热

在活动开始前，工作人员进行充分的宣传和预热是必要的。工作人员要利用各种渠道和媒体平台进行活动宣传，包括社交媒体、电子邮件、网站和合作伙伴等。制订宣传计划，提前预告活动信息，引发观众的兴趣和期待，吸引他们参与活动。

（6）准备直播设备和技术支持

工作人员要确保直播设备和技术支持，准备工作充分是直播营销活动成功的关键。工作人员测试直播设备，包括测试摄像头、麦克风和网络连接，确保在直播过程中没有技术故障。同时，提前准备技术支持团队，以应对可能出现的问题和提供及时的支持。

（7）直播活动执行

在直播活动开始时，工作人员要确保活动的顺利进行。主播需要具备良好的表达能力和互动能力，与观众保持良好的沟通和互动。根据活动的内容策划，主播按计划进行演讲、演示、互动问答等环节，与观众建立起有效的互动。

（8）数据分析和反馈

直播活动结束后，工作人员进行数据分析和反馈是评估活动效果和制定改进策略的关键。工作人员收集观众的反馈意见和统计数据，了解观众的参与度、观看时长、互动次数等。根据数据结果进行评估，并及时反馈给相关团队和决策者，为下一步的营销决策提供依据。现行的专业第三方直播数据平台有飞瓜、抖查查、蝉妈妈、胖球数据、壁虎看看、红人点集等。

【做一做】

爱媛橙，一种可以直接当果冻吃的水果。为了进一步扩大产品的用户规模，提升知名度，直播团队需要策划直播营销活动，进行爱媛橙的营销推广工作。请帮助直播团队分析爱媛橙的产品和用户，并填写在表格中。

提示：学生在教师的指导下，借助在线搜索工具，分析爱媛橙的产品特点、用户定位、营销渠道等，并完成下列表格的填写。（注意：产品特点主要是分析产品的特色和竞争力等；用户定位是主要分析目标客户、潜在用户人群等；营销渠道主要是可以选择的营销渠道等。）

表3-1-1　分析产品和用户

产品特点	
用户定位	
营销渠道	

【想一想】

任选一种本地特产，结合市场调研信息判断该特产的目标市场是什么？并和同学谈一谈你是如何确定该特产的目标市场的？

（二）对项目进行SWOT分析

“内容为王”不仅适用于图文创作和视频创作，同样适用于直播销售。用户可能会因为直播销售的标题、封面图等因素进入直播间，但最终能够留住用户，并将用户从普通用户转化为消费者的核心因素仍然是直播的内容，也就是直播项目的价值。所以，做直播，项目很关键。衡量直播项目，就需要借助SWOT分析法。

1. SWOT分析

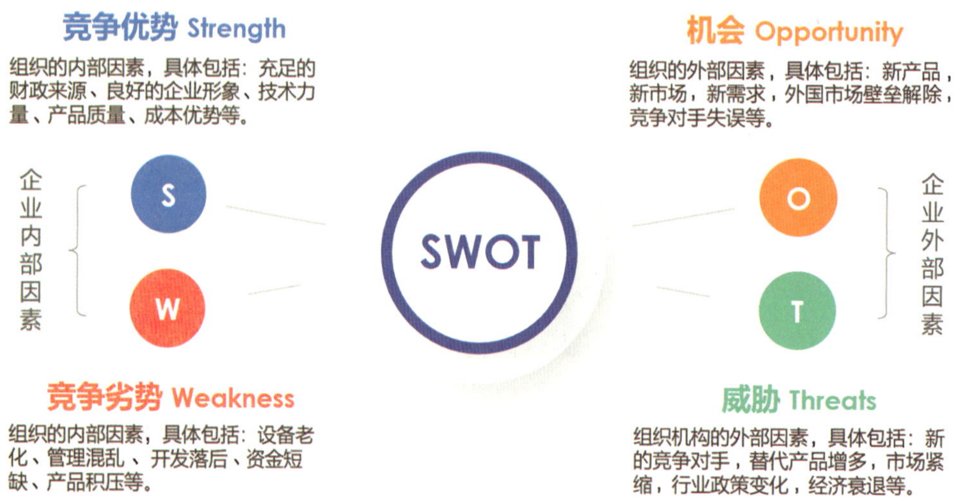

图3-1-1　SWOT分析

SWOT分析中，S是优势，W是劣势，O是机会，T是威胁。实质上，SWOT分析是指在企业的市场竞争中，对企业内部条件和外部状况的各方面内容进行分析，进而让企业形成一套结构严谨、逻辑细密的分析系统。利用SWOT分析可以将企业的直播策划与其内、外部资源进行整合，明确企业内部的优势和劣势，了解企业在市场中面临的机会和威胁。因此，SWOT分析可以让企业内部的资源和行动力集中在市场机会最大的地方，并根据企业自身的性质制定出合理的战略，如图3-1-1所示。

2. SWOT分析的步骤

SWOT分析除了要根据企业自身的实力之外，还要依据企业与竞争对手的对比结果。具体参考以下步骤。（图3-1-2）

首先，企业在前期市场调研的基础上，明确自身存在的优势与劣势。依据现有的销售方案，结合企业内部影响销售成果的若干因素，将这些影响因素进行强弱等级划分。

其次，通过收集的外部信息，分析企业在市场中的机会和威胁。市场中的机会，是企业未来的发展机会，等同于企业在未来市场竞争中可能占据的优势。市场中的威胁，指的是市场中不利于企业发展的因素，包括竞争对手、用户负面评价等。企业必须针对这些威胁进行相应的调整，进而提高企业在市场竞争中的地位。

项目	优势（S）	劣势（W）
机会（O）	•SO战略——增长性战略（进攻策略，最大限度地利用机会）	•WO战略——扭转型战略（调整策略，战略转型）
威胁（T）	•ST战略——多种经营战略（调整策略，多种经营）	•WT战略——防御型战略（生存策略，严密监控竞争对手动向）

图3-1-2　SWOT分析矩阵图

最后，从整体上进行SWOT分析，将优势（S）、劣势（W）、机会（O）、威胁（T）进行排列组合，形成SO、ST、WO、WT等策略。企业要从这些组合中找出对自己有利的因素，剔除不利的影响；发现存在的问题，寻找解决的办法；明确当下的消费市场，拓展未来的直播战略。在将这些研究对象罗列出来的同时，按照矩阵排列各个因素，进一步进行系统性分析，制定相应的直播策略。

3. 市场受众定位

在制订销售计划的过程中，一定不能忽略所定位的受众。要锁定消费者群，迎合消费者的潜在需求，从消费者的角度出发，为后续调整直播形式、内容的选择做准备。

4. 直播平台的选择

直播平台有很多，流量大的有抖音、快手、淘宝、微信视频号、小红书等，还有日新月异、不断涌现的新平台，选择好的、适合自己产品的平台是很关键的一步。

5. 良好的直播方案设计

在整个方案设计中需要销售策划及广告策划的共同参与，让产品在营销和视觉效果之间恰到好处。在直播过程中，过度的营销往往会引起消费者的反感，所以在设计直播方案时，如何把握视觉效果和营销方式，需要不断地商讨。

6. 获取直播变现

无论是通过直播促成交易，还是通过直播获得客户完成引流，变现都是实现直播价值的关键一步。畅通变现通道、给予消费者积极暗示等，有利于变现的达成。

7. 有效的反馈与修整

直播策划最终要落实到转化率上。实时的及后期的反馈要跟上，同时通过数据反馈不断地修整方案，将策划方案的可实施性不断提高。

【做一做】

1. 任选一种产品，完成直播策划SWOT矩阵图，如工作情境描述中针对宁国山核桃销售直播活动，画出SWOT矩阵图。

2. 职业生涯规划是个人职业历程的重要环节，包括自我评估、职业环境分析、职业目标确定、制订行动方案和评估反馈几个方面的重要内容。利用SWOT分析法能正确认识自身的个性特质，评估自身的优势与劣势，客观地分析所处职业环境现有与潜在的机会和威胁，明确自己的职业方向与目标，提高学生就业和个人职业发展的竞争力。请同学们用SWOT分析法分析个人职业生涯规划。

二、直播策划的要点

直播策划一般用于直播团队的内部沟通，目的是用最精练的语言让与直播相关的所有人员熟悉活动流程及分工。完整的直播策划，包括直播思路简述、直播目标、直播间的人员分工、直播的环节、直播活动的预算五大要素。

1. 直播思路简述

直播策划需要对直播的整体思路进行简要描述，包括直播目标、直播平台、直播时间、直播主题、直播亮点等。其中，直播主题是直播策划的中心。整场直播的策划都需要围绕直播主题开展，有3个策划角度，即根据消费需求策划、根据时节策划，以及根据电商活动策划。3个策划角度的策划依据和策划要点如表3-1-2所示。

表3-1-2 不同策划角度的策划依据和策划要点

策划角度	策划依据	策划要点	举例说明
消费需求	消费者的标签及消费需求	突出消费者群的需求热点	提升幸福感的办公室“神器”3折购
时节	消费者在不同时节的消费需求	突出时节的消费亮点	夏季短袖全场半价
电商活动	消费者在电商活动时的消费心理	突出促销力度	“6·18”预售，6.18元开抢

2. 直播目标

直播策划首先需要传达直播目标。根据SMART原则，直播目标需要满足明确性、衡量性、可实现性、相关性、时限性5个要素，如图3-1-3所示。

巧用SMART原则设定直播目标

（1）明确性，指直播目标应该是可量化的。基于这个原则，“通过直播销售提升品牌知名度”就不是具体的目标，而“借助直播为品牌的私域社群导流100人”就是明确性的目标。

（2）衡量性，指目标是数量化或行为化的。例如，“利用直播实现销售额猛增”就不是可衡量的目标，而“利用3小时的直播，推荐10款商品，实现10万元销售额”就是可衡量的目标。

图3-1-3　SMART原则

（3）可实现性，指目标在付出努力的情况下是可以实现的，直播团队应避免设立过高或过低的目标。例如，上一次直播有3万人观看，这次将目标设定为“100万人观看”就是不可实现的，而“5万人观看”或“7万人观看”这样的直播目标是有可能实现的。

（4）相关性，指该目标是与直播团队的其他目标具有相关性。例如，有的直播团队也有工作人员负责微信公众号运营、社群运营等，那么，“微信公众号关注人数增加1000人”“为社群引流100人”等运营目标也是有相关性的。

（5）时限性，指完成目标的特定期限。直播结束后，传播与发酵的时间通常不超过一周，其中80%左右的商品销量来自直播当天。例如，“直播结束48小时内实现新品销售5万件”就是有时限的目标。

直播策划中，直播团队需要将直播的营销目标按照SMART原则准确地提炼出来，这样才能达到最佳的直播效果。

3. 直播间的人员分工

为了保证直播活动的顺利开展，直播团队需要先将与直播相关的工作内容进行分组。例如，在直播前，为了宣传直播间和预告直播信息，需要设置“宣传组”；为了确保直播录制所需的桌、椅、水杯、文具、装饰品等各种道具准备妥当，需要设置“道具组”；为了在直播时快速为主播传递样品，需要提前核对样品，将样品摆放整齐并标记清楚，设置“商品组”。为了提升策划的可执行度，每个小组都需要设定一个负责人和几名执行成员，并在策划方案正文中写明小组的工作内容，如表3-1-3所示。

表3-1-3　直播团队小组分工说明表

小组	负责人	成员	小组工作内容
宣传组	运营负责人	运营团队成员	负责微信公众号、微博、抖音、快手、淘宝直播等平台的直播预告和直播后的图文、视频宣传
道具组	编导	助理、场控、客服	负责准备直播间的道具及直播后的道具整理
摄制组	编导	拍摄人员、视频剪辑人员	负责直播间的拍摄器材准备、直播过程的拍摄及直播后的视频剪辑
主播组	编导	主播、助理	负责直播间的主持、商品介绍等，并整理现场的商品清单
商品组	编导	助理、场控、客服	负责直播间的样品准备和传递、商品等相关问题的回复、直播后的样品清单整理等，以及本场直播需要准备的样品清单整理

4. 直播的环节

直播包括开场预热、商品介绍、互动、限时抢购及优惠等多个环节。各个环节必须有时间节点，即直播团队需要明确主要环节及每个环节的开始时间和截止时间，防止某个环节延误而导致直播的整体延误。

5. 直播活动的预算

每一场直播活动都会涉及预算，整体预算情况、各环节的预算情况，都需要直播团队在直播策划中进行简要描述。当某个项目组可能出现预算超支的情况时，要提前告知相关负责人，便于整体协调。

一般情况下，一场直播活动可能涉及以下4个方面的费用。

（1）基础投入：手机、计算机、摄像机、话筒等直播硬件费用，直播间装饰费用，直播团队的薪酬，直播场地的租赁费用，直播平台店铺的开店费用。

（2）现场福利：发红包，优惠券，实物礼品等。

（3）前期宣传：各个宣传渠道的引流费用、宣传物料的制作费用等。

（4）后期宣传：各个渠道的维护费用、推广费用，以及宣传物料制作费用等。

活动二　策划直播脚本

直播脚本是通过文本的形式把整场直播的流程框架梳理出来。它能帮助直播更加高效且有序地进行，实时把控消费者动向，推动直播销售高效转化。

一、直播脚本的流程

直播脚本包括开场、产品介绍、互动、限时抢购及优惠等多个环节，商家只有保证各个环节的流程顺利进行，才能有效地把控直播的节奏，让直播间更加吸引人。

（一）开场个人介绍

策划脚本以销售产品、吸引消费者购买为主要出发点。在直播开场时，大多数消费者都是抱着猎奇的心态观看直播间销售的产品。这时就需要主播加以引导，提升观看直播间的兴趣，让点进直播间的消费者能够留下来。因此主播在开始直播后，要立刻进入状态，向消费者进行自我介绍和直播间产品及活动介绍。此外，主播在直播过程中，引导话语一定要有亲密感，才能拉近与消费者的距离。优秀直播开场脚本如表3-1-4所示。

表3-1-4　优秀直播开场脚本

时　间	脚本内容
第1分钟	快速进入状态，跟最先进来的消费者逐个打招呼
第2～5分钟	拉近镜头拍摄主播或产品的近景，在与消费者互动（签到打卡或抽奖）的同时，透露本场直播的主打爆款，并强调每天的固定直播时间

（二）产品介绍环节

产品介绍需要技巧，不能仅仅靠夸。主播在介绍某个产品时，应该全方位地展示产品的相关信息。此外，主播还要注意介绍产品时的语速、语调及肢体语言等。

在开播预热阶段，主播可以先简单地介绍一下本场直播的商品清单和优惠情况及活动玩法。在正式介绍阶段，主播根据产品品类详细介绍，每个产品的介绍时间通常在1～9分钟。主播在介绍上一个产品时，也可以时不时地穿插介绍其他的产品，以及直播间的主打产品和活动力度，吸引更多消费者进入直播间。优秀的产品直播介绍环节脚本示例如表3-1-5所示。

表3-1-5 优秀的产品直播介绍环节脚本示例

时 间	直播内容和目的	直播内容和目的详解
第1～3分钟	直播内容	主播可以模拟产品的使用场景，戳中消费者痛点
	直播目的	锁定目标消费者群体，激发消费者需求
第4～6分钟	直播内容	通过官方授权、正品保证、权威认证及售后服务等产品介绍，告诉消费者该产品能够满足其需求
	直播目的	为产品举证，增强消费者下单的信心
第7～9分钟	直播内容	竞品分析，展现自己的产品性价比更高
	直播目的	说服犹豫不定的消费者，打消他们的购买疑虑

主播可以使用提问的方式，介绍产品的功能效果，同时引导已经购买的消费者分享他们的产品使用体验。

知识链接

产品介绍应重点关注三个问题：（1）产品的功能是什么？（2）产品能为消费者解决什么问题？（3）产品和竞争产品有什么区别？

首先，我们需要将产品的特点与消费者的需求相匹配。匹配得越准确，消费者就越容易对产品产生好印象。其次，可通过简洁明了的数据来呈现产品的功效，给消费者带来直观的印象。最后，还需要注意逻辑性，逻辑性强才能更有说服力。

【做一做】

观看2场直播间消费者在3 000人以上的农产品直播活动，并关注每次直播间开场的10分钟，思考主播在介绍产品时，提到了哪些方面的信息？

（三）话题互动环节

互动环节的主要目的在于活跃直播间的气氛，让直播间变得更有趣，避免产生尬场的状况。很多主播在直播前期会不知道说什么，不知道怎么说，导致直播间冷场、没人，这时就需要主播在直播时与消费者进行互动，提高直播间活跃度。寻找互动话题的相关技巧如表3-1-6所示。

表3-1-6 寻找互动话题的相关技巧

要点	要点详解
结合直播主题	根据直播主题选出与本场直播相关的互动话题，多积累与产品相关的专业知识，了解买家痛点
紧扣时下热点	通过借助传统节日热点、社会热点事件及自创热点等方法，找到产品与热点之间的共鸣点来打动消费者

除了互动话题外，主播还可以策划一些互动活动，如弹幕互动、红包互动及免费抽奖等，不仅能够提升消费者参与的积极性，增强直播间的氛围，而且可以进一步引入流量。

（四）限时抢购活动环节

主播可以多准备一些用于限时抢购环节的直播商品，在直播过程中可以不定时推出秒拼，甩卖或拍卖商品。例如，在一个时间点设置一个比平常价格低的商品让消费者去拍，给消费者带来紧迫感，促进消费者下单，从而提升产品转化率。直播限时抢购预告和直播间限时抢购提示如图3-1-4和图3-1-5所示。

图3-1-4　直播限时抢购预告

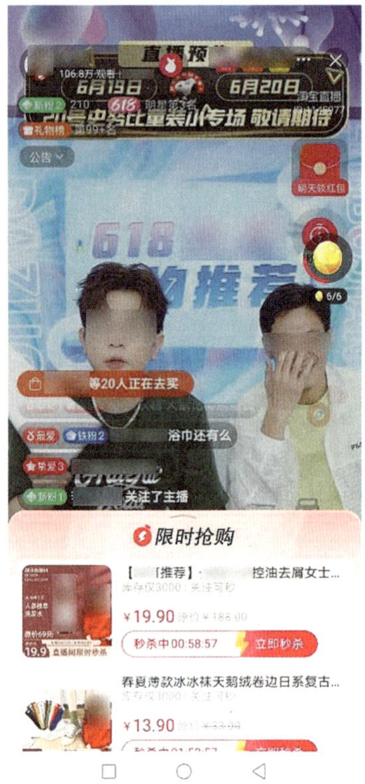

3-1-5　直播间限时抢购提示

限时抢购可以分为两种，如表3-1-7所示。

表3-1-7　限时抢购活动分类

要　点	要点详解
设定专属商品	开播前，商家可以在管理后台设置活动中相关的产品、时间等，不需要跟客服进行对接
不设定专属商品	不设定限时抢购属性的商品，如果要参加限时抢购活动，则不需要通过客服来进行对接，后台不能直接设置

设置限时抢购活动主播一定要事先与客服人员做好对接，确保限时抢购环节不会出错。另外，主播在直播时也一定要说清楚规则，如何操作，以防消费者因为不清楚规则而离开。

（五）优惠促单环节

优惠促单环节最重要的是给消费者营造一种产品稀缺的氛围，激发他们抢购的欲望，同时商家要强调本直播间的特色，与别家有什么不同，为什么需要现在购买。商家在发布直播间的预告时，可以将大力度的优惠活动作为宣传噱头，吸引消费者准时进入直播间。在直播的优惠环节中，主播可以推出一些限时限量的优惠商品，或者直播间专属的特价等，吸引消费者下单。

在优惠环节，主播需要做好以下两点。

1. 展现价格优势

通过前期一系列的互动和限时抢购活动引起消费者的兴趣后，此时主播可以宣布直播间的超大力度优惠价格，通过特价、赠品、礼包、折扣及其他增值服务等，让消费者产生“有优惠，赶紧买”的消费心理，引导消费者下单。例如，主播在直播间强调该农产品旗舰店的售价是59元/斤，现在两斤只要69元还送赠品，消费者会觉得非常划算！

2. 体现促销力度

主播可以在优惠价格的基础上，再次强调直播间的促销力度，如前50名下单顾客额外赠送特色礼品、随机免单及满减折扣等，并不断对比商品的原价与优惠价格，同时提醒消费者直播活动的期限，营造出产品十分畅销的紧迫感氛围，让消费者产生“机不可失，时不再来”的消费心理，促使犹豫的消费者下单。

二、直播脚本的制作

整场直播脚本对直播方案的执行规划，针对性更强，是对直播流程和内容的细致说明，可以让直播团队各岗位人员明确岗位职责、实现默契配合。整场直播脚本通常以表格的形式呈现。直播脚本持续总结和优化，能够让直播脚本策划日趋完善，从而为之后的直播获得更好的销售效果。直播脚本范本如表3-1-8所示。

表3-1-8 直播脚本范本

××直播活动概述					
直播主题	可以从消费者需求的角度设计直播主题，如“幸福感好物专场”				
直播目标	流量目标：吸引×消费者观看；销售目标：推荐×款商品，销售量突破×件				
直播地点	××直播间				
直播日期	×年×月×日 晚上 ×点—×点				
直播准备	设备、赠品、道具、商品等				
主播人员	主播：×××；助理：×××；客服：×××				
注意事项	1. 合理把控商品推荐时长、与消费者的互动时长； 2. 实时关注消费者问题，及时答疑				
直播活动流程					
时间点	流程	主播	助理	客服	备注
×点×分	开场预热	跟消费者打招呼并进行互动，引导关注，开播前互动，如活动预告、介绍抽奖	助理简单自我介绍，引导消费者点赞，补充主播遗漏内容	向消费者群推送开播通知及直播信息	
×点×分	商品介绍	重点介绍引流款商品、形象款商品、利润款商品等，展示使用方法，分享商品使用经验效果	配合演示商品用法，展示使用效果，引导消费者下单	在直播间添加商品链接，回复关于商品和订单的问题	商品名称、市场价格、直播间价格

××直播活动概述					
×点×分	互动游戏或连麦等	介绍互动游戏，如抽奖，引导消费者关注直播间	配合演示互动方式，回复消费者问题，引导消费者点赞	收集获奖信息	奖品名称、数量、直播间价格
×点×分	限时抢购环节	介绍限时抢购商品，展示使用方法，分享商品使用经验效果	演示商品用法，展示使用效果，引导消费者下单	在直播间添加商品链接，回复关于商品和订单的问题	商品名称、市场价格、直播间价格
×点×分	优惠环节	介绍优惠活动，如优惠券，展示使用方法	展示使用优惠券，引导消费者下单	在直播间添加优惠券链接，回复关于商品和订单的问题	直播间商品优惠活动信息
×点×分	下期预告	预告下一场直播	引导消费者下单	引导消费者关注直播间	下期直播时间、商品、福利

【做一做】

撰写直播脚本

任选其一

一、结合工作情境描述的本地核桃直播，为其撰写商品销售直播脚本。

二、图3-1-6所示为某品牌推出的一款文创商品，请阅读相关信息，参照表3-1-8的直播脚本的范本为其撰写一份直播脚本。商品信息如下。

1. 商品名称：十针笔架毛笔挂。

2. 商品规格：1.3千克，36厘米×12厘米×36厘米。

3. 材质：紫光檀、花酸枝、铁合金。

4. 网店日常价为88元，直播间到手价为58元，额外赠送1枚熊猫书签。

图3-1-6　文创商品图片

任务二　直播前预热

工作情境描述

直播策划任务完成后，承担本场山核桃直播工作的晓慧，继续学习并完成直播宣传与预热工作，内容包括设计直播标题与封面、选择合适的预热场景和渠道、确定直播前预热的时间，做好消费者运营等。晓慧希望通过播前预热，达到直播间人气超2万的效果，进而完成山核桃直播销售1万斤的目标。

思考

直播前预热的重要性不言而喻，晓慧不禁思索一个好的主播如何才能增加直播间人气呢？直播前预热后，又该如何进行消费者的日常维护？

任务分解

- 直播前预热
  - 直播宣传与预热
    - 设计直播标题与封面
    - 选择合适的预热场景和渠道
    - 确定直播前预热的时间
  - 做好消费者运营
    - 洞察不同类型消费者的心理
    - 提升消费者黏性

活动一　直播宣传与预热

直播销售的效果与直播前预热有着千丝万缕的联系，因为直播前预热从某种程度上决定了开播时直播间的流量，而流量的多少直接影响直播销售的效果。所以，一定要做好播前预热工作，尽可能多地为直播间导流。

一、设计直播标题与封面

撰写直播标题时应当遵守相关法律规定，不得含有违法和不良信息，不得使用“顶级”“独家”等违禁词；不得发布虚假信息，欺骗、误导消费者。任何一名直播销售人员都有责任和义务维护健康直播环境、构建绿色直播文化。另外，直播标题一定要避免空洞无物，没有信息量。

（一）设计直播标题

直播标题是影响用户进入直播间的关键因素。有吸引力的直播标题不仅能吸引消费者观看直播，还能使直播获得平台的推荐。常用的直播标题主要有以下五种。

设计直播标题

1. 设置悬念

在标题中设置悬念可以引起消费者的兴趣，如“难道这就是你们选择它的原因？”“有房的注意了，这场直播你一定不能错过！”等。这种类型的标题结合提问，可以激发消费者的好奇心，增强消费者的点击欲。

2. 利益驱动

直接在标题中说明消费者可以获取的好处和利益，如“商品上新，部分5折起，用更少的钱买更多好物”“不定时抢5折优惠券”等。

3. 借助名人效应

名人效应是对因名人的出现所达成的引人注意、强化事物、扩大影响的效应，或人们模仿名人的心理现象的统称。如“某名人光临直播间”“某名人直播带货专场”等标题就借助了名人效应。

4. 制造紧迫感

在标题中制造紧迫感、紧缺感可以促使消费者立刻采取行动，如“断码女鞋直播，马上开抢”“商品上新大折扣，错过再等一年”等。

5. 借助热点

基于热点设计标题可以利用消费者对热点的关注，引导消费者观看直播，如“国庆出游，这些出游用品你一定需要！”“开学季必备的三件套，敢来就送”等。

一个好的标题应该能够准确地概括直播内容并引起消费者的观看兴趣。直播标题字数不宜过长，5～15个为宜，用一句话来展示直播内容的亮点，如表3-2-1所示。

表3-2-1　直播标题示例

序　号	直播标题示例
1	儿童节要囤货的注意了，儿童爱吃的这些健康零食一定不容错过！（热点＋悬念）
2	小家电不止5折！买到就是赚到！马上开抢！（利益＋制造紧迫感）
3	××推荐过的好货！（名人效应）
4	田园有机绿色农产品，直播间有你想象不到的福利！（利益＋悬念）

【做一做】

撰写直播标题，任选其一。

1. 结合工作情境描述的本地核桃，为其撰写一个直播标题。

2. 2023年淄博烧烤风靡全国，“进淄赶烤”成为文旅热点的代表，淄博烧烤灵魂三件套之“烧烤小火炉”成为直播卖点。图3-2-1所示为淄博某品牌推出的一款“烧烤火炉”商品，请阅读相关信息，为其撰写一个直播标题。具体信息如下。

（1）商品品牌：淄博无烟烧烤炉。

（2）烤炉尺寸：46cm×19cm×23cm。

（3）功率：2 500W（附带电源线，可使用排插）。

（4）特点：不锈钢机身、健康无烟、一炉多烤、加热快速、容易清洗。

（5）网店日常价：1 888元。直播间到手价：520元，额外赠送5斤淄博烧烤环保耐烧炭。

（6）直播时间：2023年5月1日19:30。

图3-2-1　直播商品信息

（二）打造优质直播封面图

封面图是直播的门面，好的封面图可以激发消费者的观看欲望，因此封面图的好坏决定直播间流量高低的重要因素，直播封面图一定要足够吸引人。相关统计表明，精心设计了封面图的直播间，其流量要比使用默认头像的直播间大很多。主播在设计优质的直播封面图时要遵循以下原则。

1. 干净、清晰、整洁

封面图一定要干净、整洁，不要添加无关文字，因为直播标题已经有了文字，在封面图中再重复加入文字会显得封面杂乱无章，影响消费者阅读。模糊不清的封面也会影响消费者的浏览体验，可能导致消费者在看到封面图的第一眼就划走。

2. 图片尺寸合理

直播封面图的尺寸一般为750像素×750像素，最小不能低于500像素×500像素。

3. 色彩构成合理

直播封面图的色彩要鲜艳，但不要过分华丽，只要能体现直播主题即可。

4. 背景不用白色

因为直播界面的背景本身是白色，所以如果封面图的背景仍然选择白色，就会导致封面图不够突出、醒目，很难吸引消费者。

5. 封面图要考虑固定信息的展现

封面图的固定信息包括左上角或者右上角的直播观看人数及直播提示，因此，封面图的重要内容一定要避开左上角和右上角，以免与直播观看人数、直播提示等内容相互干扰，影响观看体验。

6. 不用合成图

为了不影响直播整体的浏览体验，建议封面图放置自然、简洁的图片。如果放合成图，一旦拼接得不好，就会非常影响视觉效果。

7. 封面图不要雷同

如果直播次数很多，直播封面图尽量不要使用同一张或极其相似的图片，这样会让消费者以为内容都是相同的，导致直播间的点击率下降。

8. 符合直播主题

封面图要契合直播主题，让消费者在看到直播封面图时就能大概知道直播的内容，并且决定要不要进入直播间。例如，直播在工厂实地看货，封面图可以选择工厂、车间等实景图；如果选择在档口直播，封面图要选择档口实拍图；如果要在直播间详细介绍商品，封面图最好不用模特或主播的人像图片，而是选择精美的商品细节图。

此外，如果直播间没有名人参与直播，就不能使用名人作为封面图；如果直播间有名人参与直播，可以使用名人肖像作为封面图，但要取得相关的授权。

9. 拒绝低俗

有些主播为了博人眼球，封面图会使用一些低俗的图片，这样的图片被官方检测到后，封面就会被重置，严重者还会被封禁账号。因此，类似内衣等贴身衣物的直播封面图一般不要出现模特，直接展示商品即可。

10. 打标要规范

在为直播封面图打商标时，要根据规范打在同一位置，保持整体的一致性。商标一般固定在封面图的右上角，不能移动，其最大尺寸为180像素×60像素。

当前常见的直播封面有两种设计方式，即分别围绕人物和商品进行设计。围绕人物设计的直播封面以主播、品牌代言人为主，围绕商品设计的直播封面以直播主推商品为主。另外，部分直播封面还会在展示人物形象时，融入直播商品。

从事直播销售工作人员还需要掌握图片处理工具的使用，如Photoshop、美图秀秀等。关于Photoshop的使用，可以参考“1+X”网店运营推广等相关课程。

【做一做】

1. 任选一种本地特产进行直播，如果让你完成其直播封面图，你在设计时会考虑哪些原则？并和同学谈一谈你的想法。

2. 任选一种本地农产品进行直播，请你拍照后结合打造优质的直播封面图设计原则，用“1+X”网店运营推广课程学过的知识完成其直播封面图设计。

二、选择合适的预热场景和渠道

主播通常会在各个渠道进行直播前预热，目的是通过多个触点汇聚流量，将流量引入直播间，促进商品转化。

（一）免费的预热场景和渠道

直播前预热可以运用私域场景和公域场景相结合的方式，以快速提升直播活动的热度。

1. 私域场景

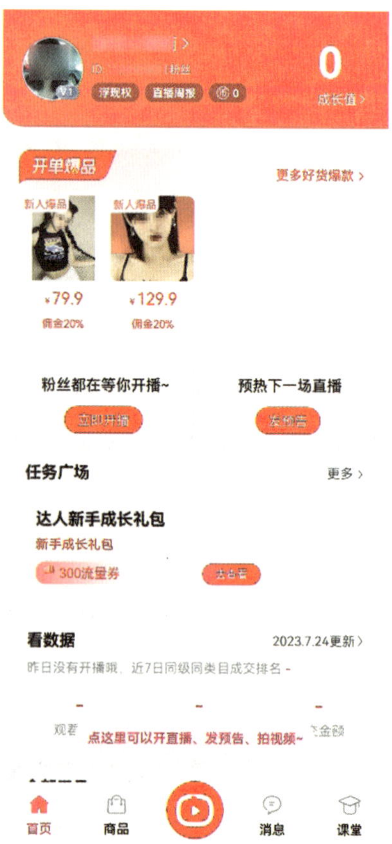

图3-2-2 淘宝主播首页界面“发预告”按钮

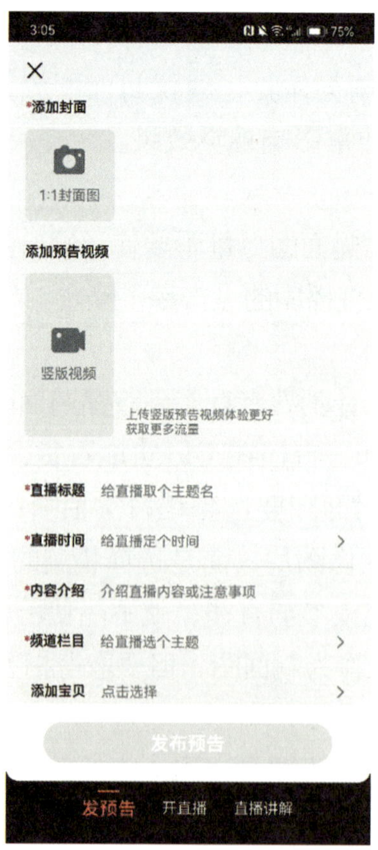

图3-2-3 填写直播前预告信息

在直播平台中，主播可以利用的私域场景包括：淘宝店铺首页、抖音账号主页、快手账号主页等，可以在主页中发布直播预热信息。

以淘宝直播预告设置为例，设置淘宝直播预告的方法如下：登录淘宝主播App账号后台，在淘宝主播首页界面，点击“发预告”预热下一场直播，如图3-2-2所示。在打开的“发预告”界面中填写直播前预告的相关信息，然后点击“发布预告”按钮，如图3-2-3所示。此时，直播前预告即可进入审核阶段。

知识链接

淘宝主播在设置直播前预告时，需要注意以下四个问题。

①预告视频尽量不要有水印，禁止添加字幕。

②视频应为横屏，画面长宽比例为16∶9。

③视频画面要整洁，内容主次分明。

④直播预告至少要在前一天16点前发布，否则淘宝直播平台将不予审核浮现。

2. 公域场景

利用公域场景为直播预热和多种渠道“引流”，包括短视频、微博、微信公众号、社群等。

（1）短视频预热

①短视频常规内容+直播预热

提前发布短视频，短视频包含常规内容进行直播引导，将短视频与直播内容有效结合，从商品名称、品牌、价格、品质、活动力度等方面引发消费者共鸣，准时守候在直播间观看。

②纯视频预热，发布直播预告视频

提前发布直播预告短视频，内容直接介绍商品名称、品牌、价格、品质、活动力度等，提醒消费者准时收看直播。

③添加利益点预热

通过短视频文案，将直播间的优惠直接在短视频提前预热中体现，将利益告知消费者，利用价格等优势作为直播宣传主打的要素，提前为直播做好动员宣传工作。

④发布直播片段视频预热

要突出直播亮点，只有引发好奇心，才能起到导流的作用。如聚焦问题和难题，给出价值和方法，预置话题和槽点。内容可以是直播时产品讲解的高光时刻，或者是产品的展示细节。当消费者对产品产生兴趣，就会通过视频点击进入直播间。

（2）微博

很多电商主播经常选择在微博上进行直播前预热宣传，告诉消费者具体的直播时间。例如，在微博上进行直播预告，提醒消费者按时观看直播。在微博上发布的直播预告形式比较多样化，有的是简单、直接地指明直播的时间、主题、商品；有的是在指明直播时间、主题、商品的同时，还强调直播中的福利，用福利来吸引消费者观看直播；还可以在直播预热文案中重点指出某位名人要来直播间，用“名人加入”这个亮点来吸引消费者进入直播间。因此，直播在发布预热文案时，也可以将自己直播间的亮点展现出来，以吸引更多消费者进入直播间。

（3）微信公众号

主播可以在微信公众号上以长文案的形式进行直播前预热，同时插入贴片广告或海报，更清楚地说明直播的时间和主题。例如，直播之前在自己的微信公众号上进行了预热，公布直播的具体时间和主要内容，并在文章中插入预热海报，如图3-2-4所示。

图3-2-4　在微信公众号上发布的直播前预热

（4）社群

主播可以创建自己的社群，开播前在群内做直播预热互动，如图3-2-5和图3-2-6所示。

图3-2-5　在淘宝社群发布的直播前预热　图3-2-6　在抖音社群发布的直播前预热

（二）商业的预热场景和渠道

除了免费的流量渠道，主播还可以通过商业渠道，支付一定的费用以获得流量。如果直播预算允许，那么也可以付费为直播间导流，提升预热信息的用户覆盖率。常见的商业渠道有三种直播。

1. 平台的付费导流工具

如抖音的“DOU+”。现在很多平台都有类似的导流工具，可以帮助企业导入更多的流量，如图3-2-7所示。

2. 开屏广告

开屏广告是指在打开某个应用程序时立即弹出来的广告，也可以通过这个渠道发布预热信息，如图3-2-8所示。

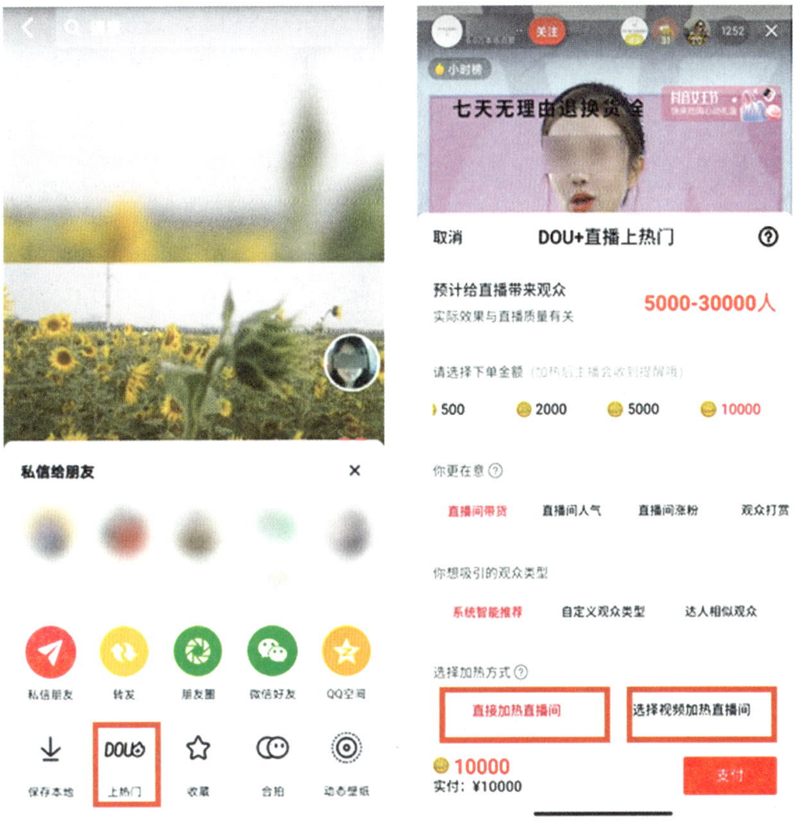

图3-2-7　利用抖音的“DOU+”发布的直播前预热

图3-2-8　某个应用程序的直播前预热

3. 付费广告位

一些自媒体平台会有专门的付费广告位，这也是有效预热的渠道。

以上三种是常见的商业渠道，具体付费和展示预热消息需要根据具体的平台规则而定。如果想通过这种商业渠道进行预热，那么应与平台相关负责人联系，了解付费的相关情况后谨慎选择。

【做一做】

汉服，全称是“汉民族传统服饰”，又称汉衣冠、汉装、华服，是以华夏礼仪文化为中心，通过自然演化而形成的具有独特汉民族风貌性格的传统服饰，其明显区别于其他民族的传统服装和配饰体系，是中华民族的优秀传统文化之一。近年来，随着“汉服热”的兴起，我国汉服的爱好者数量和市场规模快速增长，不少汉服品牌随之崛起。“汉裳”是一个新兴的汉服品牌，其上新了一款齐腰一片式褶裙，希望你凭借积极探索的精神，寻找一切可以为“汉裳”直播间吸引流量的渠道。

商品信息如下。

（1）材质。主料采用亮丝骑兵斜（100%聚酯纤维），耐彩涂磨透气；里料采用50D四面弹（100%聚酯纤维），有轻微弹性，穿着舒适。

（2）颜色。裙身呈从象牙黄色到白色再到暖黄色的渐变色。

（3）工艺。裙身褶皱采用高温冷压工艺，不易散；裙头汉服商品图开孔，加里料防透，并采用暗线工艺。

（4）印花纹样。裙身搭配孔雀和白色绣球花主题刺绣，整体清新淡雅：主料自带细闪效果。

（5）优惠。某电商平台旗舰店的售价为248元/件，直播间的售价为178元/件，再送1条纯色双面印花腰带。

商品图片如下。

图3-2-9 齐腰一片式褶裙

三、确定直播前预热的时间

很多主播发现，即使自己做了精心的准备和宣传，但直播间的消费者并不太多，直播的热情也会逐渐降低。如果确定了自己的商品定位、直播间布置等都没有问题，就要考虑直播预热的时机是否合适了。直播预热发布的时机与消费者在社交平台上的活跃时间、预热与正式直播的间隔时间等因素息息相关。

（一）预热的时间

直播的人气峰值一般出现在晚上7～11点，这是大多数上班族的休息时间，人们利用休息时间看直播的可能性比在工作时间看直播的可能性更高。与相对固定的直播时间不同，直播预热的时间灵活很多。短视频平台、微博、微信公众号等都可以成为直播前预热的平台，所以主播要抓住这些平台消费者的活跃时间。

在工作日，上班族和大学生更多地活跃在上午，在休息日则无明显的活跃时间，消费者整天都有可能看手机。因此，电商直播的预热只需注意避开深夜休息时间和用餐时间即可。需要注意的是，直播预告的发布时间最好选择在消费者活跃峰值前半小时左右，这样可以给消费者更多的反应和转发时间，以免错过消费者活跃峰值。

预热的内容一定要包含具体的直播时间，让消费者知道在什么时间观看直播。这样不仅可以有效防止他们错过观看直播的时间，也可以让他们形成在该时间去观看直播的意识。

如图3-2-10所示，某场直播的预热内容中明确直播时间为“3月1日14：00—17：00”，那么消费者通过该预热内容就能够知道在3月1日14：00能够看到直播。

图3-2-10　直播前预热

（二）直播前预热与正式直播的间隔时间

直播前预热时间一般不选择在休息日，这主要是为了给直播观看的活跃时间一个提前量，同样也尽量避开各类社交平台内容发布的高峰，如微信公众号、微博等平台上的创作者会在周末发布较多的文章和短视频。

当然，播前预热的提前量不能太长，否则很容易让消费者遗忘；但也不能太短，否则预热效果很难呈现出来，至少要提前24小时。一般来说，主播要在正式直播1～3天前进行预热。黄金发酵期是2～3天，一般热门信息会在这段时间内被大量消费者看到。当热议人数达到顶点时，主播再开始正式直播，很好地避免了热度的衰退。

另外，提前3天预热可以帮助主播准备应对突发情况的预案，使主播可以对消费者反响和突发热点有一个合理的缓冲。在提前做好直播前预热的前提下，主播只需要针对突发状况进行小部分的调整即可，而不至于手忙脚乱，乱了方寸。

【做一做】

请同学们从抖音、快手、微博、小红书等平台选择一个实训账号，设计一场山核桃直播活动并通过短视频进行直播前预热。

活动二　做好消费者运营

市场营销专家研究发现，开发一个新客户的成本至少是维护一个老客户成本的3倍，有60%的新客户是来自老客户的推荐，由此足见维护老客户的重要意义。直播销售同样也需要做好老客户的维护，即消费者运营。直播间通过播前预热实现吸粉，但要想一直维持下去，保持良好的运营效果，就必须做好消费者运营，维持消费者的黏性，给消费者继续关注主播及其直播间的理由。

一、洞察不同类型消费者的心理

要想做好消费者运营，主播就要学会洞察消费者的心理。消费者群体的类型多种多样，每一类消费者进入直播间的心理都有所不同，主播只有深刻了解了他们的心理，才能“对症下药”，想出合理的直播营销策略。

进入直播间的消费者主要可以分为四种类型，如图3-2-11所示。

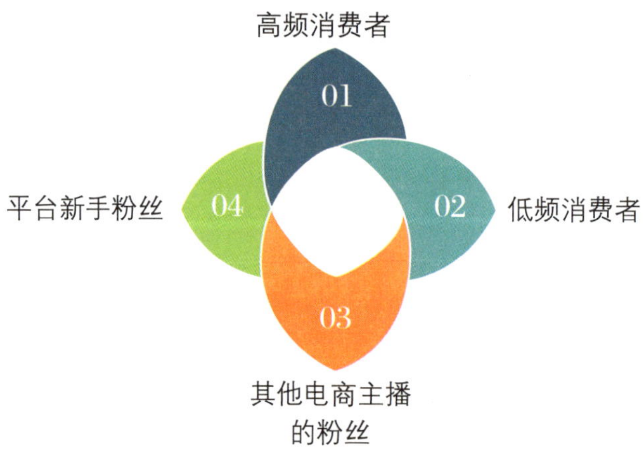

图3-2-11　进入直播间的四种消费者类型

（一）高频消费者

高频消费者对主播已经产生了信赖和认可，大量的购买行为、后续反馈和长期在线互动积累出来的社交关系已经培养出这些消费者习惯的购物环境和稳定的购物预期。

对于这类消费者，主播要做到以下三点。

1. 保证库存量单位（stock keeping unit，SKU）的丰富度

SKU是商品的属性分类，即商品的尺寸规格。商家可以运用多种属性来对商品进行分类，设置不同的SKU，比如，品牌、型号、配置、等级、花色、成分、用途等。如服装企业，一种款式的衣服有红色、绿色、黑色等，那么每种颜色的衣服就各对应一个SKU。消费者虽然时刻关注主播，但人都是喜新厌旧的，如果主播推荐的SKU比较单一，消费者多次看到

重复的商品，会渐渐失去兴趣，会削弱对主播的关注度。

2. 保证价格和质量优势

保证价格和质量优势，这是吸引消费者的最本质的因素。粉丝来电商直播间的主要目的就是购物，因此提供的商品一定要物美价廉，如果价格不实惠或质量不过关，消费者也就没有了关注主播的动力。

3. 沟通到位

主播在直播间看到消费者时要保持强唤醒状态，情绪要饱满，积极与消费者沟通，并时刻提醒消费者与自己的关系，强化消费者的认知，同时积极回复消费者问题，做好售后工作。

（二）低频消费者

消费者消费频率较低的原因有很多，如没有看到自己喜欢的商品、近期消费额度已经超过预期、不太了解商品等，但很大程度上是为了降低前期的试错成本，毕竟他们还不太信任主播。同时，主播未对这些消费者进行有效的引导，或尚未重视这些消费者，如直播间弹幕滚动太快、太多，主播没能很快地看到这些消费者的询问，导致这些消费者感觉自己不被重视，更增加了消费者与主播的距离。

对于这类消费者，主播要做到以下三点。

1. 提升直播间的SKU丰富度

主播要丰富直播间的SKU，提高新消费者看到满意商品的概率，这意味着更大程度上满足了消费者对商品的需求，从而提升消费者对主播的好感。

2. 详细介绍商品

主播要保持良好的态度，用专业知识介绍商品的特征和优势，语言要简洁明了，快速地让消费者明白商品的功能以帮助消费者思考自己是否需要该商品，从而决定是否购买。

3. 提供新客专属福利

主播可以对新消费者提供专属福利，如赠送商品、价格减免等，使这些新消费者感受到主播的诚意。

（三）其他电商主播的消费者

这类消费者对其他主播是有认知和信任的，他们大多会按时间来到主播的直播间观看和购物，但不可能只看关注的主播，也看平台推荐的其他主播。例如，他们喜欢的主播今天没有直播，于是在平台的直播界面逛逛，就很有可能来到了我们的直播间。这时，这类消费者对新遇到的主播尚未建立认知和信任，对主播推荐的商品质量、商品种类丰富度和售后服务等情况都处在观望状态。

对于这类消费者，主播要做到以下两点。

1. 低价引导

主播介绍的商品价格一定要足够低，最好比其他主播的商品价格还要低一些，这样可以刺激这些消费者的价格敏感心理，吸引他们的关注。同时，主播要及时引导这些消费者关注自己，并介绍关注福利。

2. 提供新客专属福利

主播可以对新消费者提供专属福利，如赠送商品、价格减免等，使其感受到主播的诚意。

（四）平台新手消费者

直播电商与传统电商有所不同，平台新手消费者只习惯自己到电商平台通过搜索商品进行购物，而对直播电商的认知还不够，因此对直播电商的信任感也不强。同时，他们对直播电商的操作规则也不了解，即使想购买商品，也不懂得如何购买。他们可能因为主播的特点，如颜值、幽默等进入直播间，或不了解平台的功能，因为误操作而进入了直播间。

对于这类消费者，主播要做到以下三点。

1. 展现专业度

主播要想给消费者留下良好的印象，展现专业度就是有效的方法之一。专业的知识、良好的态度、主播本人的气场和谈吐，都可以增强消费者对主播的信任。

2. 加强消费引导

这类消费者进入直播间的购买目的性比较弱，所以主播要加强消费引导，强调购买商品带给消费者的利益，或利用优惠券、红包、抽奖等活动形式吸引消费者购买商品。

3. 积极与消费者互动

与消费者互动除了加强消费引导以外，还可以拉近主播与消费者之间的心理距离，增强消费者对主播的信任，这样有利于提升购买转化率。

【想一想】

1. 想一想你第一次观看直播的经历，主播是通过哪些方式吸引你留在他的直播间的？主播又是通过哪些方式让你下单的？

2. 让你做某类商品销售主播，你会如何判断消费者类别？并引导消费者关注你？

二、提升消费者黏性

在传统电商中，运营的核心是商品，消费者是否继续关注店铺或复购，首先要看的是消费者对商品的满意度。而直播电商除了要注重商品品质以外，更重要的是以人为本，主播要直接与消费者一对一或一对多互动，这是留住消费者并加深消费者信任的过程。

在明确了消费者运营的核心以后，主播在进行消费者运营时，可以通过以下策略来提升消费者的黏性。

（一）引导消费者加入粉丝团

消费者通过付费可以加入主播的粉丝团，在直播间享受粉丝权益，如参与粉丝福利购，以最低的价格买到最合适的商品，还可以通过粉丝团任务提升自己和主播之间的亲密度。加入主播粉丝团的消费者拥有粉丝团成员的专属消费者徽章，且在直播间聊天时可以展示特殊的昵称颜色，还可以发送特殊样式的弹幕，拥有特殊的进场特效，这让其更容易获得主播的关注，如提问也会被主播优先解答，这增加了消费者与主播互动的机会。

主播要时刻记得提醒消费者关注自己，并加入粉丝团。以抖音直播为例，消费者需要先点击右上角关注主播，头像右侧就会出现“加入粉丝团”的图形标识提示，消费者点击加入粉丝团，即可看到粉丝特权，支付1抖币后即可加入。

（二）打造人格化IP

主播要想成功地打造人格化IP，就要把消费者“引流”到私域流量池，引流一般是通过加微信或建群的方式来完成。在运营时，主播要给消费者建立正面的形象，打造差异化人格，并不断强化人格属性，如展示自己的真实生活，进行自我包装等。人格化IP通常更容易让消费者产生亲近感和崇拜感，有利于加强消费者的信任和依赖，这时消费者会为主播进行口碑宣传，这大概是成本最低、最有效的宣传方式了，主播人设IP定位九宫格如图3-3-12所示。

打造主播人设

图3-2-12　人设IP定位九宫格

（三）创作优质内容

消费者进入主播的私域社群后，其实并不希望一直看到主播刷屏卖东西，所以主播要转换思路，用优质内容代替刷屏销售。创作优质内容是指给消费者持续性地提供有价值的内容。例如，某主播主营美妆，其目标受众为在校学生，那么主播可以在社群内每天定时发布一些与平价美妆相关的知识，时间一长，消费者就会形成观看习惯，同时增加了对主播的信任。

除了创作优质内容外，主播还要学会对消费者进行分层运营，也就是对消费者进行分类，根据消费者的购买习惯和特征给消费者做标签，对不同标签的消费者分发适合其阅读和观看的内容。

（四）高效互动

在直播前预热，主播与消费者之间的互动都很重要。主播在直播前预热中与消费者互动，可以提高进入直播间流量。因此，主播在把消费者“引流”到私域流量池以后，要经常与其进行互动。互动的方法有以下三种。

1. 发起话题

主播可以发起容易引起讨论、使人产生共鸣的话题，如情感和热点事件等，以使消费者热烈讨论，从而增加对主播的认知。

2. 抽奖

主播可以时不时在社群进行抽奖，这种玩法虽然简单、直接，但往往十分有效，因为抽奖可以让消费者一直有一种期待感和参与感。

3. 举办消费者活动

主播可以定期举办一些消费者活动，包括线上活动和线下活动，提高消费者的参与感。主播定期举办活动会形成自己的特色，为品牌推广赋能。

【想一想】

打开各个电商平台，找到你所关注的服装类主播，想一想主播的哪些行为使你一直关注他？根据同学的分享，分小组讨论总结出服装类主播是如何“宠粉”的。

任务三　直播开播热场

工作情境描述

晓慧的直播前预热工作做得非常好，为了在实践中增强专业能力、提高职业素养，电商企业希望晓慧继续担任本地山核桃直播，完成山核桃直播销售任务。“良好的开端是成功的一半”，直播销售开播时是否成功热场，是决定直播间能够留住多少用户、后期的直播销售能否实现高转化的关键。晓慧开始思考如何开展山核桃销售直播的开播热场工作。

思考

在围绕“人、货、场”的直播带货活动中，人是核心，如果只有直播场地和直播商品，没有人，直播也就失去了意义。直播带货的最终目的是销售商品，要想实现这个目的，首先要吸引消费者进入直播间，才能将商品展示给他们，进而提升直播间的氛围，使消费者在热烈的互动氛围中下单购买。主播该如何进行直播开场，通过哪些途径提升直播间人气。晓慧为了完成这次山核桃的直播销售任务，决定精心准备，做好开播达到热卖。

任务分解

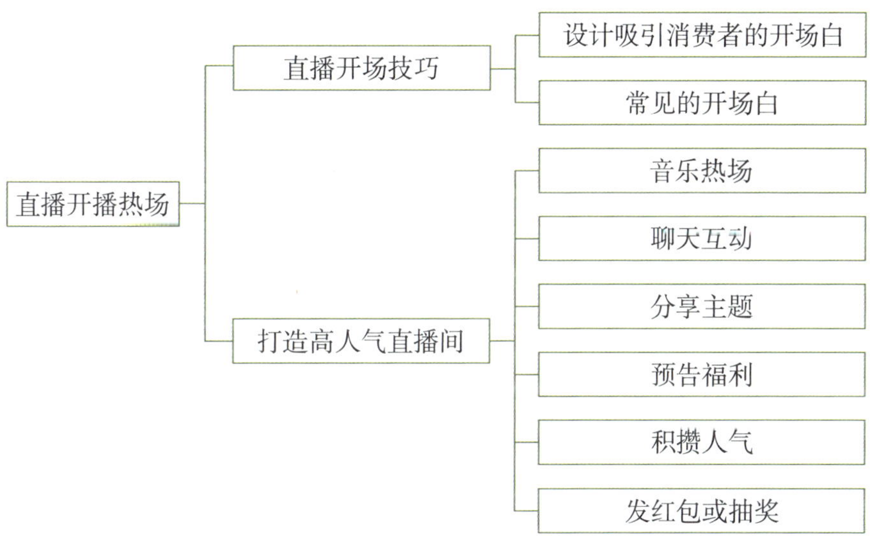

活动一　直播开场技巧

消费者进入直播间的前几秒能否被吸引，决定了他们会留下来继续观看直播还是直接离开，进而也影响了商品后期转化率的高低。所以，在直播开始的时候，主播一定要学会热场，尤其要设计一开口就能吸引消费者的开场白。

一、设计吸引消费者的开场白

很多新主播在第一次开播时，往往不知道该说些什么，也不知道怎样去带动直播间的气氛，需要很长时间才能进入直播状态，这会导致一些潜在消费者的流失。其实，开场是在整个直播过程中主播最好掌控的一个时间段，抓住这个时间段，就可以给消费者留下一个很好的印象，从而让接下来的销售更加容易。因此，设计能够吸引消费者的开场白尤为重要。

开场白是指演出或其他活动开场时引入本题的表达内容，比喻文章、介绍或讲话等开始的部分。一个能够吸引消费者的直播销售开场白必须包含的内容如图3-3-1所示。

图3-3-1　直播销售开场白包含的内容

（一）自我介绍

自我介绍是开场白的重点部分。主播首先要向消费者介绍自己，这不仅可以让消费者知道你是谁，快速拉近与消费者之间的距离，也便于打造个人IP。

主播自我介绍的方式有很多种，可以简单地说“大家好，我是某某”，也可以做一些有趣的设计。一般来说，主播可以根据消费者对自己的称呼、自身的特点等设计开场白的自我介绍。

主播开场的自我介绍是“大家好！你们的‘小可爱’×××又来了！”

因为主播是可爱风，很多消费者都很喜欢主播，会在主播的推荐下“买买买”，所以给主播起了“小可爱”的称号。于是，主播就将此称号用作自己直播开场的自我介绍。消费者听到这个自我介绍的时候，会觉得非常亲切、有趣，能够有效拉近自己和消费者之间的距离，对后续的直播销售有很大的促进作用。可见该开场白已经成了其直播间的记忆点，也成了其个人IP。

如果消费者给主播起了一些特别的称号，那么不妨用称号来做自我介绍，如“只会搞笑没有颜值的某某来了”。主播还可以根据自身特点设计一些有趣的、能够形成记忆点的开场白。某主播的开场自我介绍是“大家好，我是长相与年龄不符的某某”。这个自我介绍就是该主播根据自身的特点设计的。虽然该主播的实际年龄是40岁，但是长相看上去只有20多岁，这也是消费者对该主播的一个辨识点。该主播巧妙地将这个特点用在了直播开场的自我介绍中。主播在设计自我介绍的时候不妨认真观察一下自己，或者回想一下身边的人对自己的评价，然后围绕这些特点设计直播开场的自我介绍，通过自我介绍突出自己的优势。

主播开场自我介绍的方式并不是固定的，主播还可以根据自己的兴趣爱好、直播领域等设计，或参考一些容易形成记忆点的知名主播设计的自我介绍。总之，无论如何，自我介绍一定要有趣且能够形成记忆点，这样才能吸引消费者并利于传播。例如：如果你会唱歌，你可以说，如果大家有喜欢听的歌曲，可以说一下，主播给大家唱歌好不好，这样也会引起消费者的重视。

（二）热烈欢迎

当有消费者进入直播间时，直播的评论区会显示其昵称信息，主播在看到消息动态后，对消费者表示热烈的欢迎，快速暖场，这样可以进一步拉近与消费者之间的距离。当然，为了避免欢迎语过于单一，主播可以根据自身的习惯、风格和消费者群体的特征等制定相应的欢迎话术。一般来说，常见的欢迎话术主要有以下几种，如图3-3-2所示。

结合自身的习惯风格　例如："欢迎某某来到我的直播间，希望我的歌声能够给您带来愉快的心情。"

根据消费者的昵称特点　例如："欢迎某某来的到来，看名字您是很喜欢旅游啊？真巧，我也很喜欢说走就走的旅行，有空可以一起分享旅行心得，介绍祖国的大好山河！"

根据消费者的经验等级　例如："欢迎某某进入直播间，哇！这么高的等级，看来是一位大佬了，求带呀！"

欢迎忠实粉丝的到来　例如："欢迎某某回到我的直播间，差不多每场直播都能看到你，感谢你一直以来的支持呀！"

图3-3-2　欢迎消费者进入直播间

主播在这个环节一定要表现得落落大方，不要过于拘谨，应把消费者当成朋友一样来招呼。表示欢迎的开场白没有固定的模式，主播可以根据自己的特点或喜好设计有个人特色，能够吸引消费者并能有利于打造个人IP的开场白。

【想一想】

直播开场话术可以以销售产品为中心吗？为什么？

二、常见的开场白

常见的直播开场话术

"良好的开始"能够为直播间吸引并留住更多的用户，能够为后续的直播销售做好流量铺垫。所以，主播一定要重视开场环节，灵活应用。开场时，主播不仅要进行自我介绍、欢迎用户进入直播间，还要调动用户的情绪，点燃直播间的气氛，主播还可以说出本次直播的利益点，引导用户关注直播账号，分享直播间。如果主播单纯使用"欢迎来到××直播间"这样的表达，不介绍利益点将很难留住直播间里的用户。所以，主播如果想提高直播间的用户留存率，可以参考表3-3-1常见的开场话术。

表3-3-1　常见的开场话术

序号	开场话术
1	大家好，我是新手主播××，今天是我直播的第×天，感谢大家对我的支持！
2	大家好，我是××，欢迎大家来到××直播间！上次直播后品牌商给了很多试用装，我打算在本次直播中送给大家，到时我会发口令，然后抽奖送给大家哦！
3	大家好，欢迎大家来到××直播间！刚进直播间的小伙伴们记得点左上角关注直播间哦！我们的直播间会不定期发送红包，点关注不迷路哦！
4	大家好，欢迎大家来到××直播间！刚进入直播间的小伙伴们一定要先关注主播账号成为消费者，待会儿才可以抢满200元减30元的优惠券哦！

【做一做】

在校企合作的一场直播助农活动中，要求主播选择一款家乡的农产品作为直播商品，请你在正式开播前，根据选定的农产品撰写一个开场白。

活动二　打造高人气直播间

良好的开场可以吸引消费者进入直播间，但直播时主播不能只顾自己说话，还要引导消费者热情地互动，提升直播间的氛围。直播间的热烈氛围可以感染消费者，吸引更多的人进来观看直播。提升直播间人气常用的方法主要有：音乐热场、聊天互动、分享主题、预告福利、积攒人气、发红包或抽奖等。

一、音乐热场

音乐是一场直播销售中必备的热场策略，也是贯穿整场直播销售的热场策略。

（一）直播间使用音乐的作用

1. 调节直播间的气氛

节奏感较强较快的音乐能够调动消费者的热情，让直播间的气氛更加活跃，而舒缓、悠扬的音乐能够让消费者沉浸在安静、治愈的氛围中。但无论选择什么风格的歌曲都能在一定程度上调动消费者的情绪，调节直播间的气氛。

2. 帮助主播缓解压力

在直播的过程中，播放音乐可以缓解主播的压力和紧张情绪，让主播可以更轻松地应对直播中的各种情况。

3. 避免冷场，使直播更加流畅

主播的沟通能力再强也无法保证每时每刻都与消费者进行交流，偶尔也需要停下来与工作人员沟通或是短暂地停顿。如果这个时候响起一首音乐，能够有效避免冷场，那么就算主播停顿片刻也会让整个直播过程看起来很流畅。

（二）直播间选择音乐的策略

音乐是直播销售活动中必不可少的因素。选择音乐要掌握一定的策略，因此，企业的直播团队在选择音乐的时候可以参考如图3-3-3所示的四个策略。

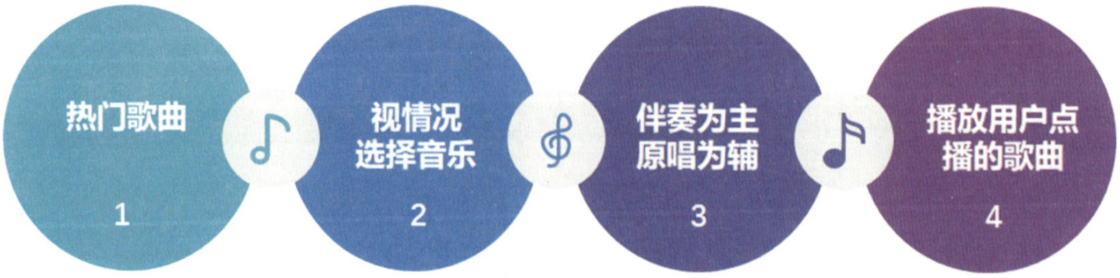

图3-3-3　选择音乐的策略

1. 热门歌曲

热门歌曲是指各大平台播放量比较高的歌曲，这类歌曲一般能够给消费者带来熟悉感、亲切感。所以，主播可以储备一些热门歌曲在直播间，有时它有助于开启话题。

直播团队可以从音乐平台或直播平台上的热歌榜单上选择一些歌曲在直播间播放。有些直播平台还支持将热门歌曲直接设置成本场直播的歌单，这样操作起来更加方便。

2. 视情况选择音乐

在合适的时间播放合适的音乐能够更好地营造直播间的氛围，所以直播团队应懂得视情况选择合适的音乐。例如，开场的时候可以播放一些节奏感强的音乐，调动消费者的热情，提升直播间的人气；与消费者聊天的时候可以播放一些节奏慢，比较舒缓的音乐，让消费者能够更轻松、自在地与主播交流，分享自己的想法。

3. 伴奏为主，原唱为辅

在直播销售中，音乐可以调节直播间的气氛，突出主播表达的内容。如果直播间以原唱歌曲为主，播放歌曲很可能会“喧宾夺主”，导致消费者都去听歌而不听主播的讲解，进而会影响商品的转化率。所以，直播销售中的音乐应以歌曲伴奏为主，原唱歌曲为辅。在主播讲解的时候可以播放伴奏歌曲，在主播停顿的时候则可以播放原唱歌曲。

4. 播放消费者点播的歌曲

主播可以选择一些消费者比较喜欢的歌曲，或热度比较高的歌曲在直播间播放。如果消费者点播的歌曲刚好是主播会唱的，那么主播可以即兴唱几句。主播自己唱歌这种方式更能吸引消费者，活跃直播间的气氛。

无论选择什么风格的音乐热场，其最终目的都是活跃直播间的气氛，留住消费者，促进后期的直播销售转化。所以，选择合适的热场音乐跟其他的直播销售技巧一样重要，直播团队应该认真学习并掌握这项技巧。

【做一做】

作为世界中医药之都的亳州市是全球最大的中药材集散中心，该地一家药材公司要举办一场中药材销售的直播活动，请你推荐一些适合该直播间使用的音乐，并说明理由。

二、聊天互动

在信息大爆炸的时代，人们越来越希望自己被看见，被尊重。直播间的消费者观看直播，购买商品的同时也在直播间聊天。如果消费者能够与主播聊聊天，那么他们很可能会继续留在直播间观看并购买直播间销售的商品。所以，直播间主播还应当学会通过聊天互动进行热场，看见每个消费者，如图3-3-4所示。

01 留意并欢迎每一个进入直播间的消费者

02 寻找有讨论度的热门话题，与消费者进行互动

03 及时回答消费者提出的问题，实现有效沟通

图3-3-4 聊天互动的方式

（一）留意并欢迎每一个进入直播间的消费者

主播在直播销售开场的时候不仅要对进入直播间的所有消费者表示欢迎，还要对每一个进入直播间的消费者表示欢迎。主播可以直接叫出对方的账号名，然后再寻找话题，展开一些互动。

例如：“欢迎某某进入直播间，这个名字很有趣呢”，然后可以围绕这个名字与消费者展开互动，如“为什么会取这个名字呢？”“取这个名字有什么寓意吗？”

“欢迎某某回来，每次直播都能看到你的身影，很感动”，然后可以围绕这个故事展开互动，例如：“我记得第一次直播的时候才几个人，某某就是其中一个。现在我直播三年了，某某还在，我太感动了。”

这就要求主播在平时要留意每一个消费者的账号名，最好能够记住经常出现在直播间的账号名，并在他们进入直播间的时候及时与他们互动。因为这些用消费者往往比较认可主播和商品，因此，主播记住他们的账号名并及时与他们互动能够让他们感受到主播的诚意，产生归属感，进而促进流量转化。但是，这并不是说对新用户不需要理睬，因为老用户都是新用户转化来的，只有与新用户进行互动，吸引新用户，才能为直播间引入更多的忠实用户，提升直播销售的转化率。

（二）寻找有讨论度的热门话题，与消费者进行互动

在直播销售开场的时候就与消费者进行简单的互动，有利于拉近与消费者的距离，增强消费者的信任，进而吸引消费者留下来。所以，主播在直播销售开场时应该寻找一些有讨论度的热门话题与消费者进行互动，或者分享自己近期遇到的比较有趣的事情。

例如：“我今天去电影院看电影的时候遇到一个小孩在电影院大喊大叫，在座位上跑来跑去。遇到这样的情况，你们会跟家长理论吗？”

采取这种方式进行开场要求主播平时留意观察一些有趣的事情并记录下来，然后在直播间与消费者分享、讨论，从而留住消费者，提升直播间的热度。

（三）及时回答消费者提出的问题，实现有效沟通

要实现有效沟通，除了主播要积极地表达外，也需要及时给予消费者反馈，如及时回答消费者提出的问题。否则，消费者会因为自己的问题没有得到回应而退出直播间。相反，当他们的问题被主播看到并被及时回应的时候，他们感受到被在乎，进而愿意留下来继续观看直播。

然而，主播的时间和精力是有限的，尤其是一些头部主播，无法做到对所有问题都及时给出反馈。这种情况下，主播可以挑选一些比较典型的、消费者问得比较多的问题进行回答。

例如：“某某，我之前在你们家买的洗脸仪要如何清洗？”如果很多消费者问过这类问题，那么主播可以仔细回答该消费者提出的问题。主播还可以说：“大家的问题我差不多都看到了，但是直播时间有限，我没有办法在直播间逐一回答。不过大家可以加入我的粉丝群反馈问题。”

这样做一方面可以提升消费者的存在感，另一方面能够有效实现粉丝群，即私域流量池的构建，通过解决消费者的疑惑有利于该商品下次的销售。

知识链接

值得注意的是，聊天互动时不要被话题带偏。有的主播在与观众互动时就容易被观众带偏，聊一些与话题无关的事情，虽然适当的发挥是可以的，但是也要围绕着产品及话题本身去发挥，不能随意发挥。真正优秀的主播，在直播时看起来像是畅所欲言，随心所欲，但其实他所说的每一句话都是围绕这个产品或者话题。

【想一想】

某位主播常常在直播间以笑脸面对大家，眼睛笑得眯成一条缝，黑粉在直播间发问："每次都笑这么假，有必要一直在直播间笑脸相迎吗？其实就为了忽悠我们，让我们买产品！"该主播大方回应："有一句话是说'爱笑的女孩，运气都不会很差'，在直播间看到大家我很开心，也想把快乐传递给你们。"这句话在直播中体现了主播的影响力，如果你心情好传递给别人的也是好的心情。

该主播是如何智慧化解直播间的尴尬境遇？想一想：如果你是该主播，你会如何化解突发问题呢？

三、分享主题

决定一场直播销售转化率高低的不是进入直播间的消费者数量，而是有购买需求的消费者的数量。因为有购买需求，所以购买商品的可能性比较大。主播要想留住有购买需求的消费者还应掌握分享主题的技巧，可以采取如图3-3-5所示的顺序分享直播销售的主题。

图3-3-5　分享主题的顺序

（一）介绍主题

主题是直播销售的核心，直播销售的活动会围绕主题展开。当用户明确主题后，他们便能获知这场直播销售的大致内容。但是点明主题的时候也要讲究一定的技巧，应当使用比较有吸引力的表达方式。

例如，本场直播销售的主题是"护肤品的选择"，那么主播可以说："非常欢迎大家进入直播间，今天想跟大家分享的是护肤品的选择。"昂贵的护肤品并不一定效果好，平价的护肤品也不一定效果差，关键在于选择的护肤品是否适合你。适合你的护肤品才是最好的。所以护肤的第一步是知道如何选择正确的护肤品。"

同样是"护肤品"主题，但是该主播选择用疑问句型表达——如何选择正确的护肤品？这句话不但直接点明了本场直播销售的主题，还能够激发消费者的求知欲，吸引一些想要了解如何正确选择护肤品的消费者观看直播。除此之外，该主播分享主题的时候还传达了一个观念："昂贵的护肤品并不一定效果好，平价的护肤品也不一定效果差，关键在于选择的护肤品是否适合你。”这种观念能够进一步吸引那些在昂贵的护肤品和平价的护肤品之间存在选择困难的消费者。如果消费者刚好有这方面的需求，那么他们很有可能会继续留在直播间观看直播。

所以，主播在点明主题的时候不能只是简单地将主题阐述一遍而是要学会变换表达方式，以进一步激发消费者的兴趣，吸引并留住他们继续观看直播。

（二）说明目标群体，留住有购买需求的消费者

所谓的目标消费者是指对直播间销售的商品有购买需求的消费者。不同的主题吸引的是不同需求的消费者，如果主播能够在说明主题后，再说明目标消费者，这样能够提醒有需求的消费者，进而留住他们。

例如，直播销售的主题是“如何选择正确的护肤品”，主播在点明主题之后可以继续说：“敏感肌、油皮、干皮、喜欢熬夜的人应该如何选择护肤品？我在接下来的直播中会一一为大家介绍。”

如果消费者的肤质刚好是敏感肌或者消费者喜欢熬夜，希望从直播中了解应该如何选择适合自己的护肤品，就可能会继续留在直播间观看直播，并且可能会在此直播间中购买一些主播推荐的商品。

（三）预告商品，告诉消费者可以购买哪些商品

真正吸引人的是告诉消费者通过观看这场直播可以买到哪些商品，因此，主播在说明主题和目标群体后，还应预告商品，告诉消费者可以通过本场直播购买哪些商品。主播可以选择几款知名度较高、价值较大或者优惠力度较大的商品介绍给消费者。

例如：“今天会有××品牌的卫衣，还有××品牌的鞋子……不过这些商品的数量都比较少，只有××件，先抢先得。今天直播间还会有经典款的限时抢购价格……另外，今晚还有……”

该主播在直播开场的时候就向消费者介绍了一些知名度较高的品牌商品，而且还告知消费者数量不多，有限时抢购价格等，给消费者带来一种紧张感。

在直播销售开场时，主播不要直奔主题推荐商品，而是要先分享主题，并通过一定的技巧将主题更好地传达出去，吸引一些有购买需求的消费者，为后期的直播销售做好铺垫。

【做一做】

随着直播行业的兴起，某文具品牌准备在开学季开展一次直播活动，请你根据文具品牌的目标客户，紧扣直播主题，撰写一个吸引人的主题分享。

四、预告福利

在预热中介绍的福利内容是吸引消费者的关键因素。当消费者看到预热的内容中有自己想获得的福利时，他们便会进入直播间观看直播。但是如果他们进入直播间后，主播迟迟没有提及福利的事情，他们很可能认为福利只不过是主播用来引流的噱头，可能直接退出直播间。所以为了留住消费者，主播在开场环节就要预告本场直播销售的福利，常用的介绍福利的策略如表3-3-2所示。

表3-3-2　常用的介绍福利的策略

策　略	举　例
口头预告并展示福利	“品牌电器、质量保证，还有更多福利、更大的惊喜等着大家，如果你们想知道是什么就一起看下去吧。”
介绍获取福利的方法	“前30名下单的用户享受买一赠一的优惠活动。”
告知消费者不要离开直播间	“福利多多，惊喜多多，所以大家千万不要离开直播间。只要你继续往下看，这些福利就可能是你的。”

通常来说，福利会贯穿整个直播销售活动，一方面是为了加深消费者对福利的印象，留住消费者；另一方面是因为不断有新消费者进入，如果不重复预告福利，将很难留住这些消费者。所以预告福利这项工作，不仅仅是在直播开场的时候需要进行，而是要在整场直播销售中重复进行，通常可以5～10分钟重复提醒一次。后续的福利预告无须与第一次福利预告一样那么详细，只要简单地传达还有哪些福利，如何获得即可。

五、积攒人气

直播销售开场的重点工作是吸引更多消费者进入直播间并将他们留下来，为直播间积攒人气。直播间的人气越高，越能吸引更多的消费者点击进入直播间。人气高的直播间有很大可能被直播平台推进首页，获得更多的流量扶持，进而能吸引更多消费者点击观看。所以，在直播销售开场的环节，主播还应重点关注如何积攒人气。

直播间积攒人气常用的方式是引导消费者点赞、转发和关注，如图3-3-6所示。

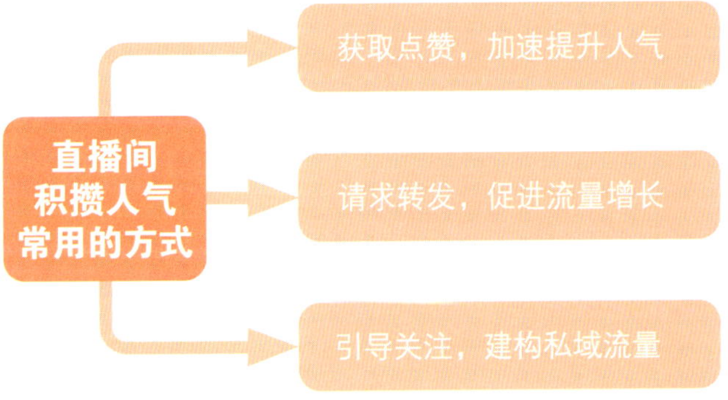

图3-3-6　直播间积攒人气的方式

（一）获取点赞

获取消费者点赞其实比较简单，可以在消费者进入直播间或与消费者互动的时候说“麻烦刚进入直播间的朋友帮忙点个赞”“大家动手点个赞”。当然，为了进一步提升消费者点赞的热情，主播还可以为此准备一些福利，如“新进来的粉丝点个赞，每10万点赞数有抽奖活动”。这样更加能激发消费者点赞的热情，加速提升直播间的人气。

知识链接

为什么要获取消费者点赞？

1．点赞数量越高表示直播间的人气越高

大多数直播平台衡量一个直播间的人气，不仅看在线观看人数，还会看直播间的点赞数量。因为点赞数量体现了直播间活跃的人数，活跃的人数才是真正意义上的人气。

知识链接

2．提升直播榜单上的排名

大多数直播平台都会有一个直播实时榜单，直播间的点赞数量越高，在榜单上的排名越靠前，越能够吸引更多的消费者进入直播间观看直播。

点赞的数量可以加速提升直播间的人气，人气提升了才能促进后续的商品转化。简单地说，提升人气就是在帮助主播获利。因此，主播在直播销售开场的时候应当学会引导消费者点赞。

（二）请求转发

主播在预告福利的同时可以引导消费者进行转发分享，将直播销售的链接转发到朋友圈或微信群。这种方法能够有效促进流量裂变，帮助直播间提升人气。

引导转发的时候可以直接用直播销售中的福利引导。

例如："直播间为大家准备了很多福利，大家可以将直播的链接分享给身边的朋友、家人，让他们与你一起共享这些福利。"

为了增强消费者转发的主动性和积极性，也可以策划一些小活动。

例如："将本场直播的链接转发到朋友圈，点赞数达到30的消费者截图联系小助理即可获得价值××元的礼品一份。"

这种赠送小礼品的方式也能够有效促进消费者转发，加速提升直播间的人气。

（三）引导关注

进入直播间的消费者有一部分是"误打误撞"进来的，这些消费者很容易流失。要想留住这些消费者，就要想办法将他们从普通的消费者转变为粉丝，即要引导他们关注主播。

例如："刚进来的消费者点一点关注。""关注主播，不迷路。""欢迎×××进入直播间，今天要跟大家分享的是×××的技巧，感兴趣的宝宝记得点个关注哦。"

主播还可以引导消费者加入自己的粉丝团。"粉丝团"的标志一般会出现在主播头上方的位置，可以引导消费者点击关注，如"点一点，加入粉丝团"。这样可以有效建构私域流量，为下次直播销售做好流量铺垫。

此外也可以通过关注截图的方式赠送礼品或抽奖的方式进行引导。

例如："新关注我的用户截图联系小助理，即可获得××礼品一份。""××点我们有限量限时抢购活动（重复福利活动），但是仅限关注主播和加粉丝团的用户参与，还没有点关注的用户上方点个关注，加入我的粉丝团。""朋友们，点了关注，加入粉丝团才可以抽奖哦。""宝宝们，点关注加入粉丝团可以优先发货。"

将点赞、转发和关注这几个动作分开介绍是为了让主播进一步了解每一个动作的作用及具体策略，实际上点赞、转发、关注这3个动作可以一起进行，也就是主播常说的"一键三连"。具体要在什么时间采取什么样的策略引导消费者做什么动作主播要根据实际情况而定。

六、发红包或抽奖

如果在开场时不知道如何热场，不妨发红包或抽奖。在直播销售开场的时候发红包或抽奖是主播们快速聚集人气，提高消费者在直播间驻留时长的有效方法。发红包或抽奖带有一定的“免费”或者“优惠”的性质，消费者只要动动手指点一点屏幕就能获得红包或参与抽奖，因此非常具有吸引力。

无论是哪一场，以什么为主题的直播，某主播在直播开场的时候做的第一件事就是抽奖，她会非常热情地跟消费者说：“废话不多说，我们先来抽一波奖。”奖品一般都是知名度较高、价值较大的商品。这种直接又大气的开场方式很容易增加消费者的信任感，而且还能提升消费者的参与感，进而更加容易留住消费者。

所以，为了更加有效地调动消费者的积极性，主播不妨一开场就给消费者发红包或抽奖。但是发红包和抽奖也要讲究一定的策略，如表3-3-3所示，否则消费者会在获得红包或奖品之后就会离开直播间。

表3-3-3　常用发红包或抽奖的策略

策　略	方　法	举　例
开场的红包金额和奖品价值适中	使用日常福利、直播销售的部分产品等	欢迎来到我的直播间，大家来抢红包啦！
采取有趣的方式发红包或抽奖	通过小游戏发红包通过评论互动抽奖	现在开始数123，你们赶紧发弹幕，我马上就开始截图喽。1——2——3

发红包或抽奖环节也应重复进行，以不断吸引并留住进入直播间的消费者。在直播开场发完红包或抽奖结束后，主播就可以跟直播间的消费者说：“直播间每隔半小时就会发一次红包或进行抽奖活动，后面还有更多惊喜等待大家……”这种方式是用好处留住消费者，同时也有利于持续调动消费者的积极性。

发红包或抽奖是比较直接有效的能够调动消费者积极性的热场策略。无论是在直播间发红包还是抽奖，主播的任何动作都必须对直播间的流量提升及商品转化有价值，起到促进作用。否则这些行为只会徒劳无功，甚至增加直播销售的成本，导致直播销售失败。

【做一做】

党的二十大提出发展乡村特色产业，拓宽农民增收致富渠道，巩固拓展脱贫攻坚成果，增强脱贫地区和脱贫群众的内生发展动力。作为国家级贫困县的大别山革命老区的金寨县政府实施了一系列强而有力、富有成效的攻坚举措，如种植中草药材绞股蓝、建起生态茶谷、发展千亩杜鹃花海旅游等，最终实现了高质量摘帽。扶贫对经济发展、社会和谐有着重要的影响，为了巩固拓展脱贫攻坚胜利成果，该县经常引进优质电商企业，开展直播销售，为此某企业针对金寨特产开展一次直播活动。具体信息如下。

2023年5月20日19:00，将在抖音官方直播间开展专场直播，进入直播间的消费者关注主播即可领取一张10元的优惠券，分享直播间可参与抽奖，中奖者可免费领取一包5g装金寨翠眉。

请同学们根据提供的信息，回答以下问题。

1．说说该直播间为了吸引消费者，采取了哪些措施？

2．你还能为该次直播活动想出其他提高人气的措施吗？试举例分析。

3．完成脱贫攻坚、全面建成小康社会的历史任务，实现第一个百年奋斗目标，是彪炳中华民族发展史册的历史性胜利。作为当代中职生，请你利用周末或者假期走出校园，走进乡村，开展社会实践，助力乡村振兴。以调研脱贫摘帽后的新农村为实践主题，围绕措施、取得的成效等，结合“1+X”网店运营推广等相关课程所学知识，拍一段不低于5分钟的调研视频，分享到班级群。

任务四　直播商品推介

工作情境描述

在直播销售过程中，主播需要针对消费者需求，围绕商品卖点对商品进行立体化的介绍和推广，因此准确分析商品的卖点至关重要。担任本次主播的晓慧对直播商品——山核桃，并不是很熟悉，于是她准备先收集与本地山核桃相关的信息，然后从山核桃信息中提炼商品卖点。主播晓慧希望在直播间能很好地展现山核桃卖点，进行产品推介，促进消费者下单。

思考

在直播过程中，主播需要不断地跟消费者进行互动和沟通，用推介商品技巧来吸引消费者目光与获取流量，从而使商品卖出去，提高自己的带货效果。商品推介环节是直播销售的重头戏，晓慧开始思考如何进行商品推介为直播间出货转化蓄势，提升消费者下单的积极性。

任务分解

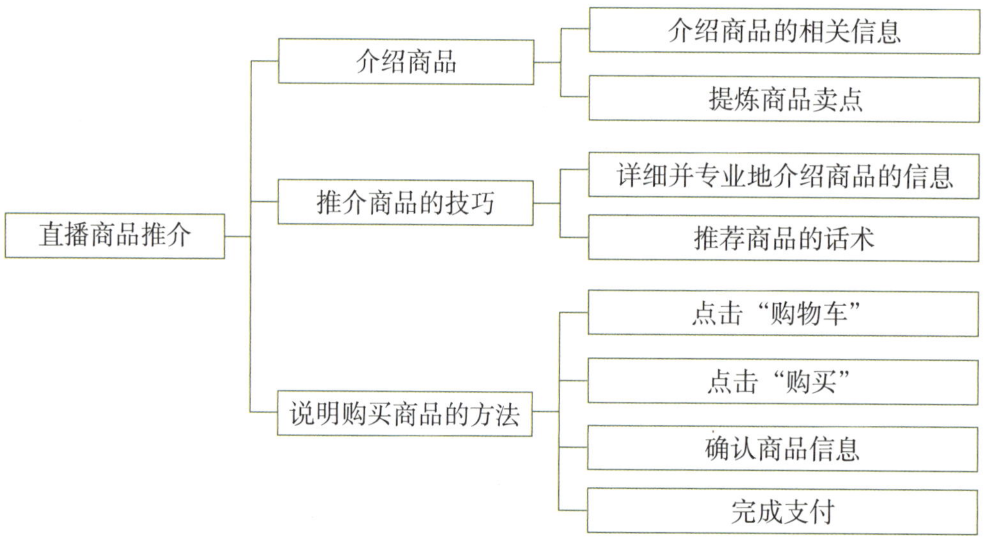

活动一　介绍商品

直播销售的最终目的是把商品销售出去，这就需要主播在直播时全面介绍商品，同时，要对商品有针对性地讲解。

一、介绍商品的相关信息

商品的相关信息主要包括商品的基础信息、商品的品牌信息、商品的目标群体、商品的益处、商品的使用方法和效果展示等。

（一）了解并熟知商品的基础信息

商品的基本信息通常包括商品的成分、材质、包装设计、商品的功能价值、价格优势与服务体验优势等，是商品的核心竞争力。一般来说，合作商大多会提供商品信息表，但是其提供的内容可能比较简单。除了查看合作商提供的商品信息表外，主播及其团队还可以查看其官方网站及官方网店的商品详情页、消费者评价等，收集更多关于商品质量与口碑、价格与优惠、使用效果等方面的信息。

主播可以利用多种信息收集渠道，了解并熟知商品的基本信息，以便更加详细、专业地向消费者介绍商品的基础信息。

例如，消费者是敏感性皮肤，对很多化学成分过敏，那么主播在推介商品的时候就必须将商品的成分详细地告知消费者。

（二）牢记商品的品牌信息

商品的品牌信息主要体现在品牌价值优势，如品牌历史、品牌知名度及品牌商业地位，如图3-4-1所示。品牌及品牌故事能够赋予商品一定的价值，可以提升商品的感染力和传播力，所以适当地介绍品牌背后的故事，更加能吸引消费者，促进消费者购买。

图3-4-1　华为品牌价值优势

【做一做】

选择一款知名国产品牌的数据线或手机，请你把其基本信息及品牌优势分享给大家。

（三）锁定商品的目标群体

1．介绍商品成分

直播销售时有些商品含有特定的成分，适用于特定的人群。所以，为了突出商品特定的价值或规避商品带来的危害，主播还可以根据商品成分推荐适用此商品的人群。

例如："我们这款洗发水的主要成分为5%米诺地尔溶液，对于防脱发有明显的效果，有脱发烦恼的朋友一定要购买。"

例如："这款洗面奶含有单一水基果酸，可以有效去角质，起到很好的清洁作用，但妊娠期、哺乳期的女士禁用。"

某些特定成分或容易导致用户过敏的这类商品的使用说明书中通常会注明商品适用人群，除此之外，主播还要提醒消费者，过敏体质的人尽量不要使用含有容易引发过敏成分的商品。

2．介绍商品功效

不同功效的商品其适用人群也不同，所以，根据商品的功效介绍商品适用人群，能够精准锁定有需求的消费者。

例如，某款面膜是专门针对男性皮肤特点设计的。主播在介绍这款商品的时候可以说：“注意喽，男士们。这款面膜是专门针对男性皮肤特点设计的，其保湿、补水的效果都非常好，而且能够有效收缩毛孔。非常适合皮肤容易干燥的男士们。”

3. 介绍使用场景

主播结合商品的使用场景来说明该商品适用的人群，这样也可以激发消费者的购买欲望。

例如，某主播在直播间推荐一款商务休闲皮鞋时说：“如果你上班通勤的时间比较长，那么这款商务休闲皮鞋就非常适合你。这双鞋上脚舒服，走路不累，可以帮你轻松通勤。”

当消费者明确该商品适合自己且知道可以在什么样的场景使用该商品时，他们更加容易下单购买。

实际上，消费者在直播间购买商品有时是满足自身需求，有时也会作为礼物为赠送他人而买。因此，当消费者知道一款商品适合什么人时，即便自己不属于这类商品的适用范围，他们也有可能会想到身边的人，从而会为他们购买。所以，明确商品适用人群并有针对性地推介，是一个非常有效的促进商品销售的策略，主播需要掌握这一策略。

【想一想】

根据任务一所学的SMART原则，选择一个品牌运动鞋并思考锁定商品的目标群体对直播销售的作用。

（四）明确商品的益处

为了激发消费者的购买欲望，提升商品转化率，主播在介绍商品时应强调该商品可以解决消费者哪方面的问题。例如，消费者皮肤干燥，出现了严重掉皮的情况，保湿、补水类的护肤品能够解决消费者以上的问题，从而激发他的购买欲望。

介绍商品可以解决消费者的什么问题时应掌握一定的技巧，否则很容易让消费者认为你在自卖自夸，进而可能会退出直播间。主播介绍商品的益处如图3-4-2所示。以防晒品为例。

01 针对商品的用途或特点提出问题

02 结合商品放大问题

03 介绍商品可以解决的问题

图3-4-2 介绍商品益处

1. 针对商品的用途或特点提出问题

向消费者提出问题比直接向消费者陈述商品更能够体现商品的吸引力。所以，主播可以首先针对商品的用途或特点提出问题。

例如，“夏季紫外线非常强，是不是有很多人容易晒黑，甚至晒伤？有这种情况的朋友请在弹幕中发1。”

这个时候存在这些问题的消费者会在弹幕上回答主播的问题，与主播进行互动。通过这种提问的方式不仅能够收集消费者的问题，还能够有效提升直播间的人气。

2. 结合商品放大问题

只有当消费者认识到问题的严重性时他们才会积极地寻找解决问题的方法。而主播要让消费者认识到问题的严重性就要懂得放大问题。但是，主播不能盲目地放大问题，这样容易给消费者造成威胁的感觉，而应当结合商品恰当地放大问题。

例如：“俗话说：一白遮三丑。如果皮肤被晒黑晒伤，后期涂抹再贵的精华、面霜都很难挽回当初的健康皮肤。”

“后期涂抹再贵的精华、面霜都很难挽回当初的健康皮肤”，这种表达就是结合商品适当地放大了问题，让消费者认识到问题严重性的同时也不会让消费者感觉不舒服。当消费者认识到问题的重要性时，下一步他们自然会思考“如何才能解决这个问题”或“如何才能有效避免这个问题”。

3. 介绍商品可以解决的问题

当消费者已经认识到问题的严重性时，有些消费者就会主动在互动区询问以下内容。

“如何才能防晒？”

“应该选择什么样的防晒商品？”

“有没有效果比较好的防晒商品推荐？”

……

此时，主播就可以顺理成章地介绍商品可以解决消费者的哪些问题，介绍商品的益处。

例如：“防晒的方式和防晒商品有很多，今天我要为大家推荐的一款防晒商品是……这款防晒商品不仅可以有效阻隔紫外线，还有保湿的功效，可以有效防止脱妆。”

“有效阻隔紫外线”“保湿”“防止脱妆”都是商品带来的益处。当消费者明确这款防晒商品可以帮助他们解决这些问题的时候，他们的购买欲望就会被激发。

介绍商品益处的时候可以围绕商品的特点、功效、性能等展开介绍，如“专为易敏感的脆弱肌肤而生”“不易给肌肤带来额外的负担”等。介绍的问题越详细越能够激发消费者的购买欲望。这就要求主播在深入了解商品的基础上，明确商品可以带来的益处，然后在直播间将这些问题详细地介绍给消费者。

除了通过在直播间现场提出问题，即时收集消费者的问题，直播团队还可以通过平时的互动记录收集消费者存在的问题，然后可以结合这些问题进行选品。这样一来选择的商品就能够直接帮助消费者解决他们存在的一些问题。主播在介绍商品的时候可以直接说：“我收集了一些你们平时比较关心的问题，如某某问题……然后选择的这款商品刚好能够解决你们存在的一些问题。”这样做既能帮助消费者解决问题，还能表明对消费者的重视，拉近关系，更加能够激发他们的购买欲望。

按照以上3个步骤介绍商品可以有效激发消费者的购买欲望。当然，主播也可以采取一些更加新颖、有趣的形式向消费者介绍商品的益处，最终目的是能够更大程度地激发消费者的购买欲望，达成最后的交易。

【做一做】

请你选一件熟悉的家乡特产或农产品，按照图3-4-2所示的3个步骤展开介绍商品可以解决的问题，把该产品使用的益处分享给消费者。

（五）展示商品的使用方法和效果

在推介商品的过程中全方面地向消费者展示商品是非常重要的，因为这样能够使商品更加立体、形象，提升消费者的视觉体验，激发消费者的购买欲望。所以，即便是生活中最常见的商品，主播也应当认真、仔细地向消费者展示商品的使用方法和效果。

展示商品的使用方法和效果这两个动作实际上是连贯的，即介绍完商品的使用方法后进行效果展示，如表3-4-1所示。

表3-4-1　介绍商品的使用方法和效果展示

内　容	方法或技巧	操作示例
介绍商品使用方法	按照商品使用说明书介绍商品的使用方法	
	亲自示范商品的使用方法	例如，主播介绍一款破壁机："首先我们拿到新商品的时候要用温水将内胆清洗干净，最好可以放一点白醋……"此外，主播在介绍使用方法的时候还应多使用一些方位词，如"左上角是什么功能，应该如何操作；正面是什么……"示范越仔细、讲解越详细越利于消费者理解商品的使用方法
展示商品使用效果	突出展示重点功能	例如，展示一款补水面霜。主播可以在手背擦拭面霜，然后让消费者看到滋润的皮肤，展示面霜的补水效果。此外，也可以使用一些商品举证，如专利证书、消费者好评等
	使用有趣的方式展示	例如，某主播在介绍一款剃须刀时借助一颗桃子展示，将桃子表面毛茸茸的细毛剃干净，又不伤到桃子的"皮肤"
	营造良好的直播间氛围	应考虑邀请消费者参与，如"你们还想看到我为你们展示该款商品的哪些功能、效果，请在留言区……"
	动作要干净、利落、规范、安全	现场向消费者展示商品效果时，一定要事先设计展现效果的脚本和演示动作，进行流程化、标准化的演示，防止"翻车"

综上，展示商品的使用方法和效果也能在一定程度上影响消费者的购买决策。所以，主播在介绍任何一件商品时都不能忽视这两点，尤其是功能较多、使用方法较复杂、效果明显

的商品。

【想一想】

请你想一想是不是所有的商品都适合在直播现场展示效果？为什么？

（六）抛出商品的优惠价

介绍优惠价的关键是让消费者深刻地感知到“优惠”二字，而不是口头上说“很便宜”“买到就是赚到”“超低价”，如果只是口头上说，消费者很难感知商品优惠的力度，可能会认为这只不过是一种营销噱头，不会产生购买商品的意向。所以，主播在介绍商品在直播间的优惠价时要掌握一定的技巧，如图3–4–3所示。

图3–4–3　介绍商品在直播间的优惠价

1. 给出价格锚点，展示价格对比优势

介绍优惠价其实就是要强调商品的日常售价与直播间价格的对比优势，商品在直播间享受的促销政策。主播首先应抛出价格锚点，然后再强调直播间的优惠力度，给出价格对比优势。

例如：“这件商品原价是188元，现在直播间的优惠力度非常大，直降68元，只需120元你就能买到。”

“188元”是价格锚点，“120元”是优惠价，“68元”是优惠力度，这样介绍能够非常清楚地展示商品在直播间的价格优势，进而能够促进消费者下单购买。所以，主播在介绍优惠价的时候不能直接给出优惠价，而是要先设置价格锚点，展示优惠力度，然后再给出优惠价。

知识链接

什么是价格锚点？人们对于事物的判断容易受到第一印象或者第一信息的支配，心理学中将这种心理现象称为“沉锚效应”“锚定效应”，就像沉入海底的“锚”一样，会将人们的想法固定在一个地方。“原价”“高价”就是一个价格锚点，消费者会默认商品的价格就是这个价格，再看到同类或者类似的商品时便会与此价格进行对比，从而对消费者的购买决策产生影响。

简单地说，价格锚点就是商品价格的对比标杆。正常来说，价格低于价格锚点的商品更加能促进消费者做出购买的决策。换个角度说，只有消费者明确价格锚点，他们才会将同类商品的价格进行对比，才能感知到优惠。

2. 告诉消费者为什么会这么优惠

有句俗话说“便宜没好货”，存在这样认知的消费者并不会一味地被优惠价吸引。他们可能会因为价格优惠而对商品的质量产生怀疑，这种质疑会阻碍他们做出购买决策。所以，主播不仅要向消费者介绍活动，还应当告诉消费者优惠的原因。

一是商家做促销活动。一些商家为了提升商品销量会做一些促销活动，于是会降低商品的价格。例如：“今天老板想冲销量，所以价格给得非常低。大家有需要的话，千万不要错过这次机会。”

二是主播主动为直播间的消费者争取的。在与供应商洽谈中，有时优惠价实际上是主播为直播间的消费者争取的。例如：“今天这个优惠价可是我努力跟品牌方争取来的，在其他地方拿不到这个价格。你们可以去看看品牌官方网站的价格，都是原价，只有在我的直播间才能享受这个优惠价。”这是直播中常用的优惠理由，也是一个非常好的理由，能够进一步拉近与用户的距离，促进消费者做出购买决策。

当然，除了以上两个原因，主播也可以根据实际情况给出其他合理的理由，只要能够让消费者信服即可。但是要注意的是，给出的理由一定要是积极的。

介绍商品在直播间的优惠价，其目的是降低消费者购买的心理防线。当消费者明确这个优惠价在其他地方很难买到该款商品的时候，他们的心理防线会不断地下降，甚至有可能突破心理防线，直接达成交易。

【想一想】

某直播间主播用“厂家倒闭了，全场清仓大处理，原价399元的羽绒服，现价只要39.9元……”这种优惠价话语吸引消费者下单是否合理，并阐述理由。

（七）介绍商品的售后问题

介绍商品的售后问题是推介商品非常重要的一个步骤。不少消费者在直播间购买商品的时候会存在以下几个疑问。

商品质量存在问题怎么办？

下单的时候拍错商品怎么办？

拿到商品的时候发现不喜欢怎么办？

一时冲动下单购买了商品，但是突然又不想要了怎么办？

如果消费者内心存在的这些疑问得不到解决，那么即便商品的价格再优惠他们也会犹豫是否要购买该商品，甚至会直接打消购买该商品的念头。相反，如果主播能够详细地介绍商品的售后问题，有效消除消费者的后顾之忧，那么就能够加速消费者做出购买决策，提升本场直播的销售转化率。

1. 介绍商品的售后问题

主播应提前与企业协商、对接商品的售后问题，并将相关信息明确传递给消费者。通常来说，商品的售后问题及处理主要有如表3-4-2所示的四个方面。

表3-4-2　商品的售后问题及处理

问题类型	处理示例
购买商品后是否可以退货退款	满足相应条件时，消费者可申请“7天无理由退换货”
商品是否正品	正品保障，假一赔四
商品使用一段时间后出现问题怎么办	签收60天内，使用商品过敏并提供有效凭证的，商家将48小时内给予回应并无条件退货退款
退款是否能及时到账	诚信用户在退货寄出后，享受急速退款到账

2. 告知消费者反馈售后问题的渠道

遇到售后问题的时候如何反馈售后问题也是消费者比较关心的问题，所以主播还应明确告知消费者反馈售后问题的渠道。

例如：“线上美容顾问为您提供悉心的建议，聆听您的需求并解答您的顾虑。客服热线：××××-×××-×××。”这其实就是将售后问题的反馈渠道告知了消费者。消费者明确他们反馈有渠道的时候便会更加放心地购买商品。

反馈售后问题的渠道其实有很多，可以提供官方的联系方式，也可以告知消费者可以在官方的平台发私信、发电子邮件联系专门的客服人员等。总之，主播应将可以反馈的渠道都告知消费者，让消费者选择比较习惯或方便的反馈渠道即可。告知消费者反馈渠道的时候还应当强调售后问题，等于给消费者吃了一颗定心丸，让他们能够更加放心地去购买商品。

例如，“某某团队会根据消费者反馈的问题第一时间跟品牌方进行沟通，并会及时给出处理方案，请大家放心！所有商品的售后问题，我们一定都会积极、努力地解决！”

在消费者反馈商品的售后问题时，主播一定要认真看好并做详细记录。直播团队在下次选品的时候就可以更加详细地跟企业对接商品的售后问题，尽可能地免除消费者的后顾之忧，让消费者可以放心地购买商品。

消费者在直播间购买商品的很大一部分是出于对主播的信任，明确向消费者介绍商品的售后问题是增强信任的一个好方法。所以，主播在向消费者介绍商品的售后问题时一定要认真、详细，且应坚定地告诉消费者出现任何问题都可以找主播，主播都会给他们一个满意的答复，为他们做出更多的保障承诺。当消费者感知到这些的时候，他们对主播的信任感会进一步增强，这种信任感很容易促进他们做出购买决策。

【做一做】

某主播在直播销售新鲜鲜活品牌滑皮虾时，明确告知消费者“滑皮虾属于鲜活易腐的商品，故不适用7天无理由退货，请慎重下单”。出售7天内，某消费者执意退货，如果你是主播团队售后工作人员，你该如何处理？

二、提炼商品卖点

所谓卖点，即商品突出的、与众不同的特点，它代表了商品的核心竞争力，使商品与其他同类商品形成明显区分。提炼商品卖点的方法很多，常用的有商品属性提炼法和九宫格思考法。

（一）商品属性提炼法

商品属性提炼法即根据商品属性来提炼卖点，其中，商品属性主要包括价值属性、形式属性、期望属性和延伸属性，以东北的五常大米为例，具体如表3-4-3所示。

表3-4-3　商品属性提炼法

属　性	说　明	示　例
价值属性	商品的使用价值，是商品本身具有的能够满足消费者需求的属性	软糯香甜
形式属性	能够展现商品品质的属性，包括质量、外形、手感、体积、包装等	颗粒饱满、晶莹剔透
期望属性	能够满足消费者期望的一系列卖点，如洗衣机除了具有的洗涤、甩干等功能外，有些消费者还希望其具有烘干、消毒等功能	智能控制、节能运行
延伸属性	商品的附加价值，如品牌、荣誉、服务、承诺等	7天无理由退换货、精细加工

（二）九宫格思考法

九宫格思考法是一种有助于思维扩散的方法。在实际工作中，九宫格思考法也可以用来提炼商品卖点，其操作步骤如下。

九宫格思考法：提炼商品卖点的神奇工具

1. 拿一张白纸，先画一个正方形，然后用笔将其分割成9个大小相等的格子（这9个格子被称为“九宫格”），再将主题（商品名称等）写在正中间的格子内。

2. 将与主题相关的、可帮助此商品销售的众多商品优点写在周围的8个格子内。

3. 反复思考、自我辨证，查看这些优点是否有必要、明确，且是否有重合，一直修改到满意为止。

图3-4-4所示为利用九宫格思考法为以东北五常大米为例提炼的卖点。

颗粒饱满	香味浓郁	精细加工
晶莹剔透	**东北五常大米**	人工种植
质地坚硬	软糯香甜	营养安全

图3-4-4　利用九宫格思考法为东北的五常大米提炼的卖点

知识链接

利用九宫格思考法提炼出的商品卖点较多，就直播销售而言，可以保留并强化商品的2～4个卖点。一般来说，主播若选择从合作商处获取商品，合作商会提供商品卖点；主播若通过分销平台获取商品，则需要自行提炼商品卖点。

【做一做】

1. 请结合收集到的美妆护肤品信息，利用商品属性提炼法为其提炼卖点。
2. 任选一款电子产品，使用九宫格思考法提炼出商品的卖点。

活动二　推介商品的技巧

一、详细并专业地介绍商品的信息

商品信息介绍得越详细、越专业、越能吸引消费者，说服消费者，促进消费者购买。所以，主播要想提升商品的转化率，就应当了解并熟知商品信息，并能够详细且专业地向消费者介绍商品信息。

（一）语速要适中，表达要流利

在介绍商品信息时，主播的语速不宜过快，语速过快容易导致消费者听不清楚，但也不宜过慢，语速过慢会影响消费者的听觉体验，所以主播的语速要适中。此外，表达一定要流利，不能吞吞吐吐，不能过多使用“嗯”“啊”等语气词，否则也会影响介绍商品的效果。

（二）展示商品的同时介绍商品的基础信息

在介绍商品信息时，主播应当展示商品的同时介绍商品的信息。这样能够让商品呈现一种立体感，更能够吸引消费者，说服消费者购买。

（三）展示商品数据

为了进一步加强消费者对商品的信任感，在介绍商品信息后，还可以展示一些商品数据。例如，商品的好评率、当月的销售量等。数据一定要真实，可以使用截图来证明。

二、推荐商品的话术

商品介绍话术的作用是让消费者了解商品并产生购买商品的欲望。在设计商品介绍话术时，可以参考FABE法则，即属性（feature）、作用（advantage）、益处（benefit）和证据（evidence）法则。表3-4-4所示为FABE法则的详细解释。

表3-4-4　FABE法则的详细解释

组　成	说　明
属性	商品的特征，主播主要从商品的材质、制作工艺、体积、功能、成分等角度介绍商品
作用	由商品特征衍生的优势，主播需要说明商品独特的卖点
益处	商品能带给消费者的益处，主播需以消费者益处为中心，激发消费者的购买欲望，应当用形象、场景化的语言来帮助消费者
证据	理解包括商品的成分列表、专利证书、实验数据、销量、消费者评价等

以东北五常大米为例，利用FABE法则设计商品介绍话术，详见表3-4-5。

表3-4-5　利用FABE法则为东北五常大米设计的介绍话术

组　成	示　例
属性	不知道小伙伴们平常是如何挑选大米的呢？今天我给大家带来了一款在黑龙江非常有名的大米——五常大米。这款大米的种植基地在我国的黑土区，那里的土壤非常肥沃，并且这款大米采用的是传统的人工种植方式，严格控制了化肥的用量。另外，为保证每一颗大米的质量，它还经过了28道工序。（从商品的种植地、种植和加工方式引入，让消费者对商品留下深刻的印象）
作用	种植基地独特的土壤和气候环境，以及独特的种植和加工方式，让这款大米颗粒饱满，晶莹剔透，闻起来有一股很香的味道。（引入商品卖点）
益处	之前我买的一款大米，吃起来很硬，而且还有沙，每次煮饭前都要仔细筛选一遍。镜头拉近点儿给大家看看，这款大米是不是非常饱满、有光泽？为了给大家展示，我今天还提前煮了一锅，煮的时候直播间都弥漫着一股米饭香。这一碗是我刚刚盛出来的米饭，给大家看看，大米煮熟之后看起来非常松软。我再帮大家尝一尝，吃起来软糯略黏，吃下去之后回味是甜的，非常好吃！（用具体的场景化描述凸显商品特点，激发消费者的购买欲）
证据	在直播间购买食用型的商品，一定要注意安全问题。大家不用担心，这款大米拥有专业机构的检测报告，请大家放心购买。

【做一做】

请你利用FABE法则为山核桃或你熟悉的农产品设计商品介绍话术。

活动三　说明购买商品的方法

为了防止出现消费者因不知道如何购买商品而选择放弃购买商品的情况，主播在介绍完商品的相关信息后的下一个动作应当是介绍购买商品的方法，促进消费者顺利完成购买。

主播可以按照图3-4-5所示的几个步骤告知消费者如何购买自己心仪的商品。

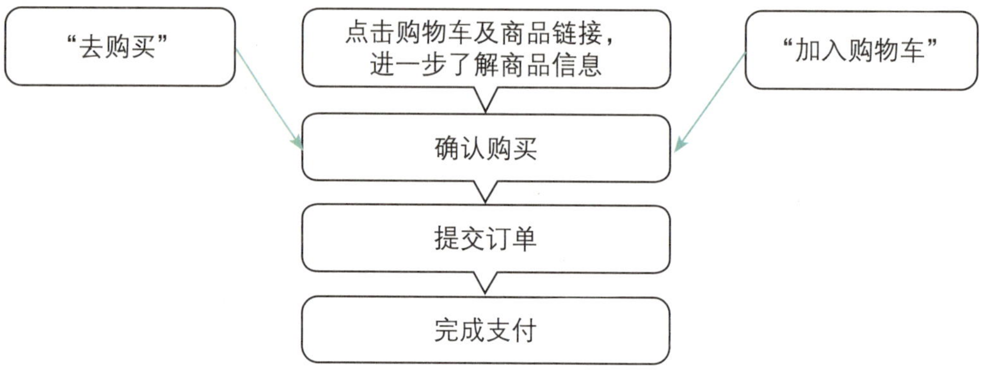

图3-4-5　介绍商品的购买方法

一、点击“购物车”

通常直播间下方的工具栏中会有一个“购物车”或“购物袋”的标识，点击这类标识就能看到主播在直播间介绍的商品的链接。

例如，淘宝某直播间的下方工具栏中有一个红色的“宝贝口袋”的标识，消费者只要点击“宝贝口袋”，就能看到主播介绍的商品。

二、点击“购买”

“购买”的形式主要有三种。

（一）直接“马上抢”或“去购买”

以淘宝平台为例，点击“购物车”或“宝贝口袋”后就能跳转到直播销售中的商品的链接界面。消费者可以在这个界面上找到自己心仪的商品。商品一般会标上序号，为了方便消费者找到自己心仪的商品，主播可以在介绍商品的时候说：“我手上这件首饰是1号链接，你们喜欢的话可以直接点击‘购物袋’去拍1号链接。”

商品栏会显示商品的名称、价格及“马上抢”或“去购买”的按钮。如果消费者已经通过主播的介绍详细了解了商品的相关信息并确定了最终的购买意向，那么消费者可以直接点击“马上抢”或“去购买”的按钮购买商品。

（二）进一步了解商品的信息

如果消费者想进一步了解商品的信息，那么可以点击链接中商品的图片或商品名称。点击后，商品的详细信息就会展现出来。

消费者了解了商品的详细信息并产生购买意向后，可以点击“立即购买”继续购买行为。

（三）“加入购物车”

如果消费者想购买的商品比较多，那么可以将商品“加入购物车”，最后一起购买、结算。商品链接中有一个“购物车”的标识，商品的详细信息下方也有“加入购物车”的按钮，点击便可以将商品加入购物车。

如果商品有不同的规格，如不同的颜色、尺码，那么无论选择哪一种购买形式系统都会弹出一个选择商品规格或者颜色分类的界面。

三、确认商品信息

选择好商品的规格后点击“立即购买”，系统会弹出一个“确认购买”的界面。这个时候用户需要仔细核对并确认商品的信息及价格，确认无误后就可以点击“提交订单”。如果是新用户，提交订单后还会弹出一个“新建收货地址”的界面，用户需要填入自己的收货地址。如果是常用的收货地址还可以设置为默认地址，下次购买的时候系统便会直接默认收货地址为该地址。不是常用的地址也可以保存下来，下次如果收货地址是同样的地址便不用再新建，只需直接选择。

四、完成支付

收货信息填写完成后继续“提交订单”，系统便会跳出“支付”界面。消费者可以根据自己的习惯选择支付方式，并完成支付，同时系统会显示支付成功。在完成购买行为后，消费者只需安心等待收货。

当然，以上几个环节并非要一一详细地介绍，因为大多数消费者知道如何购买，只是小部分消费者不知道如何购买。而且这小部分消费者主要是因为找不到购买入口而不知道如何购买，后面的流程基本也都会操作。所以，主播应重点强调的是直播间的购买入口，如“点击下方小黄车就可以购买”。如果消费者在购买的过程中遇到其他问题，则可以通过互动告知消费者如何继续下一个购买动作。

从上面购买商品的流程可以看出，在直播间购买商品并不是一件复杂的事情，与一般网络购物的流程基本相同。但是的确有一些新用户不知道如何购买商品，所以，主播为了不错过任何一个消费者，介绍商品购买方法的这个步骤也不能省略。

知识链接

各品类商品推介要点

一、常见美妆类商品介绍要点

常见美妆类商品介绍要点

商品类型	介绍要点
底妆类	色号、适合的肤质、持久度、滋润度、遮瑕度等
唇妆类	色号、持久度、滋润度，是否容易沾杯，适合搭配何种腮红、眼妆等
修容类	质地（粉状还是膏状）、颜色（如偏红、偏灰）、是否飞粉、是否容易晕染开等，并向消费者演示使用该商品修容的方法，展示使用商品前后的对比效果

知识链接

续表

商品类型	介绍要点
遮瑕类	适合的肤质、遮瑕度、滋润度等
眼妆类	眼线：颜色、持久度、防水性、使用寿命、使用起来是否顺滑等
	眼影：质地、显色度、延展度、细腻度、持久性、是否飞粉等
	眉笔：颜色、成分、质地是否柔和、持久度、防水性等
	睫毛膏：持久度、刷头形状、功效（让睫毛显浓密、显卷翘等）、刷完是否会出现“苍蝇腿”等
化妆工具类	商品的用途、材质、使用方法、使用感觉等，并向消费者展示使用方法
卸妆类	质地是否柔和、卸妆效果（可以将彩妆画在手臂上，现场卸妆）、适用的场合（例如，卸妆湿纸巾适合在外出乘车、乘飞机等场合使用）
洁面类	商品成分、适合的肤质、使用方法、起泡情况、清洁强度，适合早晨洁面使用还是晚间洁面使用，是否具备卸妆效果，洗完脸后是否有紧绷感等
面膜类	功效、成分、使用方法（尤其是比较新奇的面膜，要向消费者演示其使用方法）、精华液含量等
美容工具类	功效、使用方法、使用效果、商品安全保证、商品质量认证等

二、服装类商品介绍要点

服装类商品介绍要点

内　容	介绍要点
展示方法	亲自上身试穿
服装的面料或材质	面料：爽滑、柔软、粗细、轻薄、挺括等 材质：软硬感、光滑感、立体感、挺阔感、垂顺感、蓬松感等
服装的风格	常见的风格有复古、清新、小香风、学院风、简约风、混搭风、棉麻风、欧美风、日韩风等
服装的设计亮点	讲解衣服图案的流行元素，突出衣服的时尚感 讲解衣服的工艺精致度、稀缺性、成本 展示衣服的心机小细节，如领口、袖口、下摆等位置通常会有些小设计
服装的版型	三种最常见的版型： A字版型，适合肩宽、胯宽、腿粗、小肚子大的女生、对腰部及臀部有很好的修饰作用； H型版型则适合肩窄、胯窄，体形微胖或者偏瘦的女生； X版型适合腰细、腿粗、胯宽的女生，这样能扬长避短
服装的穿着场景或搭配	一衣可以多穿也是衣服性价比的一个绝佳体现点 讲解搭配时，不能空讲，单纯说这件衣服可以搭什么，而是尽量要把整套搭配展现在镜头前面，无论是把搭配款拿在手上讲，还是试上身 条件允许的话，一件主推款尽量做两套风格不同的搭配，迎合消费者们不同的场景需求，例如约会、休闲、上班等生活场景

知识链接

续表

内　容	介绍要点
服装的颜色	讲解衣服颜色的时候，可以将衣服视觉感和肤色搭配组合讲解，例如，红色给人很喜庆的感觉，对白皮肤很友好，黄色给人温暖和亲近感，白皮肤很好驾驭，黑色简约百搭不挑肤色，白色纯洁干净谁穿都好看等
服装报价，说明库存	一定要先报原价，对比强烈才能激发消费者们捡好货的欲望；强调性价比时可以用对比法、稀缺法、参照法；报优惠价、库存和码数，引导消费者下单

三、农产品类介绍要点

农产品类介绍要点

主要方向	介绍要点
这是什么	从农产品的色泽、口感、营养成分、生长环境等进行讲解
如何购买	需要在直播间重复地讲下单的方式，并且要直观地演示给观众看，有条件双人直播时，助理就可以拿着手机一步一步教消费者如何领优惠券、如何下单、如何付款等
适用范围	介绍产品时要讲明白哪些人适合用，介绍产品的使用人群，让消费者更加了解你的产品和同类产品之间的区别，比如茶叶，有些产品适合自己用，如果是送人，可能另外一款产品更加合适，通常这种话术的作用是：减少消费者的选择成本
购买原因	介绍产品的卖点和使用方式等
介绍价格	告诉观众什么时候有优惠券、如何领取、如何使用最划算、到手价是多少等，这样才能抓住观众的价格痛点，激发他们的购买欲望

四、母婴类商品介绍要点

母婴类商品介绍要点

商品类型	介绍要点
辅食类	主播可以从宝宝年龄、成分介绍、使用方法、福利优惠等方面进行讲解
婴儿用品类	婴儿用品包括婴儿洗护、婴儿润肤、婴儿湿巾、婴儿毛毯等； 主播常常从成分说明、优惠福利、宝宝年龄等方面介绍
婴儿玩具类	主播介绍产品的使用方法、福利优惠、成分（安全性）、宝宝适用年龄等

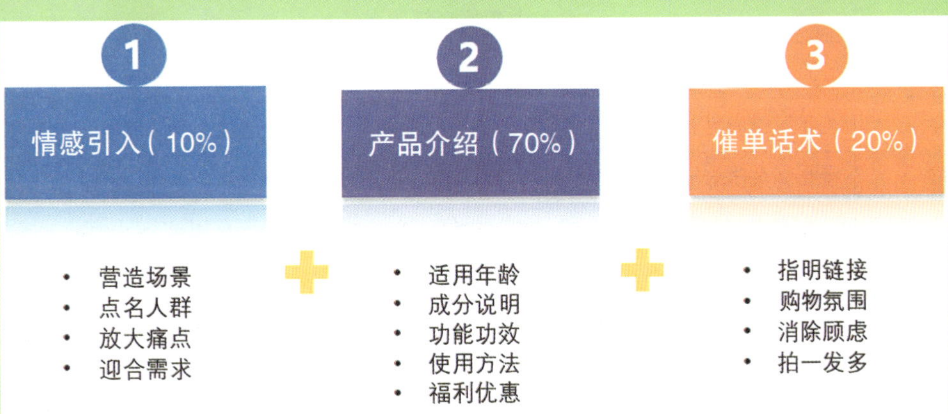

母婴用品直播话术公式

知识链接

五、3C商品介绍要点

3C商品是指计算机（computer）、通信（communication）和消费类电子产品（consumer electronics）三类产品，讲解3C产品需要从功能、特点、优势、使用方法等方面进行详细介绍，具体见下表。

3C商品介绍要点

内　容	介绍要点
功能和特点	以智能手机为例，讲解时可以提及屏幕、处理器、摄像头、电池寿命、操作系统等方面的特点，以及与其他品牌手机的区别。同时，还可以介绍产品的设计理念、用户体验和科技创新等方面，让消费者更全面地了解产品
优势和价值	例如，一款高速固态硬盘可以强调其读写速度和数据保护能力，而一款智能音箱可以强调其语音识别率和控制其他智能家居设备的能力
产品信息和使用方法	例如，介绍一款笔记本电脑时，可以介绍各个接口的位置和功能、键盘和触摸板的使用方法等。同时，还需要介绍产品的规格参数、保修服务等方面，让消费者更加了解产品的细节
讲解的语言和形式	使用通俗易懂的语言，避免使用过于专业和复杂的术语，让消费者能够快速理解和接受信息。同时，还需要采用多种形式来呈现产品信息，如图片、视频、演示文稿等，让消费者更加直观地了解产品

六、日常生活用品介绍要点

日常生活用品介绍要点

卖　点	介绍要点
实用	从生活用品的功能出发，说明其非常好用
耐用	主要通过商品的使用寿命来反映，主要从生活用品的质量、材质、制作工艺等方面说明
优惠	强调原价和优惠价能体现生活用品的高性价比
美观	一般来说，在直播间购买生活用品的消费者中，女性的占比较大。对于女性而言，生活产品美观也会影响其购买。同一类型的生活用品，更美观的生活用品对女性消费者的吸引力更大
注意：主播在介绍商品的功能时应客观、实事求是，不可夸大，更不能虚假宣传	

七、教育类商品介绍要点

教育类商品介绍要点

内　容	介绍要点
介绍产品	主播围绕教育公司、上课老师、课程明细、适用群体、是否有教材或赠品，价格等介绍
讲解品牌故事	主播介绍品牌的由来、运营理念、运作规则、售后保障
卖点和优势	主播先将这个商品的卖点和优势都介绍出来，然后从要点中选择2～3个最契合买家需求的卖点进行细化描述，也能根据直播间消费者所提出的问题进行解答
优惠	主播可以给出优惠或者福利，来提高消费者的参与度，再用限时购买、粉丝专属、额外福利等方法，进一步提高下单率
注意：教育课程商品的核心竞争力为一款虚拟类的产品，可以采用口播、敲黑板、手握资料讲解、手写稿、讲解习题或知识点等形式推广	

任务五　引导成交

工作情境描述

山核桃的直播就要开始了，晓慧从“助农直播达人”的人设定位出发，对直播讲解进行了准备，主要包含山核桃相关的专业知识、独特卖点、品牌信息等。她很清楚直播销售的最终目的是将商品成功地销售出去，因此，在直播最后的成交环节，她能灵活使用成交技巧。

思考

主播在商品直播间卖货时，把商品销售出去是整场直播的目标。主播不仅需要和观众进行互动、交流，同时还要通过活动和福利完成商品推介，从而促使他们完成最后的下单行为。在最后的成交环节，主播晓慧该学习和掌握哪些技巧才能更好地引导消费者下单购买呢?

任务分解

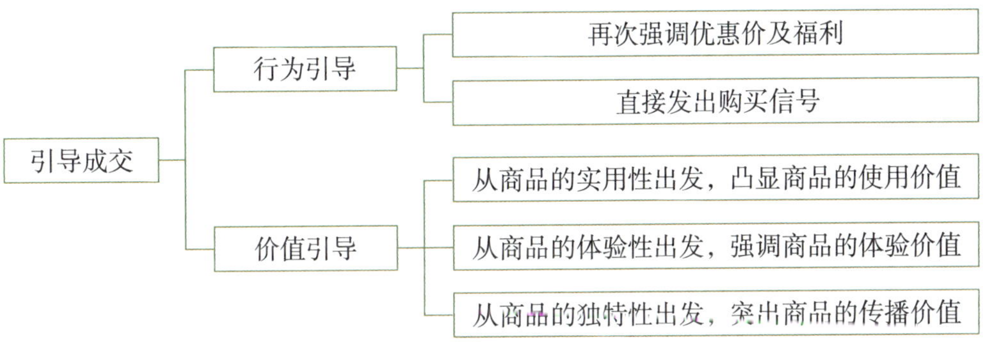

活动一　行为引导

很多消费者可能会在下单购买商品的时候犹豫不决，主播这时候要立即引导消费者购买。

如何引导消费者立即购买？某知名主播在成交环节经常会说以下内容。

“××商品的市场价是199元，现在直播间的价格是149元，直降50元，数量有限。来，我们倒计时，5，4，3，2，1！”

也许消费者还在犹豫是否要购买商品，但是，当听到“我们倒计时，5，4，3，2，1”的时候，便会不自觉地行动起来。“5，4，3，2，1倒数”这种购买信号其实就是通过语言激活消费者的时间紧迫的意识，让消费者不自觉地行动起来。所以在最后的成交时刻，主播可以通过发出购买信号的方式，激活消费者的时间紧迫的意识，引导消费者立刻购买。主播在发出“5，4，3，2，1倒数”的购买信号行为引导如图3-5-1所示。

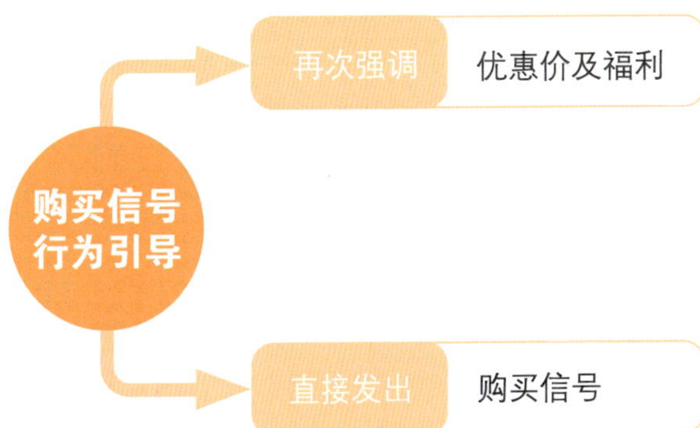

图3-5-1　购买信号行为引导

一、再次强调优惠价及福利

实际上真正能够促使消费者做出购买决策的并非“5，4，3，2，1倒数”的购买信号，而是优惠价、福利、赠品等。

例如，某主播发出“5，4，3，2，1倒数”购买信号时先强调：“××商品的市场价是199元，现在直播间的价格是149元，直降50元，数量有限。”

这句话中，“市场价是199元”“直播间的价格是149元”“直降50元”“数量有限”等信息才是关键，当主播将这些利益点再一次输送给消费者时，就能够进一步增强他们的购买欲望。当消费者的购买欲望非常强烈时，才是发出购买信号的好时机。所以，在直播销售的最后成交环节，主播还应再次强调优惠价、福利或者赠品等信息。

二、直接发出购买信号

消费者的购买欲望强烈也并不意味着消费者一定购买，消费者可能会因为一些因素犹豫不决。例如以下内容。

“价格还是超出了我的经济承受能力，不然我一定会购买。”

“这款商品在我的必须购买的商品清单里，但是价格还是有点贵。”

“如果还有其他的颜色可以选择就好了，我一定会购买。”

……

采用“5，4，3，2，1倒数”等方式发出购买信号这种行为引导方法是一些主播在直播销售中常用的销售策略。这种销售策略有效的主要原因有以下两点。

一是倒数能够营造一种紧张的氛围，带给消费者一种“再不下单就来不及”的感觉。这种感觉能够有效促进消费者购买。

二是“5，4，3，2，1倒数”这种表达方式更倾向于引导群体一致行动。对于观看直播销售的消费者而言，他们很难抵抗这种群体一致行动的感染力，内心的消费意愿会更强烈，很容易立即购买。

除了“5，4，3，2，1倒数”，类似的购买指令还有“买它！买它！买它！”“这款商品必入！必入！必入！”“不用想，直接拍！”主播可以根据自己的人设或直播间用户的特点设计一个有特色的，能够促使消费者购买的信号。

【做一做】

对于直播间的商品，用户只能看到却摸不到，在下单前难免会有顾虑。某服装主播正在介绍某款连衣裙，消费者可能会提问：“这款连衣裙会不会有色差？”如果你是主播，你会如何处理？

活动二　价值引导

很多时候，消费者其实不仅为商品的成本付费，还为商品能够为他们带来的价值感付费。所以，在最后的成交环节，主播还应懂得进行价值引导，让消费者购买商品。

商品的价值主要有3种：使用价值、体验价值和传播价值。

例如，冬天到了，张女士准备买一件羽绒服。

如果仅仅是想购买一件保暖的衣服，那么保暖就是羽绒服的使用价值，张女士在选购羽绒服时会主要考虑“保暖”的因素。如果不仅追求保暖，还希望羽绒服的款式好看，那么“款式好看”就是羽绒服的体验价值，张女士在选购羽绒服时很有可能会因为羽绒服“款式好看”而忽略价格因素。如果不仅追求保暖、款式好看，还看重品牌，希望得到身边人的称赞，“他人的称赞”就是羽绒服的传播价值。

这3种价值都会影响消费者的购买决策。只有消费者感知到能够满足他们需求的某种价值感时，他们才会下定决心购买该款商品。所以，在直播销售的成交环节，主播应明确每一件商品的价值，并将这种价值明确地传递给消费者，让消费者能够深刻感知到商品的价值感，进而购买。主播可以从商品的3种价值入手为商品营造价值感，如图3-5-2所示。

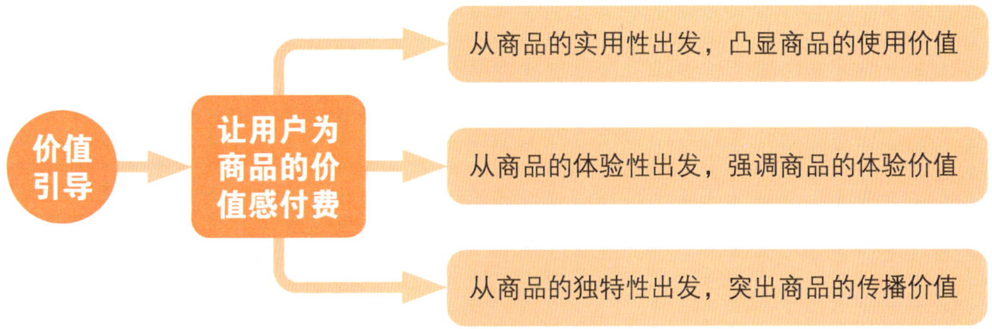

图3-5-2　价值引导

一、从商品的实用性出发，凸显商品的使用价值

商品的使用价值其实就是商品的实用性。一些主播会抱怨有些商品的价值不易凸显，例如，矿泉水。像矿泉水这种价格不高、特色不是很明显的商品其价值的确不好凸显。但是要清楚，任何商品都有其使用价值，这种价值是促进消费者购买商品的重要因素。尤其对一些价格不高、特色不明显的日常用品来说，消费者本身就是为其使用价值而付费的。

主播在直播间推介一款矿泉水并引导消费者购买时，只需要将矿泉水的实用性突出即可。例如，“平时出门的时候带水杯不是很方便，可以带一瓶矿泉水放在包里，非常方便”“这款矿泉水含有丰富的营养元素，不仅可以解渴，还有利于身体健康”。

对于像矿泉水这样本身功能就较简单的商品来说，能够让消费者感知到的也只有它的使用价值。主播只要能够将商品的使用价值传递给消费者，就能够有效促进消费者购买。所以，如果主播在直播间推荐的是一些价格较低、较日常的商品，那么可以重点描述商品的实用性，突出商品的使用价值。

二、从商品的体验性出发，强调商品的体验价值

顾客感知价值由三个要素构成，即产品价值、服务价值和体验价值。

体验，就是企业以服务为舞台，以商品为道具，围绕着消费者创造出值得回忆的活动。具体地说就是在消费全过程中设置一些体验性细节，更加人性化、生动化、体贴化，使得产品的概念得以充分地扩散，以在传播的强度和深度上影响目标人群。体验价值是指顾客从企业提供的产品或服务中所体味到的源于内心感受的价值。

体验价值是服务价值的一种升华，是一种发自内心的精神满足，并会形成深刻记忆或产生美好回味。体验价值，包括情感价值、心理价值、知识（信息价值）。

情感价值是指通过提供的产品使顾客产生愉悦等积极情感，从而使顾客觉得从产品中获得了价值的那部分价值。心理价值是指顾客消费心理感知风险低，从而使顾客感到从产品中获得的那部分价值。知识/信息价值是指由于顾客在消费产品时得到了自己想要了解的信息，或由于消费产品增长了需要的知识而使顾客感到消费该产品给其带来了价值。

情感价值、心理价值和知识（信息价值）大多归功于消费者在购买过程中获得的独特体验而感受到的价值，因此统称为体验价值。这三种价值中任一种表现比较突出，都有可能形成该产品的特色。

三、从商品的独特性出发，突出商品的传播价值

商品的传播价值是指消费者购买商品后与他人分享过程中所产生的价值。在消费者乐于分享的互联网时代，这种价值也能有效促进消费者购买。

商品的传播价值主要体现在商品的独特性上，因为越独特、新奇的商品，人们越乐于分享。主播的商品介绍中能够体现商品独特性，突出商品传播价值的方法其实有很多，如使用“限量”“新品”“稀缺”“品牌”等词。

新疆多地县级领导直播“带货”一度非常火爆，在其中一场直播中，和田地区的县长主播介绍知青红枣时说：“这是有故事的知青红枣。20世纪60年代，一批支援边疆建设的江苏知青与当地群众开荒种地，在沙漠腹地种下红枣，开启了和田红枣种植的先河，成为远近闻名的中国枣乡。这些红枣在得天独厚的自然条件下生长，加上被昆仑山的冰川雪水灌溉，知青红枣的维生素C、蛋白质、矿物质含量均高于同类产品。”除了讲故事，县长主播还打起了感情牌，“每一颗知青枣里，都饱含着爱意。快点行动起来吧，带着知青红枣去见你最爱的人！将浓浓的爱意装进知青红枣礼盒，让爱你的人和你爱的人享受一份健康幸福的生活。”直播间里的消费者纷纷为县长点赞。知青红枣，立刻成为当天的“爆款”。

“有故事的知青红枣”“得天独厚的自然条件”“均高于同类产品”“每一颗知青枣里，都饱含着爱意”，这些语言都能够有效突出商品的独特性，能够让消费者想要与他人分享，并愿意购买。但要注意的是，商品的宣传信息一定要真实，不能为了凸显商品的传播价值而杜撰商品相关信息。

实际上，任何一种商品都具有多种价值，通过凸显这些价值，让消费者深刻感知到这些价值，才能让消费者购买。所以，主播应善于发现并挖掘商品的全部价值，并将这些价值清晰地传递给消费者。

【想一想】

商品的价值主要有使用价值、体验价值和传播价值，结合你最近直播间购物的经历，想一想你所买商品的三种价值分别是什么，与同学分享。

团队实训

【任务目标】

根据项目3的内容，开展一场完整的电商带货直播，包括直播策划、直播前预热、直播开播热场、直播商品推介、引导成交。本任务需要团队合作完成，开展直播销售完成后需要将情况总结并汇报。

【组织形式】

4~6人为一个小组，由组长分工开展一场完整的电商带货直播。

【主要内容】

（1）各小组按照电商直播团队的人员配置模式进行任务划分，分别有主播、助播、场控、运营团队。

（2）主播完成直播策划、直播前预热、直播开播热场、直播商品推介、引导成交环节。

（3）助播辅助主播进行带货直播。

（4）场控控制整场直播节奏和观众评论。

（5）运营团队负责话术设计、直播策划、直播脚本、在线客服、商品上架、危机处理。全组成员在实操前要对各小组成员进行任务分工，督促各成员完成自己负责的岗位内容；组长协调处理实操过程中出现的突发情况；实操过程需要用视频形式记录下来；实操结束后需指派队员进行实操情况汇报。

项目总结

通过项目3的学习，晓慧深入了解了直播销售策划的重要性，掌握了直播策划的步骤和要点，包括目标设定、目标受众分析、活动主题和内容策划、直播平台选择、宣传预热、直播设备和技术支持、直播活动执行以及数据分析和反馈等关键环节。她还学会了如何撰写直播脚本，包括开场、产品介绍、互动、限时抢购及优惠等多个环节的流程设计。晓慧深刻认识到，一场成功的直播需要团队协作和精心策划，她将努力提升自己的策划能力，为直播销售团队贡献自己的力量。

综合评价

<table>
<tr><th rowspan="2">评价项目</th><th rowspan="2">评价内容</th><th colspan="2" rowspan="2">评价标准</th><th colspan="3">评价方式</th></tr>
<tr><th>小组自评</th><th>小组互评</th><th>教师评价</th></tr>
<tr><td colspan="2">学生姓名</td><td></td><td>综合评价等级</td><td colspan="3"></td></tr>
<tr><td colspan="2">指导教师</td><td></td><td>日期</td><td colspan="3"></td></tr>
<tr><td>职业素养</td><td>安全意识
责任意识</td><td colspan="2">A. 作风严谨、自觉遵章守纪、出色完成实操任务
B. 能够遵守规章制度、较好完成实操任务
C. 遵守规章制度、未完成实操任务
D. 不遵守规章制度、未完成实操任务</td><td></td><td></td><td></td></tr>
</table>

续表

评价项目	评价内容	评价标准	评价方式		
			小组自评	小组互评	教师评价
职业素养	学习态度	A. 积极参与教学活动、全勤 B. 缺勤率达本任务总学时的10% C. 缺勤率达本任务总学时的20% D. 缺勤率达本任务总学时的30%			
	团队合作意识	A. 与同学协作融洽、团队合作意识强 B. 与同学能沟通、分工、协调工作能力较强 C. 与同学能沟通、分工、协调工作能力一般 D. 与同学沟通困难、分工、协调工作能力较差			
专业能力	直播策划	A. 学习活动评价成绩为90~100分 B. 学习活动评价成绩为75~89分 C. 学习活动评价成绩为60~74分 D. 学习活动评价成绩为0~59分			
	直播前预热	A. 学习活动评价成绩为90~100分 B. 学习活动评价成绩为75~89分 C. 学习活动评价成绩为60~74分 D. 学习活动评价成绩为0~59分			
	直播开播热场	A. 学习活动评价成绩为90~100分 B. 学习活动评价成绩为75~89分 C. 学习活动评价成绩为60~74分 D. 学习活动评价成绩为0~59分			
	直播商品推介	A. 学习活动评价成绩为90~100分 B. 学习活动评价成绩为75~89分 C. 学习活动评价成绩为60~74分 D. 学习活动评价成绩为0~59分			
	引导成交	A. 学习活动评价成绩为90~100分 B. 学习活动评价成绩为75~89分 C. 学习活动评价成绩为60~74分 D. 学习活动评价成绩为0~59分			
专业能力	实训任务测评	A. 按时完成实训操作与任务测评，实操总结汇报表述清晰、流畅 B. 按时完成实训操作与任务测评，实操总结汇报表述基本清晰、流畅 C. 未能按时完成实训操作与任务测评，实操总结汇报表述错误较多 D. 未完成实训操作与任务评测题，无实操总结汇报			
创新能力		学习过程中提出具有创新性、可行性建议	加分奖励：		

课后练习

一、单选题

1. 直播活动的脚本方案，俗称“直播脚本”，可以理解为直播内容的（　　）。

A. 策划方案　B. 具体目标　C. 推广方案　D. 活动预算

2. 一般来说，主播要在正式直播（　　）前进行预热，才能保证预热效果。

A. 24小时　B. 48小时　C. 3～5天　D. 1～3天

3. 在设计商品介绍话术时，应用了FABE法则，其中“商品能带给消费者的利益，主播需以消费者利益为中心，激发消费者的购买欲望，应当用形象、场景化的语言来帮助消费者”指的是（　　）。

A. 属性　B. 作用　C. 益处　D. 证据

4. 如果李先生购买一部手机，不仅追求机型、款式好看，还看重品牌，希望得到身边人的称赞，“他人的称赞”就是手机的（　　）。

A. 体验价值　B. 传播价值　C. 使用价值　D. 实际价值

5. 把控直播节奏，直播脚本是关键。新手主播更适合（　　）。

A. 内容详细，互动环节清晰的直播脚本

B. 提供粗略的各时段互动主题的直播脚本

C. 含有详细的商品介绍信息的直播话术脚本

D. 重视商品品牌文化传播的直播脚本

二、多选题

1. 具有吸引力的直播标题不仅能吸引消费者观看直播，还能使本场直播获得平台的推荐。设计直播标题常用的方法主要有（　　）。

A. 设置悬念　B. 借助热点　C. 借助名人效应

D. 利益驱动　E. 制造紧迫感

2. 打造高人气直播间的方法有（　　）。

A. 音乐热场　B. 聊天互动　C. 分享主题

D. 预告福利　E. 积攒人气

3. 直播间选择音乐的策略有（　　）。

A. 热门歌曲　B. 视情况选择音乐

C. 伴奏为主，原唱为辅　D. 播放消费者点播的歌曲

4. 商品属性提炼法即根据商品属性来提炼卖点，其中，商品属性主要包括（　　）。

A. 心理属性　B. 价值属性　C. 形式属性

D. 期望属性　E. 延伸属性

5. 在设计商品介绍话术时，可以参考FABE法则，FABE法则是指（　　）。

A. 属性　B. 作用　C. 益处　D. 证据

三、判断题

1. 直播团队需要将直播的营销目标按照SMART原则准确地提炼出来，这样才能达到最

佳的直播效果。某场直播活动因上一次直播有3万人观看，这次将目标设定为“100万人观看”就是不可实现的，体现了直播目标的可衡量原则。（　　）

2. 在直播预热中选择合适的预热场景和渠道，免费的预热场景和渠道没有商业的预热场景和渠道效果更好。（　　）

3. “良好的开始”能够为直播间吸引并留住更多的消费者，为后续的直播销售做好流量铺垫。所以，主播一定要重视开场环节。（　　）

4. 主播开场自我介绍的方式并不是固定的，因此主播可以随意设计，不用在意。（　　）

5. 优惠促单环节中，主播要重点展现价格优势并体现促销力度。（　　）

四、案例分析题

从首播到2022年5月31日前，东方甄选的电商交易总额为2 460万元。而根据蝉妈妈数据，截至2023年3月18日，东方甄选矩阵号日均销售额为1 555万元。大概一天半的销售额，就相当于直播间爆火前的全部销售额了。2022年6月9日，他们的一个直播视频被炒火。6月10日，东方甄选正式出圈。这一天，有760万人涌入直播间，无论是消费者人数、交易量都迅速暴涨。从0～100万关注人数，东方甄选用了6个月的时间。

电商直播“新农人”培育计划组织者之一，“一十百千”数字乡村振兴赋能计划组织者之一袁帅表示，谷贱伤民，乡村振兴时期三农产品电商与直播亟需走出“低价营销”怪圈，东方甄选的出现和模式不仅仅是新东方转型的体现，更加是直播电商江湖发展大潮流下所催生的必然转型。

阅读案例思考以下内容。

1. 东方甄选直言：东方甄选的主播并不依赖提词器，没有人写剧本、文案，而是主播结合产品点，充分发挥个人特色。这是否意味着在直播销售中不需要撰写脚本了？

2. 东方甄选的模式为什么是打破“低价营销”怪圈的有效方式？结合直播销售，谈谈你对新时代深入实施人才强国战略的认识和理解。

五、实训题

近年来，在推动能源清洁低碳高效利用，推进工业、建筑、交通等领域清洁低碳转型的相关政策以及市场需求下，新能源汽车发展态势良好。某公司拟策划并开展一场新能源汽车直播销售活动，请你帮该企业制订一份直播策划方案。

项目4　主流直播平台销售

项目概述

晓慧通过前面三个项目的学习，对直播销售有了一定的了解。在学校的组织下，晓慧作为电商专业优秀学生代表，接受校企合作A电商企业的邀请，开展为期两周的直播电商实践活动。晓慧所在的直播团队通过参观学习后，发现主播们选择的直播平台各不相同，通过了解，他们一致认为开始布局直播前必须要选择合适的直播平台，他们发现自从直播火爆之后，很多直播平台纷纷涌现，新手主播应该如何选择直播平台？各直播平台都有哪些特色？通过不同平台直播销售需遵循哪些平台规则？带着这些疑问，晓慧开启新项目的学习。

知识目标

1．了解常见的直播销售平台。

2．了解不同直播销售平台的基本特点。

3．熟悉不同直播销售平台的规则。

技能目标

1．学会对比分析不同的直播销售平台，知道这些平台的区别，并根据实际情况选择合适的直播平台。

2．能够根据企业需求，选择合适的直播销售平台，筹备电商直播。

素养目标

1．通过实训任务，培养分析解决问题的思维及创新意识。

2．增强直播团队的合作意识，培养从事直播销售工作的专业素养和职业精神。

任务一　淘宝直播销售

工作情境描述

为了保证直播带货能够正常进行，通过直播销售挖掘客户需求显得尤为重要，在策划一场直播活动时，首先需要选择合适的直播销售平台。为促进品牌童装的销售，A公司决定尝试通过淘宝直播销售平台开展直播销售活动，晓慧利用直播销售实践岗位学到的知识和技能，和同学一起了解淘宝直播销售平台的相关知识，为接下来的直播做准备。

思考

淘宝直播是近年来备受追捧的直播平台之一，淘宝直播和其他直播平台的区别有哪些？淘宝主播在直播前需要做好哪些准备？淘宝主播在直播时需要注意哪些问题？

任务分解

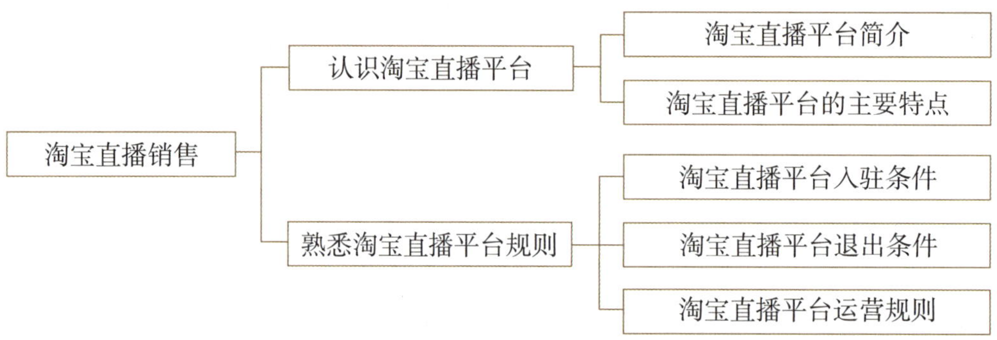

活动一　认识淘宝直播平台

淘宝直播是阿里巴巴集团控股有限公司推出的消费生活类直播平台，也是新零售时代体量巨大、销售量与日俱增的新型购物场景，更是千万商家店铺运营、互动、营销的利器。随着商家、主播、消费者全方位拥抱淘宝直播，直播电商发展逐渐成熟，淘宝直播推动电商经济的持续增长。

一、淘宝直播平台简介

定位于“消费类直播”的淘宝直播平台，消费者可边看边买，涵盖的范畴包括母婴、美妆等。淘宝直播平台自2016年3月试运营，初期只是手机淘宝的板块之一，依托淘宝平台强大的供应链资源，淘宝直播获得了飞速发展，淘宝直播的核心用户数量持续增长，核心用户在淘宝直播的每日停留时长近1小时，女性观众占了绝对的主导，女性比例约为80%，而每晚8点至晚10点不仅仅是收看直播最踊跃的时段，同时也是消费者们最愿意下单的时间，直播销售的商品涵盖的范畴包括母婴、美妆、潮搭、美食、运动健身等。

2019年春节期间，淘宝直播独立App正式上线，2021年1月升级后更名为点淘。近几年，拥有着诸多头部和腰部主播，以及优质供应链的淘宝直播正在迎来带货量的井喷式发展。

二、淘宝直播平台的主要特点

相比于其他直播平台，淘宝直播平台呈现以下特点。

表4-1-1　淘宝直播生态特征

项　目	说　明
平台属性	电子商务平台，具有完善的供应链和运营体系
消费者属性	基于淘宝生态圈，消费者的购物属性强
流量来源	平台公域流量来源：手机淘宝 App 首页、独立的淘宝直播 App； 私域流量来源：店铺微淘主页、店铺首页等； 站外流量来源：微博、微信公众号等
主要供应链	淘宝、天猫
带货商品属性	强体验性商品、消耗品受益较大； 在用户侧，观看服饰类商品直播的用户占比最多，观看珠宝类商品直播、亲子类商品直播、美食类商品直播、美妆类商品直播的用户数紧随其后； 在主播侧，服饰穿搭和珠宝的直播场次位居前列，大牌馆、全球购等综合性直播场次较少，但场均观看人数较多
带货KOL属性	头部主播高度集中
带货模式	商家自播和达人导购

（一）产品多，覆盖范围广

淘宝网是亚洲第一大综合网络购物平台，涵盖品类范围广、商家及品牌众多的在线购物平台。消费者在淘宝平台几乎可以搜到任何商品，不管是实体类商品还是服务类商品，低价生活用品还是品牌奢侈品。不论消费者想买哪类商品，总能在淘宝平台上找到。

淘宝直播特点

与其他的直播平台相比，淘宝平台起步时间较早，消费者积累多，入驻商家和品牌众多，商品供给侧相对多元和完整。淘宝网是深受中国消费者欢迎的网购零售平台，拥有近5亿的注册用户数，淘宝直播依靠着这些先发优势，在直播市场中占据着有利地位。

用户在抖音、快手或者微博等平台看直播，大多进入的是由系统推荐或者用户关注的直播间，随机性较强，且品类较为单一，消费者不一定能遇到自己喜欢的商品。消费者在淘宝看直播，多带着一定的购物需求和明确的购物倾向，是主动进入直播间的。而且淘宝直播商品种类丰富，用户很容易找到合适的商品，成交率往往较高。

（二）互动功能丰富

淘宝卖家在淘宝直播进程中，能够和买家进行互动，拉近和买家之间的距离，现在淘宝直播里有多种玩法，具体如表4-1-2所示。

表4-1-2　淘宝直播平台玩法概览

玩法类型	名称	玩法简介
工具式玩法	红包雨	手淘App、点淘App都能领取、使用促进涨粉、提升时长的拼手速红包
	福利抽奖	通过用户拉新助力的方式产生裂变促进涨粉、提升用户停留时长和增加流量
	限时抢购	实现商品基于直播内限量限价的限时抢购通道，促进转粉、提升时长，并完成高效的商品及进店转化
内容式玩法	内容化场景	针对直播间用户需求，利用不同类型的内容化场景丰富直播玩法，并在直播间做好互动交流及货品承接，提高内容趣味性，从而沉淀高价值用户进直播间，促进停留、关注并转化
	品牌联动	结合用户痛点，选择当下应季且高热度品牌，联动品牌本身资源，带动更多流量，用品牌最优机制货盘承接，辅助互动工具，提高老粉黏性，沉淀更多品牌新粉，促进涨粉和增加流量
	造节造势	通过在直播间造节，打造浓厚的营销大促氛围，拉动更多流量进来，并且用超低价格，辅助互动工具，促进用户关注并转化

（三）支持回放，商品与直播高度关联

点淘支持一年以内的直播回放，这个功能可以让用户在直播结束后，随时回看之前的直播内容。这对于那些错过直播时间或者想再次观看的用户来说非常方便。消费者可以进入店铺或者主播的主页观看往日直播，购买直播中的部分商品。

在回放期间，用户可以随时暂停、快进、后退等操作，自由掌控回放进度和观看体验。

淘宝直播的回放功能不仅方便用户观看直播内容，也为商家提供了更多的曝光机会。因为回放期间，商家的商品和品牌信息仍然可以被用户看到，这为商家提供了更多的销售机会。

用户还可以在手机淘宝中由具体的商品详情页进入直播界面，回看商品视频介绍，商品和直播高度关联，使得用户对于商品功能的了解大大增加，对商品的体验感大大加强，也节省了消费者的决策时间，提高了用户的购物效率。

（四）支持新浪微博同步

淘宝直播需要通过推广让更多的人知晓直播，从而提升直播间流量。除了站内超级直播推广，还可以将淘宝直播和新浪微博同步。

由于淘宝与新浪微博的合作关系，主播可以通过新浪微博发布淘宝直播预告，还可以将淘宝直播链接同步发布在微博上。用户可以直接由微博进入对应的直播界面，增加淘宝直播间的渠道流量。

运营淘宝店铺的商家和主播可以建立新浪微博账号，注重微博的运营和消费者的积累，为淘宝直播间引流。

淘宝直播和新浪微博可以通过淘宝直播后台进行同步，具体步骤如下。

1. 在淘宝直播后台的“设置”中，选择“社交账号设置”，在微博一栏中点击“绑定微博账号”。

2. 输入要绑定的微博账号和密码，点击“绑定”，完成绑定操作。

3. 在进行直播时，直播页面右上角会出现“分享到微博”按钮，点击该按钮选择要分享的新浪微博账号和内容，即可将直播内容同步到新浪微博上。

拓展阅读

淘宝直播销售技巧

1. 直播前，做好充分准备

（1）直播脚本准备：主播为了在直播过程中更好地引导消费者和宣传介绍商品，需要提前准备一份直播脚本。这样可以引导直播有序进行，帮助主播在直播过程中有条不紊地进行直播。同时，直播脚本还能帮助主播在直播过程中进行提示，比如，提醒观众关注直播的顺序、时间安排等。此外，直播脚本还能帮助主播梳理直播流程，让主播清楚地知道直播的主要内容，避免直播过程中的突然尴尬和遗漏重要信息的情况，提高表达的准确性。

（2）商品及道具的准备：淘宝直播的核心是商品的展示及销售，直播前需要准备好待展示的商品，并摆放在一个易于拿取和展示的位置。同时，为了提升直播的趣味性，可以根据直播需要提前准备直播道具。

（3）直播设备测试：开展淘宝直播活动前，主播需要提前测试直播设备，包括摄像头、麦克风、网络连接等设备的检查和测试，以保证直播信号的清晰稳定。同时主播需要提前登录淘宝直播平台，并设置好直播相关的选项和信息。这包括直播标题、标签、封面图片等内容的填写和上传，以吸引用户。

2. 直播中，引导观众关注并购买

（1）引导观众关注

直播全过程中主播都需要引导进入直播间的用户关注直播间，通过主播有影响力的营销话术吸引用户，让他们成为你的粉丝。

（2）通过优惠活动来吸引观众

淘宝直播过程中，为了吸引消费者并激发他们的购买欲望，可以通过折扣、优惠券、福袋、抽奖等福利来引导消费者购买。但是主播在直播的过程中，切忌玩套路，套路玩得过多容易让买家对于我们的淘宝店铺和主播产生反感，直播过程中要以真诚的态度来进行直播销售。

3. 直播后，做好活动复盘

（1）整理直播素材：如视频录像、直播截图、互动留言等，并保存备份，以备后续使用。

（2）统计直播数据：分析直播数据，如观看人数、观看时长、直播销量、直播销售额等数据，了解直播效果和观众反馈，做好数据记录和分析。

（3）收集反馈意见：收集直播用户的反馈和意见，包括评论、问卷调查等，了解观众需求和期望，进行反思和改进。

（4）总结经验教训并规划下一步工作：总结直播经验教训，记录成功经验和不足之处，进行反思和改进，为后续直播提供参考和借鉴。根据直播效果和用户反馈，规划下一步的工作和方向，制订更具针对性和有效性的直播计划，提升直播品质和效果。

活动二　熟悉淘宝直播平台规则

淘宝平台越来越重视淘宝直播，这也促使很多卖家把更多的时间和精力花在淘宝直播上，而做好淘宝直播的前提就是要了解该平台的管理规则，进行合规的直播。

【想一想】

入驻淘宝直播平台需要满足什么条件？淘宝直播平台主播通过该平台直播需要遵守哪些规则？

一、淘宝直播平台入驻条件

（一）淘宝网用户须同时满足以下条件，方可申请达人主播

1. 申请人必须年满18岁。

2. 已入驻阿里创作平台成为达人，且账户状态正常。

3. 具备一定的主播素质和能力。

（二）淘宝网商家须同时满足以下条件，方可申请商家主播

1. 店铺信用等级须为1钻及以上。

2. 主营类目在线商品数≥5个，且近30天店铺销量≥3笔，且近90天店铺成交金额≥1 000元。

3. 须符合淘宝网相关活动规则。

4. 本自然年度内不存在出售假冒商品违规的行为。

5. 本自然年度内未因发布违禁信息或假冒材质成分的严重违规行为，扣分满6分及以上。

6. 粉丝数量必须要达到4万以上，具备一定的客户运营能力和主播素质。

（三）天猫商家须同时满足以下条件，方可申请商家主播

1. 商家须符合天猫营销活动相关规则。

2. 商家具有一定的微淘粉丝量、客户运营能力和主播素质。

（四）对商家准入有特殊要求的，依据淘宝制定的要求执行

二、淘宝直播平台退出条件

（一）主动退出

主播符合以下条件即可申请退出。

1. 通过直播引导的交易订单完成维权投诉处理等消费者交易保障义务。

2. 完成在热浪引擎平台的交易和维权投诉处理等交易保障义务。

3. 未因平台经营行为处于诉讼阶段或被监管协查。

4. 未因违规处于被平台处罚期或有未缴齐的罚款。

（二）被清退

主播属于以下情形的将被清退。

1. 不符合主播角色准入要求。

2. 违反《淘宝直播平台管理规则》导致被清退的情形。

3. 主播、直播中出镜的直播营销人员或账号实际控制人/企业违反法律规定或出现重大问题影响恶劣等。

4. 主播账号对应的其他阿里平台身份（包括但不限于：淘宝商家、天猫商家、飞猪商家、淘宝直播店商家、买家身份等）因违反法律规定、违反对应平台规则或出现重大问题影响恶劣等被阿里平台处罚等。

三、淘宝直播平台运营规则

（一）信息发布要求与行为规范

1. 主播

主播设置账号的昵称、头像、简介、封面图、直播间标题等信息时应遵守国家法律法规和相关发布要求，不得包含涉嫌侵犯他人权利、有违公序良俗或干扰平台运营秩序等相关信息。此外，主播还须遵守《淘宝平台规则总则》对信息发布及行为的相关要求。

2. 发布交互信息的会员

（1）会员完成实名认证后，才能在直播间、宝宝圈、许愿池、问答广场等通过评论等功能发布文字、图片、表情等信息。

（2）会员发布评论时应当遵守法律法规，遵循公序良俗，弘扬社会主义核心价值观，不得发布国家规定禁止的信息内容。

（3）会员发布评论时应遵守《淘宝平台交互风险信息管理规则》，不得侵害他人合法权益或公共利益，谋取非法利益，恶意跟帖干扰评论秩序。

（二）直播间展示商品的要求

1. 基础要求

（1）遵守《淘宝直播平台限制推广商品的实施细则》。

（2）商品状态正常，且符合发布要求。

（3）不可为平台认定不适合使用直播形式推广、影响消费者体验的商品。

（4）经淘宝平台排查认定，其商品未曾被阿里平台处罚（如出售假冒商品、发布违禁信息、骗取他人财物）或发生过严重危及交易安全、发布交互风险信息的情形。

2. 代播要求

（1）不可为质量不合格、描述与品质不符或品质存在问题的商品。

（2）不可为危及交易安全等被平台处罚的商品。

（3）不可为因假货、知识产权侵权等被平台处罚情节严重的商品或累计扣分情节严重的商品。

淘宝直播还将结合卖家及商品的多维度经营情况（如诚信经营情况、合规情况、品质分、商品是否存在虚假宣传、消费者逆向指标、商品竞争力）进行综合评估判断该商品是否适合代播。

拓展阅读

淘宝直播市场管理情形

一、认证与报备管理

（一）主播账号主体与直播营销人员（即在直播间直接向社会公众开展营销的人员，包含但不限于轮班主播、助播、嘉宾等）不提供认证信息，或者提供的认证信息不完整、失效、可能不准确，或者特殊人群、场次未按要求提前认证等。

（二）发布需要较高专业水平（如医疗卫生、财经金融、法律、教育、新闻等）直播内容的主播账号主体，未向平台提供对应直播营销人员的执业资质认证信息，或者提供的执业资质信息不完整、失效或可能不准确等。

拓展阅读

二、发布要求管理

（一）主播发布的封面图、标题等信息不符合《淘宝直播封面标题内容发布规范》的相关要求的。

（二）主播与其他淘宝会员进行连麦过程中，因其他会员发布信息存在违反法律法规或违反《淘宝平台交互风险信息管理规则》的情形。

（三）主播发布的直播内容涉嫌存在发布低质量直播内容的情形，为进一步确认是否真实存在发布低质量直播内容情形而需要进行验证的情形。

三、诉讼应对管理

因主播行为引发其他会员或第三方诉讼至司法机关的，若主播提供的联系方式无效，或怠于处置、消极应对、继续违规的，对平台造成或可能造成实际损失的行为。

四、舆情曝光或行政部门要求管理

经新闻媒体曝光、行政管理部门通报批评的内容或主播。

五、发布违反公序良俗、规则总则或协议的信息

主播发布有违公序良俗或《淘宝平台规则总则》《淘宝平台服务协议》《淘宝直播平台服务协议》等的信息。

随着科技和社会的发展，可能会出现某些新的、国家不允许的、危害平台或消费者利益的或网民普遍不认可的信息，可能在本规范中没有涵盖但却又非常紧急、重要或需要管控的行为和信息。

任务二　快手直播销售

工作情境描述

通过前面内容的学习，晓慧了解到淘宝直播平台基于淘宝生态圈，消费者的购物属性强。为促进某款无线蓝牙耳机的销售，A公司决定尝试通过快手直播平台开展直播销售活动，直播团队需要合作共同完成，晓慧为了更好地参与到工作中，她需要学习和了解快手直播平台及其运营规则，为直播活动的顺利开展做好准备。

思考

快手直播是近年来备受追捧的直播平台之一，快手直播平台的目标群体特点有哪些？如果想在快手直播平台上开展直播销售活动，需要做哪些准备？注意哪些问题？

任务分解

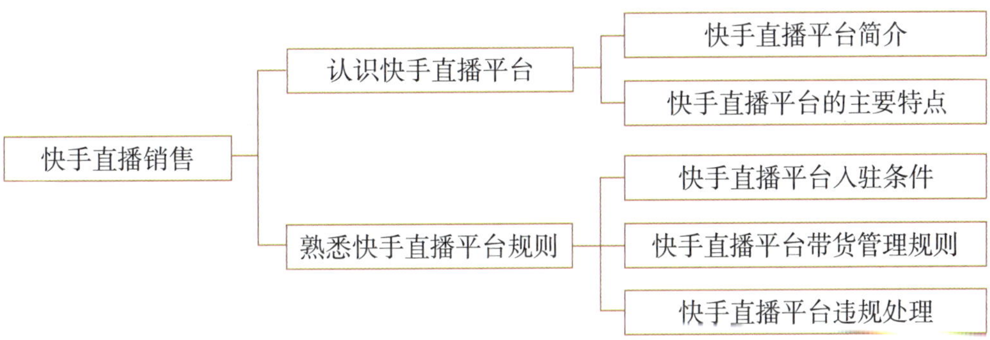

活动一　认识快手直播平台

快手是由北京快手科技有限公司开发的一款短视频社交平台，可用于直播和记录生活。

一、快手直播平台简介

快手直播平台是一个充满活力和创新精神的直播平台，它为用户提供的直播内容包括游戏、音乐、美食、旅游等多个领域。快手直播平台的特色之一是实时互动功能，观众可以通过弹幕、点赞、送礼等形式与主播实时互动，创造出一种强烈的参与感。这种紧密的联系让其成为信息传递、娱乐和社交的绝佳平台，为主播提供了与观众建立深度互动的机会。随着主播在平台上积累了一定的粉丝，品牌合作和广告投放也成了主播的营收。快手直播为主播们创造经济价值，为观众带来娱乐和帮助，对主播来说，这是很好的直播销售电商平台。

二、快手直播平台的主要特点

【想一想】

你和你的朋友喜欢在快手直播间购买商品吗？购买什么品类的商品比较多？

相比于其他直播平台，快手直播平台呈现以下特点，见表4-2-1。

表4-2-1　快手直播生态特征

项　目	说　明
平台属性	短视频平台
平台特性	基于高用户黏性，消费者忠诚度高，商品转化率和复购率高； 扶持产业带直播，达人品牌崛起，主播自有供应链，商品更具价格优势
流量来源	互联网上拥有独立于第三方平台的用户资源和数据
主要供应链	自有电商平台：快手小店； 第三方电商平台：淘宝网、拼多多、京东商城、有赞等
带货商品属性	食品、日常生活用品、服装、鞋帽、美妆等商品为主； 商品性价比较高，非品牌商品居多
带货KOL属性	头部主播相对分散
带货模式	达人直播、“打榜”、连线等

（一）丰富的创意营销方式

快手直播提供了丰富的创意营销方式，可以让品牌以各种形式和方式进行营销推广。品牌可以通过直播的形式展示产品特点和使用方法，提高用户对产品的了解和兴趣；可以通过直播活动与用户进行互动，增加用户的参与度和情感共鸣；还可以通过送礼物、抽奖等方式吸引用户参与并增加品牌曝光度。通过多样化的创意营销方式，可以提高品牌在快手平台上的知名度和影响力。

（二）用户年龄层的广泛性

快手是中国领先的短视频平台，快手直播平台吸引了大量的年轻用户，包括青少年和大学生，他们通过这个平台来寻求娱乐和学习新知识。年轻用户是相对活跃和愿意接受新鲜事物的群体，通过快手直播可以有效触及这部分用户，并提高品牌曝光率。快手直播平台不仅集中了很多年轻用户，而且成功吸引了中年和老年用户，这些用户通常利用直播分享兴趣爱好和生活经验，增加了平台的多样性。

快手作为一个拥有庞大用户数量的直播和短视频平台，其用户的多样性为商家提供了广阔的市场机会。青年群体，尤其是大学生和年轻职场人士，通常拥有较强的消费意愿和一定的经济能力。他们追求时尚与潮流，愿意尝试新产品，这一点在快手直播的互动购物功能中尤为明显。通过直播间的商品展示和主播推荐，这一群体能够迅速作出购买决定。中老年用户通常对某些特定类型的商品有较高的需求，如保健品、家用设备等。快手直播能够帮助商家直观地介绍产品的功能和优点，更好地吸引这一消费群体的关注。

快手直播平台上用户年龄层的广泛性显著促进了销售的提升。不仅如此，它还扩大了品牌的影响力和市场份额，为不同年龄层的用户创造了价值，实现了商业的多元化和持续化发展。

（三）内容的多样性与创新性

在当前互联网经济高速发展的背景下，用户的消费行为和偏好也在不断变化，因此，快手直播平台上的内容多样化和持续创新成为吸引和维持用户的关键因素，从而直接推动了销售的增长。

快手直播内容的多样性确保了不同年龄、性别和兴趣的用户都能在平台上找到符合其兴趣的内容。通过提供丰富多样的内容，快手直播能够满足用户的不同需求，增强用户的满意度和忠诚度。当用户发现他们感兴趣的多种内容可以在同一个平台上得到满足时，他们更可能频繁使用这个平台，这增强了用户的黏性，提高了日活跃用户数。快手直播常进行销售活动，如节日促销、限时折扣。通过创新的直播形式进行产品展示和推广，能更有效地吸引用户参与并提高转化率。快手直播内容的多样性和创新性能有效提升销售的效率。

（四）用户体验的持续优化

快手直播始终注重简化和优化用户界面，使用户能够快速找到感兴趣的直播内容。简化的导航结构和清晰的分类标签能够帮助用户轻松浏览，减少寻找内容的时间，提升用户体验。技术优化确保了直播时画面更加稳定和流畅，减少了卡顿和延迟的问题。良好的直播体验可以增加用户的观看时长，从而增加他们进行交易的可能性。快手直播增设了多样的互动功能，如礼物赠送、评论互动、点赞等，这些功能使得观众与主播之间的互动更加频繁和深入。互动性的提高增加了用户的参与感，使用户更加愿意支持自己喜爱的主播，从而推动产品销售。快手直播通过高级算法分析用户的观看历史和行为习惯，向用户推荐他们可能感兴趣的直播内容。个性化的推荐使得用户更容易发现符合其兴趣和需求的产品，有效提升了购买率。

快手直播平台通过持续优化用户体验，增强了用户的满意度和黏性，提升了销售。

拓展阅读

快手新人主播直播技巧

快手作为一款备受欢迎的短视频平台，为广大用户提供了展示自己才华的舞台。对于新人来说，开启自己的第一次直播可能充满了期待和挑战，以下介绍几种直播技巧。

1. 选择适合的直播主题

在开直播前，首先要明确直播的主题。可以根据自己的兴趣、特长，以及受众的需求来确定一个具有吸引力的主题，这将有助于吸引更多观众的注意。

2. 认真策划直播内容

在开始直播之前，认真策划直播内容，制定大致的内容框架。确保直播内容有逻辑性和条理性，这将使直播更具吸引力，观众也更容易理解。

3. 熟悉直播工具和功能

在开直播前，熟悉快手直播工具和功能是必不可少的。了解如何添加特效、切换镜头、设置滤镜等操作，有助于直播过程中增加趣味性和互动性。

4. 提前测试设备和网络

在正式直播前，务必提前测试设备和网络情况。确保摄像头、麦克风等设备正常工作，网络连接稳定，以避免在直播过程中出现技术问题。

5. 保持互动和沟通

直播是与观众互动的良好机会。在直播过程中，积极与观众互动，回答他们的问题，听取他们的建议，增加互动将使观众更有参与感，也更愿意留在直播间。

拓展阅读

6. 注意直播时间和频率

选择适合的直播时间，考虑观众的在线时间。另外，保持一定的直播频率也是重要的，这有助于吸引消费者的持续关注。

7. 关注直播画质和声音

直播的画质和声音是吸引观众的重要因素。确保摄像头清晰，声音清楚，这将提升直播质量，也增加观众的观看体验。

8. 提供有价值的内容

无论选择的直播主题是娱乐、知识分享还是其他，都要确保提供有价值的内容，让观众在您的直播中获得知识、娱乐或有意义的体验。

9. 宣传和分享

在开直播前，可以利用其他社交媒体平台宣传直播内容，吸引更多的观众。此外，直播过程中也可以鼓励观众分享直播，扩大影响力。

10. 持续改进和学习

开直播是一个不断学习和成长的过程。在每次直播后，回顾自己的表现，听取观众的反馈，不断改进和调整，以期取得更好的效果。

活动二　熟悉快手直播平台规则

随着互联网的快速发展，电商行业也变得越来越火爆。为了保证快手直播平台的良好运营，新人在直播时需要了解平台规则，共同维护快手直播平台的社区环境。

【想一想】

新人入驻快手直播平台的条件有哪些？通过快手直播平台直播需要遵循哪些规则？

一、快手直播平台入驻条件

想要在快手直播平台上成为主播或商家，具体准入要求见表4-2-2快手直播平台准入要求。

表4-2-2　快手直播平台准入要求

角　色	准入要求
主播	对于主播，需要满足以下条件才能在快手直播平台进行直播 1. 必须绑定手机号，以此确认主播的身份和联系方式 2. 必须在快手平台上观看过一定时长的视频，确保主播对快手的平台环境和内容有一定了解 3. 在直播前需要发布至少一个公开作品，帮助观众更好地了解主播的风格和内容 4. 要求主播拥有的粉丝数大于6个，粉丝是主播的第一批观众，他们的支持对主播至关重要 5. 主播必须年满18岁，快手始终重视未成年人的健康成长，并对未成年人开通直播权限进行了严格管控 6. 必须完成实名认证，这是当前直播平台的通用要求，以确保直播环境的健康和安全 7. 账号状态需要良好，这是为了避免出现小号或被盗号等情况 8. 注册时间需要大于7天，确保用户不是短时间内大量开设小号

角　色	准入要求
商家	对于商家，需要满足以下条件才能在快手电商平台上经营 1. 商家必须是中国大陆地区的企业（不含个体工商户） 2. 实际经营范围及经营时间应与营业执照保持一致，同一法人或同一公司主体不得在平台重复注册服务商账号 3. 商家需要提供有效的营业执照、税务登记证、组织机构代码证等相关证件信息，并保证其真实有效 4. 商家需要遵守《快手电商服务商入驻及退出规则》中的各项规定，包括但不限于商品质量、售后服务、价格等方面

二、快手直播平台带货管理规则

为规范快手直播平台商业行为，维护快手直播平台的正常运营，通过快手平台直播时需遵循以下规则。

（一）商品管理规则

第一，商家必须真实、准确、详尽地描述商品的名称、规格、品牌、产地、材质、功能、质量、价格、售后服务等信息。

第二，商品图片必须清晰、真实、准确反映商品的外观、颜色、材质等特征，不得使用虚假、模糊、不实的图片。

第三，商品价格必须合理、明码标价，不得使用虚假、夸大、误导的价格。

第四，商品销售过程中不得存在虚假宣传、夸大宣传、欺骗消费者等行为，不得使用虚假的销售数据。

（二）交易管理规则

第一，遵守法律法规和行业规范的要求，不得存在欺诈、虚假交易、恶意评价等行为。

第二，保证商品的品质和售后服务，不得存在问题商品或不良售后服务等问题。

第三，保护消费者的合法权益，不得存在消费者隐私泄露、强制消费等行为。

（三）违规处理

第一，对于违反快手小店运营规则的商家，快手平台将采取警告、下架、封号等措施进行处罚。

第二，对于违反法律法规和行业规范的商家，快手平台将依法进行处理，包括但不限于罚款等。

总之，快手小店作为快手平台上的电商平台，必须遵守法律法规和行业规范的要求，保证商品的品质和售后服务，保护消费者的合法权益。只有这样，才能确保快手小店的良好运营，为消费者提供优质的购物体验。

三、快手直播平台违规处理

为规范化平台统一判罚标准，建设公平、透明、健康的经营环境，违规行为定级如下。

（一）三级违规

第一，诱导宣传：采用超出必要营销方式，误导、诱导用户购买或观看的。

第二，发布内容包含低俗信息，如辱骂他人等。

第三，宣扬封建迷信，违背科学精神的内容，包括不限于跳大神、算命、测八字等。

第四，宣扬不良、消极颓废的人生观、世界观和价值观的内容，包括但不限于奢靡主义、颓废主义等。

第五，宣扬不健康和非主流的婚恋观等内容，如婚外情等。

（二）二级违规

第一，虚假宣传：无中生有，宣传内容和实际提供服务不匹配、不对等。

第二，过度承诺：在宣传中过度承诺服务效果，实际执行中无法提供的。

第三，平台禁止行为：烟盒上门回收、钱币上门回收、古玩价格表、提供游戏币（非法渠道）、介绍男（女）朋友等平台不准入行为。

第四，私单导流：宣传推广中，诱导用户私下交易等行为。

第五，渲染暴力血腥、展示丑恶行为和惊悚情景的内容，如血腥画面、打架斗殴等。

第六，不利于未成年人健康成长的内容，包括不限于诱导未成年抽烟喝酒等。

第七，侵犯个人隐私，恶意曝光他人身体与疾病、私人住宅、婚姻关系、私人空间、私人活动的。

第八，展示个人持有或具有杀伤力的危险管制物品或推广宣传管制器具的。

第九，其他不良行为或内容，造成严重不良影响或后果的。

（三）一级违规

第一，诈骗行为；黑灰产业行为；团伙不正当攫取利益行为。

第二，危害中国特色社会主义制度的内容，包括但不限于攻击、否定、损害、违背中国特色社会主义的指导思想和行动指南。

第三，损害国家形象的内容，包括但不限于贬损、玷污、恶搞中国国家和民族的形象、精神和气质的。

第四，损害革命领袖、英雄烈士形象的内容，包括但不限于抹黑、歪曲、丑化、亵渎、否定革命领袖、英雄烈士事迹和精神的。

第五，其他反动言论、严重有害信息或行为后果极其恶劣的情况。

表4-2-3　违规行为处罚标准

违规等级	小程序挂载权限
三级违规	挂载权限封禁3天
二级违规	挂载权限封禁7天
一级违规	永久封禁挂载权限

拓展阅读

小程序挂载权限指的是小程序可以使用的功能或接口的权限，不同的平台权限也不同。快手直播平台小程序挂载权限的主要功能是当用户完成课程上架之后，即可在快手课堂小程序中看到自己的付费课程、专栏。这时，在发布短视频页面、开始直播的时候，就可以进入挂载课程的入口。

小程序挂载权限使用场景分别为：快手短视频挂载、快手直播挂载。短视频挂载适合在快手发布短视频的内容创作者，挂载成功后，即可在短视频页面左下角看到快手挂载小绿钻，点击即可进入课程产品信息的主体页面。直播挂载适合在快手发布直播的达人，挂载成功后，即可在短视频页面左下角看到小雪花，点击即可进入课程产品信息的主体页面。

【做一做】

4~6人一组，选择快手直播平台，尝试为某款吹风机进行一场直播，向全班展示。分工协作，直播时注意平台管理规则，避免出现违规行为。

任务三　抖音直播销售

工作情境描述

通过前面内容的学习，晓慧了解到淘宝直播平台和快手直播平台的主要特点及运营规则。“双11”来临之际，为促进品牌化妆品的销售，A公司决定尝试通过抖音直播平台开展直播销售活动，直播团队需要团队合作共同完成，晓慧为了更好地参与到工作中，需要学习了解抖音平台的特点及运营规则，为直播活动的顺利开展做好准备。

思考

抖音直播是近年来备受追捧的直播平台之一，抖音直播平台用户群体有哪些特征？如果想在抖音平台开展直播销售活动，需要做好哪些准备？注意哪些问题？

任务分解

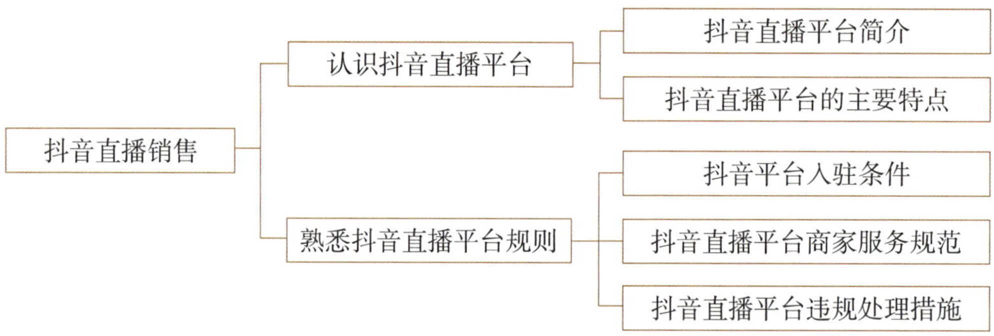

活动一　认识抖音直播平台

一、抖音直播平台简介

抖音是一款短视频社交软件，用户可以通过这款软件选择歌曲，拍摄音乐短视频，创作自己的视频作品。抖音娱乐属性明显，流量大、用户活跃度高。抖音已启动电商业务，目前以短视频、直播带货为主，其发展思路依然延续过去的“流量引流”的变现思路。随着直播电商的发展，抖音自建抖音小店，加大对直播电商的建设和投入。

抖音直播平台凭借其内容的多样性、高度的互动性、强大的商业潜力以及先进的技术支持，为用户提供了一个娱乐、消费的在线互动空间。抖音扩展了娱乐和购物方式，也为用户和内容创作者带来了新的机遇。

二、抖音直播平台的主要特点

【想一想】

抖音的目标人群具有什么特点？你和你的朋友喜欢在抖音直播间购买商品吗？喜欢在抖音直播间购买商品的同学一般会选择购买什么类型的商品？

相比于其他直播平台，抖音直播平台呈现以下特点，见表4-3-1。

表4-3-1 抖音直播生态特征

项目	说明
平台属性	短视频平台
平台特性	大众娱乐属性强，流量智能分发
流量来源	平台公域流量为主
主要供应链	抖音小店、淘宝网、天猫、京东商城
带货商品属性	美妆类商品、服饰类商品占比较高
带货KOL属性	头部主播相对集中，这是因为流量智能分发模式下，使得头部主播的商品容易爆红
带货模式	达人通过短视频积累粉丝，然后通过短视频或直播带货实现变现

（一）应用场景丰富

抖音直播平台，凭借其丰富的应用场景和强大的用户基础，正逐渐成为新媒体营销的新潮流，应用场景主要包括以下五类。

1. 电商直播。近年来，电商直播已经成为一种全新的购物方式。抖音直播平台凭借其庞大的用户群体和高度互动性，为电商直播提供了广阔的市场空间。越来越多的商家和个人主播选择抖音平台进行直播带货，通过展示商品、互动答疑来吸引观众购买，实现销售额的快速增长。

2. 教育培训。抖音直播平台为教育培训行业提供了一个全新的工作渠道。许多教育机构和个人讲师纷纷入驻抖音，通过线上直播的方式为学生提供各类学习辅导。这种线上授课模式不仅节省了时间和成本，还能让学员随时随地进行学习，提高学习效果。

3. 娱乐休闲。抖音直播平台为用户提供了丰富的娱乐内容，如音乐、舞蹈、游戏等。用户可以在直播间与主播实时互动，参与各种有趣的活动，满足自己的娱乐需求。

4. 企业宣传。抖音直播平台为企业提供了一个展示自身形象和产品的窗口。企业可以通过举办线上发布会、新品推广等活动，吸引用户关注。

5. 公益活动。许多公益组织和个人志愿者通过抖音直播，向观众传递正能量，呼吁大家关注社会问题，参与公益活动。公益组织采用这种线上模式不仅能让更多的人了解和参与到公益事业中来，而且能提高其公信力和影响力。

抖音直播平台丰富应用场景有助于提升销量。品牌和商家应充分利用抖音直播的多样化内容和互动功能，结合平台提供的各项营销工具和策略，以提升销售业绩和品牌影响力。同时，平台关注用户体验和内容质量，持续优化直播功能，提升销售效果。

（二）商业化和变现能力显著

抖音直播平台的商业化和变现能力对销售产生了显著的影响，主要体现在以下几个方面。

1. 多样化的商业合作模式

抖音直播平台提供了多种商业合作模式，包括品牌赞助、广告植入、联合营销等，这些模式为品牌商家提供了多元化的选择，使其能够根据自身需求和目标受众制定合适的营销策略。通过与抖音平台的合作，品牌商家可以获得流量支持和曝光机会，增加销售渠道和潜在客户群，从而提升销售业绩。

2. 精准的用户画像和算法推荐

抖音直播平台拥有庞大的用户数据资源，通过分析用户的行为习惯、兴趣爱好等，构建了精准的用户画像。结合先进的算法推荐技术，抖音直播能够将商品信息精准推送给潜在的目标消费者，提升商品的曝光率和购买率。

3. 互动性增强用户参与度

抖音直播平台的互动功能，如发弹幕、点赞、送礼物等，增强了用户与主播之间的互动，提升了用户的参与度和黏性。高参与度意味着更高的用户关注度和更长时间的停留，这为商品销售创造了更多的机会。

4. 短视频与直播的互补

抖音直播平台与短视频功能的互补，使得品牌商家可以通过短视频吸引用户关注，再通过直播进行深度互动和销售转化。将短视频的传播效应和直播的实时互动相结合，形成了强大的销售动力。

5. 数据分析和优化

抖音直播平台提供数据分析工具，帮助品牌商家了解直播效果、用户行为等关键指标，从而优化直播策略和商品展示方式。分析还能够帮助商家预测市场趋势和用户需求，及时调整销售策略，提高销售效率。

抖音直播平台的商业化和变现能力通过上述方式对销售产生了积极的影响，为品牌商家提供了新的增长机遇和营销渠道。

（三）用户导向和定制化内容

抖音直播平台用户导向和定制化内容对销售的影响是显著且直接的。以下几点可以具体说明这一影响。

1. 提升用户参与度

用户导向的内容意味着直播内容符合用户的兴趣和偏好，这使得用户更愿意参与互动，如评论、点赞和分享，从而增加直播间的活跃度。高参与度不仅提升了用户体验，而且增加了用户对品牌的认同感，为后续的销售转化打下良好的基础。

2. 增强个性化体验

定制化内容通过分析用户数据（如观看历史、互动行为、购买记录）来生成，确保每个用户都能获得与个人喜好相关的内容。这种个性化的体验让用户感到被重视和理解，从而增强了对直播内容的吸引力和黏性，有利于提高转化率。

3. 提高转化率

用户导向的内容能够更精准地触达目标受众，减少无效曝光，提高广告和推广的效率。定制化推荐系统能够将用户可能感兴趣的商品直接展示给他们，缩短决策路径，降低购买门槛，从而提高销售转化率。

4. 促进品牌忠诚度

当用户在抖音直播中反复看到符合自己口味的内容时，会对提供这些内容的品牌或主播产生信任和依赖。这种正面的情感联结能够促进品牌忠诚度的提升，使用户更有可能成为重复购买者，对销售产生长期积极的影响。

5. 优化库存管理

用户导向的数据可以帮助品牌更准确地预测市场需求，避免过剩库存或缺货的情况。通过分析用户反馈和行为，品牌可以及时调整生产计划和库存策略，以更好地满足市场需求，提高销售效率。

抖音直播平台的用户导向和定制化内容策略通过提升用户体验、增强个性化体验、提高转化率、促进品牌忠诚度、优化库存管理、辅助产品开发、提升品牌形象和促进口碑传播等多方面作用，对销售产生了深远的影响。

（四）社交性强

抖音直播注重用户之间的互动和社交，这种强烈的社交性能够增强用户黏性，用户更能享受直播带来的乐趣，这对销售的影响主要体现在以下四方面。

（1）实时互动：观众可以在直播过程中与主播进行实时互动，包括发送弹幕、点赞、评论等，这种互动方式使得直播更加生动有趣。

（2）礼物打赏：观众可以通过购买虚拟礼物来打赏主播，主播收到礼物后可以进行展示和感谢，这种方式增强了观众与主播之间的联系。

（3）分享功能：观众可以将自己喜欢的直播分享到其他社交平台，如微信、QQ、微博等，扩大了直播的传播范围。社交性强的平台特征使得用户更容易分享自己喜欢的内容或商品，通过口碑传播吸引新用户。用户的推荐相比传统广告更具信任度，能有效提升商品的可信度和购买意愿，从而促进销售。

（4）创建品牌社区：抖音直播的社交功能鼓励用户参与直播互动。高参与度能够提升用户对品牌或商品的关注度，增加购买行为的可能性。品牌商家可以通过直播平台建立自己的粉丝社区，与用户进行直接的交流和互动。社区的形成有助于聚集相同兴趣的用户，提高用户的品牌忠诚度，有利于销售增长。

总之，抖音直播平台通过促进口碑传播、增强用户黏性、提高用户参与度、创建品牌社区等方式提升销售。品牌商家应充分利用抖音直播的社交特性，提升销售业绩和品牌影响力。

活动二　熟悉抖音直播平台规则

越来越多的人进入直播以后，确实有很多主播依靠直播销售实现经济自由，而有的小伙伴却屡屡违规导致封号，新人在直播时需要了解平台规则，在保护自己的同时维护抖音直播平台的互联网环境。

【想一想】

通过抖音平台直播销售需要遵守哪些规则？注意哪些问题？

一、抖音平台入驻条件

（一）企业入驻所需材料

表4-3-2 企业入驻所需材料

入驻主体	基础资质	资质说明
企业/公司	营业执照	1. 需提供三证合一的营业执照原件扫描件或加盖公司公章的营业执照复印件 2. 确保未在企业经营异常名录中且所售商品在营业执照经营范围内 3. 距离有效期截止时间应大于15天 4. 须露出证件四角，请勿遮挡或模糊，保持信息清晰可见 5. 新办理的营业执照，因国家市场监督管理总局信息更新有延迟，建议办理成功后至少等待7个工作日后再入驻 6. 若营业执照的公司名称为星号或空白等，不支持入驻，须先前往工商局添加公司名称 7. 图片尺寸为800 px × 800 px以上，支持PNG、JPG和JPEG格式，大小不超过5 MB
	身份信息	1. 根据身份归属地，提供相应的经营者身份证件 （1）中国大陆：须提供二代身份证的正反面照片 （2）中国香港/澳门/台湾：须提供港澳居民来往内地通行证或台湾居民来往大陆通行证的正反面照片 （3）海外：须提供护照首页照片 2. 提供有效期限范围内的证件，且证件须露出四角，请勿遮挡或模糊，保持信息清晰可见 3. 图片尺寸为800 px × 800 px以上，支持PNG、JPG和JPEG格式，大小不超过5 MB
	账户验证	1. 支持实名认证和打款验证两种：法人/经营者为大陆身份证的个体工商户默认实名认证、企业可自由选择；非大陆身份证仅支持打款验证 2. 实名认证：填写经营者/法人个人名下银行卡号，输入银行预留手机号，填写验证码即可验证 3. 打款验证：填写企业对公银行卡号、开户银行、开户支行的所在地及名称，输入平台给该账户的打款金额即可验证

（二）个人入驻所需材料

表4-3-3 个人入驻所需材料

入驻主体	基础资质	资质说明
个人	身份信息	1. 仅支持中国大陆二代身份证入驻，须提供经营者二代身份证的正反面照片 2. 提供有效期限范围内的证件，且证件须露出四角，请勿遮挡或模糊，保持信息清晰可见 3. 图片尺寸为800 px × 800 px以上，支持PNG、JPG和JPEG格式，大小不超过5 MB
	账户验证	可以通过人脸识别完成验证，需要经营者本人进行验证

二、抖音直播平台商家服务规范

抖音直播平台商家服务规范主要包括以下三个方面。

（一）商家认证

抖音直播平台商家认证是指商家在抖音平台上进行实名认证，以确保其身份真实可信。商家认证需要提供相关的营业执照、身份证明等材料，并经过抖音平台的审核确认。

商家认证的好处包括以下内容。

1. 提高信任度

通过商家认证，消费者可以更加信任商家的真实性和合法性，增加购买的信心。

2. 提升曝光率

商家认证可以提升商家在抖音平台上的曝光率，让更多的用户看到商家的产品和服务。

3. 获得更多权益

商家认证后，可以获得更多的权益和服务，如优先推荐、专属标识等。

4. 加强管理

商家认证可以帮助抖音平台加强对商家的管理，确保商家遵守相关规定和法律法规。

需要注意的是，商家认证是自愿的，但为了提高用户的信任度和购买意愿，建议商家进行认证。

（二）商品管理

抖音直播平台商品管理是指商家在抖音平台上对所售卖的商品进行管理和审核，以确保商品的质量和合法性。商品管理的内容包括以下五项。

1. 商品上架

商家需要将商品信息上传至抖音平台，包括商品名称、价格、图片、描述等。同时，商家还需要选择合适的分类和标签，以便用户能够快速找到商品。

2. 商品审核

抖音平台会对商家上传的商品进行审核，确保商品的合法性和质量。如果商品存在问题，如虚假宣传、违禁品等，抖音平台有权拒绝上架或下架商品。

3. 商品描述

商家需要提供准确、清晰的商品描述，包括商品的规格、材质、产地等信息。商家不得发布虚假或误导性的商品描述。

4. 商品价格

商家需要合理定价，不得进行虚假宣传、价格欺诈等违规行为。商家需要保证商品的价格真实可信，不得以低价诱导消费者购买。

5. 售后服务

商家需要提供完善的售后服务，及时处理消费者的投诉和退换货申请。商家需要保证消费者的权益，不得拒绝或推诿消费者的合理要求。

通过有效的商品管理，商家可以提高商品的曝光率和销售量，增加消费者的购买意愿和信任度。同时，也可以避免因商品问题导致的纠纷和投诉。

商家需要对所售卖的商品进行严格的管理和审核，确保商品的质量和合法性。商家不得售卖假冒伪劣商品、违禁品等违规商品。

（三）广告管理

抖音直播平台广告管理是指对在抖音平台上开展的广告活动进行管理和监督，以确保广告的合法性和真实性。商家可以进行商业合作和广告推广，但要遵守广告法和相关规定，不得有发布虚假广告、误导消费者等违规行为。具体内容包括以下五点。

1. 广告审核

抖音平台会对商家发布的广告进行审核，确保广告内容符合相关法律法规和抖音平台的相关规定。如果广告存在问题，如虚假宣传、违法内容等，抖音平台有权拒绝发布或下架广告。

2. 广告标识

抖音平台要求商家在广告中明确标注“广告”字样，以便消费者能够识别广告内容。同时，商家还需要提供真实的广告主体信息，如品牌名称、联系方式等。

3. 广告投放

商家需要选择合适的广告投放方式和时间，以提升广告的曝光率和点击率。商家可以根据消费者的兴趣、地理位置等信息进行定向投放，以提升广告的效果。

4. 广告费用

商家需要按照抖音平台的规定支付广告费用，不得有虚假宣传、价格欺诈等违规行为。商家需要保证广告费用的真实可信，不得低价诱导消费者购买。

5. 广告效果评估

商家可以通过抖音平台提供的数据分析工具，对广告的效果进行评估和优化。商家可以根据用户的反馈和数据指标，调整广告的内容和投放策略，以提高广告的效果和ROI（投资回报率）。

通过有效的广告管理，平台可以帮助商家提高品牌知名度和销售量，增加消费者的购买意愿和信任度。同时，平台和商家也可以避免因广告问题导致的纠纷和投诉。

三、抖音直播平台违规处理措施

商家违规行为分为一般违规和严重违规两种。平台对违规行为进行积分管理，当积分达到节点时，平台将对商家进行节点处理。

一般违规，指除严重违规以外的违规行为。针对一般违规行为，累计一般违规积分（A类积分），违规积分每累计12分，将对商家进行节点处理：扣除违约金及停业整顿。

严重违规，指违反法律法规或对用户、平台产生较严重和恶劣影响的行为。针对严重违规行为，累计严重违规积分（B类积分），违规积分每累计4分、8分，将对商家进行节点处理（停业整顿和扣除违约金），累计满12分进行清退，并扣除违约金。

表4-3-4　抖音直播平台违规积分管理细则

违规积分类型	累计分值	节点处理	
		处理措施	节点考试
一般违规积分（A类）	12分	扣除违约金500元	/
	24分起，每累计12分	停业整顿3天/扣除风险违约金（二选一）	节点考试
严重违规积分（B类）	4分	停业整顿3天+扣除违约金2 000元	节点考试
	8分	停业整顿7天+扣除违约金5 000元	节点考试
	12分	清退+扣除全部应缴保证金	/

2023年11月，平台根据违规行为的情节严重程度，可采取包括但不限于以下处理措施，若商家多次违规后拒不整改、多条并犯，或对平台造成恶劣影响，平台有权加重处理。

拓展阅读

1. 节点考试，是指当违规积分达到节点时（一般违规积分达到扣除12分节点，或者是严重违规积分达到4分和8分），必须考试通过，同时缴纳违约金才能恢复营业。

2. 店铺置休，是一种暂时性的措施，允许商家在一段时间内暂停营业，以便处理其他事务或重新规划经营策略。

3. 解密限制，抖音电商平台对消费者的隐私数据启动加密处理，同时对订单解密额度进行限制，店铺当日的解密次数如果用完，解密功能将受到限制，直到次日0点重新开启。该功能可以提高商家的安全保障，减少消费者信息外泄的可能性，从而降低平台诈骗事件的发生概率。

1. 公示、警告

平台在消息中心、规则中心、奖惩中心等页面，对商家的不当行为进行提醒和告诫，或对商家的处理进行公示。

2. 扣除违约金

平台扣除违约金包含扣除货款和扣除保证金两类：根据店铺的违规严重程度，平台从商家的货款、保证金账户中，扣除一定金额的违约金。如商家签署允许扣货款协议，平台将优先从货款中扣除。

3. 限制店铺权限

平台对店铺功能做出一定期限的限制，包括但不限于限制参与营销活动、搜索降权、搜索屏蔽、冻结货款、停止结算、延长结算账期、订单限制、停业整顿、限制广告投放等。

4. 商品管理

平台对商品权限做出一定的限制，包括但不限于限制发品、商品下架、商品封禁、商品限单、商品搜索降权、商品搜索屏蔽。

商品下架即商品从售卖状态变为不可售卖状态，经修改并审核通过后，可重新恢复至售卖状态。

商品封禁即商品永久不可售卖，且商家无法对商品进行修改。

5. 经营管理

平台对经营管理包括但不限于品牌摘牌、品牌资质过期、资质失效、重置店铺头像、重置店铺名称、类目失效、店铺置休、解密限制等。

6. 扣除违规所得货款

平台扣除商家因违规行为产生的货款。

7. 清退店铺

平台与商家解除协议，永不合作。

8. 减免、从轻等替代措施

除违反法律规定外，商家首次、非故意或轻微违规的，平台视具体情节享有减免、从轻、教育学习等替代性处理的机会。在特定场景下，平台可根据商家历史合规经营能力，为商家提供违规预警、以考代罚等措施，帮助商家提高合规能力，降低合规成本。

拓展阅读

抖音直播间文案语言规范

一、直播间标题禁忌

1．标题包括但不限于购物袋标题、第三方平台商品标题、直播间标题。

2．标题应该以描述商品本身属性为目的，标题中各商品属性内容应客观属实，且与实际商品和商品详情页相关联。

3．标题中禁止使用“国家级”“最”“第一”“绝无仅有”“世界级”等夸大或误导性的极限词。

4．标题不得重复关键词或出现与商品名称、品类无关的关键词。

5．禁止使用“点击领红包”“点击参加抽奖”“点击看美女”“你的通讯录好友”“ta正在关注你”“530万人看过”等引导点击的内容。

6．禁止使用“倒闭”“滞销”“亏本”“清仓”“挥泪大甩卖”等夸大促销性相关信息的词。

7．分享的商品信息应与直播过程中展示商品一致（包括品牌、款式等）。

8．其他法律法规、平台规定禁止出现的内容。

二、直播间违禁词语

1．限时用语，直播时的活动、福利等，一定要有具体时限，严禁使用：随时结束、仅此一次、随时涨价、马上降价、最后一波等无法确定时限的词语。

2．极限用语，严禁使用国家级、世界级、最高级、独一无二、史无前例、顶级、万能、第一品牌等。严禁使用最高、最低、最先进、最高级、最佳、最便宜、最划算等。严禁使用绝对、精确、领导品牌、大牌、超赚、巨星等。严禁使用100%、国际品质、高档等无法判断真伪的夸张性表述词语。

3．权威性用语，严禁使用国家×××领导人推荐、国家××机关专供等借国家、国家机关名称进行宣传的用语！严禁使用质量免检、无须国家质量检测等宣称产品无须检测的词语。严禁使用老字号、中国驰名商标、特供、专供等词语。

4．迷信用语，严禁使用带来好运气、招财进宝、提升运气、逢凶化吉、时来运转、万事亨通、助吉避凶、护身、旺财等这类封建迷信的词语。

5．化妆品虚假宣传用语，严禁使用高效、全效、强效、速效、速白等词语。严禁使用溶脂、吸脂、燃烧脂肪、瘦身、瘦脸、瘦腿、减肥、延年益寿、消除死细胞等词语。

6．疑似医疗用语，严禁使用全面调整人体内分泌平衡、增强或提高免疫力、助眠、失眠等词语。严禁使用胃胀蠕动、利尿、驱寒解毒、调节内分泌、延缓更年期、祛风、生发等词语。严禁使用防敏、柔敏、舒敏、缓敏、脱敏、褪敏、改善敏感肌肤、改善过敏现象、降低肌肤敏感度等词语。

【做一做】

请同学尝试为护手霜进行一场直播，4～6人一组，选择抖音直播平台，向全班展示。团队分工协作，直播时注意平台管理规则，直播时注意语言规范。

任务四　小红书直播销售

工作情境描述

通过前面内容的学习，晓慧了解到抖音、快手、小红书等新兴社交直播平台日益成为重要的销售渠道。为促进品牌服装的销售，A公司决定尝试通过小红书直播平台开展直播销售活动，需要团队合作共同完成，晓慧为了更好地参与到工作中，需要学习了解小红书直播平台简介、规则、特点及如何开通小红书直播平台直播权限等基本知识，为直播活动的顺利开展做好准备。

思考

小红书直播是近年来备受追捧的直播平台之一，小红书直播平台和其他直播平台有哪些区别？如果想在小红书上开展直播销售活动，需要做哪些准备？注意哪些问题？

任务分解

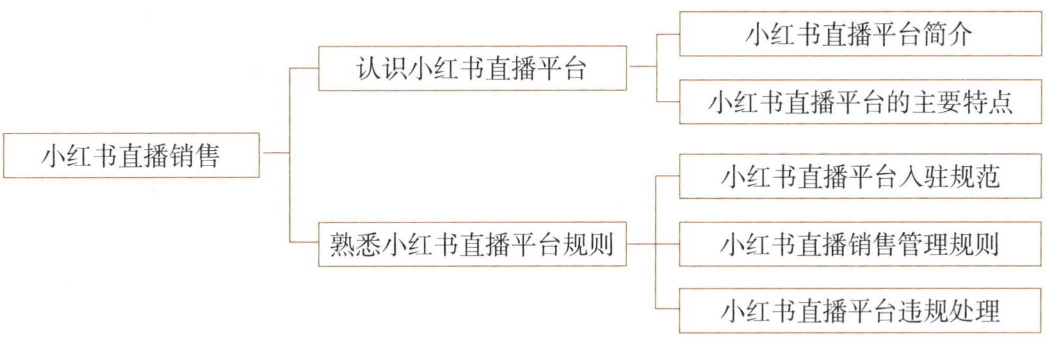

活动一　认识小红书直播平台

小红书是现今十分热门的信息分享平台，以“标记我的生活”为口号，号召大家分享生活和发现世界，是大多数年轻人喜爱的一款软件。让我们跟随晓慧的脚步，一起了解小红书直播平台。

一、小红书直播平台简介

小红书是一款生活方式分享平台，用户可以在平台上分享自己的生活、购物、美食、美妆、旅游等各种经验和心得，并与其他用户互动、交流。

小红书是一个集合式内容社区平台，站内用户在这里分享了年轻用户群体的日常生活大部分场景，如娱乐相关、休闲相关、社交相关、衣食住行用相关、学习相关及工作相关等。在当下的互联网环境中，基本都是以短视频的形式传播信息，在小红书里更多是图文形式，小红书用户分享的图文内容或短视频，在这里被称为笔记。

小红书是一个网络社区，也是一个共享平台，还是一个口碑库。小红书的用户既是消费者，还是分享者，更是同行的好伙伴。打开小红书，没有商家的宣传和推销，只有依托用户口碑写就的“消费笔记”，不仅将产品介绍得更加真实可信，也传递了美好的生活方式。

随着直播的兴起，2019年，小红书内测直播，2020年4月开始全部开放直播功能，陆续有商家和博主在这里直播。

二、小红书直播平台的主要特点

相比于其他直播平台，小红书上线直播功能较晚。对于小红书，直播是一个新增的、重要的辅助功能。与其他直播平台相比，小红书既不是电商平台，也不是纯粹的内容分享平台，它以储量庞大的笔记影响着用户的消费倾向、消费观念、消费方式和消费决策。小红书直播生态特征见表4-4-1。

表4-4-1　小红书直播生态特征

项　目	说　明
平台属性	种草基地
流量来源	公域+私域
带货商品属性	美妆、品牌货
直播带货模式	种草，直播+笔记
机会点	直播内容精细化、精准用户转化

小红书直播是分享与变现的有机结合。小红书直播包括但不限于知识科普、生活记录和直播“带货”等内容。直播过程中，用户可以直接从小红书直播间的商品链接跳转到小红书商城，这为小红书变现提供了新的盈利方式。小红书直播平台与其他直播平台的区别表现在以下四个方面。

（一）注重分享

小红书直播更像是实时互动的视频笔记，非常重视信息的分享，而不是单纯的观点输出或产品营销。即使是“带货”，直播内容也侧重于产品的试用、测评，这正是由小红书平台的特点所决定的。用户使用小红书时喜欢看某些内容，运营者为了迎合用户的喜好也习惯于创作这样的内容。因此，运营者开通直播后还是偏向于向用户分享有效信息。小红书以用户生成的内容为核心，鼓励用户分享购物心得、美妆技巧、生活方式等内容，为用户提供有价值的阅读和指南。

（二）消费氛围较淡

小红书的直播不局限于“带货”，也不强制用户购买。小红书本身不是一个纯粹的电商平台，用户打开小红书观看直播，除了想购买商品，还想看到自己感兴趣的内容。小红书直播给用户呈现的并非消费引导，而是多元化的内容。小红书为用户营造了特有的、更加理性的直播氛围。直播过程中无价格刺激，不要求及时转化，主播注重分享个人体验和心得，真诚真实真正贴近用户需求地分享，小红书的直播种草逻辑在于避开过度营销、价格冲击，以“口碑”为主，在生活场景中不过分夸大，用产品质量本身和满足用户真正需求的方式，达到“利他”，从而让消费者买单。

（三）社群建设增强平台黏性

小红书是一个社交性的平台，用户可以在平台上互相关注、点赞、评论和私信。用户之间的交流和互动也是小红书的特色之一。小红书建立了各类兴趣社群，如美妆、时尚、旅行等，吸引了大量志同道合的用户加入。小红书平台社群建设主要体现在以下四个方面。

1. 用户互动和分享

小红书鼓励用户在平台上进行互动和分享，包括评论、点赞、关注等。用户可以在平台上发布自己的心得体会、购物经验等内容，与其他用户交流和互动。

2. 兴趣社群的建立

小红书通过算法推荐将用户分为不同的兴趣群体，并建立了相应的兴趣社群。用户可以加入自己感兴趣的社群，与志同道合的人一起讨论话题、分享经验。

3. 优质内容的推荐

小红书通过算法推荐向用户推送优质的内容，包括商品推荐、美妆教程、旅行攻略等。这些内容的质量和实用性能够吸引更多的用户加入社群，并积极参与互动和分享。

4. 活动和话题的开展

小红书定期举办各种活动和话题讨论，吸引用户参与。这些活动可以是线上的直播、抽奖等，也可以是线下的聚会、体验活动等。

通过社群活动，用户可以更加深入地了解品牌和产品，增强对平台的黏性。同时，活动还可以促进用户之间的交流和互动，增强社群的凝聚力。

（四）精细化内容推荐

小红书平台上的内容（见表4-4-2）主要以生活、购物、美食、美妆、旅游等为主题，而且以图文形式呈现，内容比较精细，质量比较高。该平台提供丰富的创作工具和编辑功能，使用户能够轻松创建有吸引力的内容。同时，小红书注重内容质量和真实性，通过优质内容的筛选和推荐，为用户提供有价值的阅读和购物指南。

小红书精细化内容推荐

表4-4-2 小红书内容方向

项 目	说 明
目标用户分析	一、二线城市；年轻女性；爱美、追求精致生活
内容定位	为爱美的年轻女孩提供时尚、护肤、生活方式上的相关指南
内容话题	时尚穿搭、护肤、美食、运动健身、读书、旅行、母婴等
内容选题	常规选题；热点选题

【做一做】

请你针对某款防晒霜，按照小红书平台的特点进行用户和内容分析。包括目标用户分析、内容定位、内容话题和内容选题。填写表4-4-3，为该商品的直播做准备。

表4-4-3 ××防晒霜内容分析

××防晒霜	内容分析
目标用户分析	
内容定位	
内容话题	
内容选题	

拓展阅读

小红书的用户画像（2022年数据）

1．小红书活跃用户

月活跃用户2亿，分享者（创作者）4 300万名以上；从2022年小红书用户画像数据来看，年轻化、消费能力强依旧是平台用户的重要特征。

2．核心用户年龄

（1）16～24岁：46.39%

（2）25～34岁：36.08%

3．性别分布

女性用户占比70%，男性用户占比30%。平台上关于美食、旅行等中性化内容较多，数码、体育赛事等偏男性内容快速发展，带来了男性用户的增长。

4．小红书六大人群画像

（1）Z世代：兴趣社交，追逐潮流，网络游戏，学习打卡。

（2）都市潮人：时尚，自身形象，独立精神，有观点。

（3）精致妈妈：生活品质，注重形象，高端消费。

（4）新锐白领：经济独立，热爱工作，积极活泼。

（5）单身贵族：经济独立，注重享受，追求品质。

（6）乐享一族：娱乐至上，兴趣消费，追求体验。

5．活跃达人粉丝人群画像

（1）流行男占比：14.2%

无年龄限制；紧跟当下热门趋势，对于穿搭、美妆、明星娱乐资讯等内容关注较多。

（2）学生党占比：7.96%

16～25岁，还处于读书阶段的人群，他们除了关注学习、知识科普，也紧跟潮流，对时尚穿搭、护肤、娱乐等有一定关注。

（3）爱买彩妆党占比：6.58%

18～30岁，爱美、爱生活，他们除了关注精致的妆容、彩妆用品，也喜欢穿搭、发型、摄影等能够展现自己美的事物。

6．小红书热门行业分布

（1）美妆

偏爱大牌，也支持新锐与高性价比国货；更愿意为有品质保障的高价护肤产品买单。

（2）美食

新式茶饮风靡，咖啡、速食产品受到热捧；“冰淇淋”增量迅速增长，酸甜苦辣等人生百味。

（3）母婴

“云养娃”流行，小红书成为记录孩子长大的生活方式平台；宝妈们相信品牌与口碑为王道，精细化喂养，兼顾孩子身心健康。

（4）家居

用户注重细节，希望全方位提升生活品质；用户决策力提升，追求生活幸福感。

（5）穿搭

倡导不被定义，尊重用户穿衣自由的态度；小红书用户偏爱快时尚与运动品牌。

拓展阅读

（6）宠物

“小猫咪”霸榜，治愈人心；养宠人群注重品质，精细化喂养。

（7）减肥健身

平台上宅家健身器材种草量激增，用户追求健康减肥。

【想一想】

小红书平台上的活跃用户具有什么特征？哪些商品适合在小红书直播平台上销售？

活动二　熟悉小红书直播平台规则

【想一想】

入驻小红书直播平台需要遵守哪些规则？在小红书直播需要注意哪些问题？

一、小红书直播平台入驻规范

为规范入驻小红书平台，确保商家在平台合规、诚信经营并提供优质的商品或服务的基础上，维护平台正常的交易秩序及消费者合法权益，小红书根据国家现行法律、法规、规章、平台协议，制定《小红书招商标准及入驻规范》。

（一）入驻须知

1. 小红书可根据商家的实际情况（包括但不仅限于商家在小红书的笔记发布情况、商家在小红书的评价口碑、品牌需求、公司经营状况、服务水平等因素）决定是否准许其入驻；同时小红书可在商家申请入驻及后续经营阶段要求其提供其他资质；小红书将结合国家相关规定、行业发展动态及小红书用户的购买需求，不定期更新入驻标准。

2. 个体工商户、企业的经营范围及经营时间应在公司注册执照、公司注册文件规定的经营范围及经营期限内。

3. 售卖商品须包含在招商类目范围内，且具备相关资质、行政许可。

4. 商家应如实提供其店铺运营的主体及相关信息，包括但不限于代理运营商、实际店铺经营主体等信息。

5. 确保申请入驻及后续经营阶段提供的相关资质和信息的真实性（若商家提供的资质及材料为第三方提供的，请务必先行核实文件的真实有效性），一旦发现资质或信息虚假的，将按照《小红书第三方商家违规积分管理规则》中的相关条款对商家进行相应处理，同时经营主体或个人将被列入非诚信客户名单，小红书将永久限制其入驻。

6. 商家提交的入驻材料若非中文的，需提供中文翻译件。

7. 商家在入驻资质环节审核通过后，应尽快完成后续流程完成入驻（包括合同签署、保证金缴纳流程），若超60日仍未完成入驻的，平台将有权关闭入驻账号并将其清理。

8. 平台有权在商家申请入驻后及后续经营阶段要求商家提供其他经营资质。

9. 平台将结合国家相关法律规定、各行业发展动态、消费者购买需求及平台需要，不定期更新入驻标准。

（二）资质要求

不同的店铺类型需要提供不同的主体资质，具体如表4-4-4所示。

表4-4-4　小红书平台入驻主体资质要求

入驻主体	基础资质	资质说明
企业/个体工商户	营业执照	1. 需提供三证合一的营业执照原件扫描件或加盖公司公章的营业执照复印件或电子版营业执照（需加盖入驻公司红色鲜章） 2. 确保未在企业经营异常名录中且所售商品在营业执照经营范围内 3. 卖场旗舰店、旗舰店、专卖店、境外主体仅限企业准入 4. 企业店，个体工商户底店，个人店不支持境外主体准入
	法定代表人/经营人身份证	1. 需提供身份证照片正反面 2. 身份证须使用二代身份证 3. 企业须提供法定代表人身份证，个体工商户请提供经营者身份证 4. 境外法人可提供护照或中华人民共和国外国人永久居留身份证

二、小红书直播销售管理规则

为规范小红书平台上的直播带货行为，维护小红书平台的正常运营秩序，通过小红书平台直播需遵循以下管理规则。

（一）直播人员行为规范

1. 样品使用

直播人员应遵守与商家约定的样品使用、退换及退还规则，如对样品退还有约定，直播人员应遵守，并确保退还的样品不贬损。

2. 推广时间

直播人员应在商品推广时间前完成直播推广，或按照与商家的约定进行直播推广，约定内容包括但不限于直播场次、直播时间、直播时长等；如直播人员通过平台从商家获取合作商品的样品，须在确认收货后的14天内完成直播。

3. 推广内容

直播人员应按照与商家约定的推广内容，对商品进行直播推广，推广内容包括商品信息、服务、发货、库存等。

4. 奖品赠品

直播推广过程中如涉及奖品/赠品，直播人员应与商家事先约定奖品信息及规则、赠品信息及规则，并按照该约定在直播中进行推广及发放；如赠品/奖品为样品，直播人员也应按照与商家事先约定的样品转赠品/奖品的规则进行直播推广。

5. 站外导流

平台禁止直播人员或商家以任何形式发布或推送第三方平台信息，或在宣传商品或服务时出现脱离平台交易、引导消费者到站外交易。站外导流的违规情形包括但不限于：通过口播、评论、封面、贴纸、直播间小助手等方式提供微信号、手机号，或使用动作手势、代称、行话等方式引导观众私下交易。

6. 滥用拿样权利

直播人员不得滥用、恶意利用平台所赋予的拿样权利，损害他人合法权益、妨害商业秩序。滥用拿样权利的情形包括但不限于：明显非出于直播带货目的的拿样，拿样的收货地址存在异常等。平台有权根据商家的投诉、直播人员的行为等认定直播人员是否滥用拿样权利。

（二）商家行为规范

第一，商家应按照带货合作推广管理中配置的推广计划支付直播人员佣金，商家与直播人员另有约定的，从其约定。

第二，商家应在推广商品之前，就推广内容与直播人员协商一致，并遵守该约定进行直播推广。

第三，商家应对直播推广带货量做好预估及准备，避免出现超卖的情况，如直播推广商品因库存不足等原因导致超期发货，平台将按照相关规则进行处理。

第四，商家应对直播推广商品预先设置发货时间，如非预售订单，平台将按照店铺协议或平台管理规则的规定考核发货时效。

第五，商家可以配置不同直播人员拿样是否需要审核，如需审核，商家须在收到拿样申请后的48小时内完成审核。

第六，商家应按照平台规定的样品发货时效寄送样品。

（1）非跨境商品发货时效要求为48小时。

（2）跨境电商保税进口的商品，发货时效要求为72小时。

（3）直邮及其他发货模式的跨境商品，发货时效要求为120小时。

（4）定制、预售及因其他特殊情形另行约定发货时间的商品，商家应在承诺的发货截止日期前完成发货。

第七，商家提供的样品应符合平台规则有关商品质量等规定。

三、小红书直播平台违规处理

（一）直播人员出现虚假交易行为的处罚标准

初次违规：关停直播人员直播和带货权限7天，禁止进入带货榜7天。

第二次违规：关停直播人员直播和带货权限30天，禁止进入带货榜30天。

第三次违规：关停直播人员直播和带货权限90天，禁止进入带货榜90天。

第四次违规：永久关停直播人员直播和带货权限。

（二）直播人员出现损害他人合法权益行为的处罚标准

初次违规：警告。

第二次违规：关停直播和带货权限7天，禁止进入带货榜7天。

第三次违规：关停直播和带货权限14天，禁止进入带货榜14天。

后续每违规一次，关停直播和带货权限14天，禁止进入带货榜14天。

（三）直播人员直播推广的商品不合规的处罚标准

平台有权根据违规情节严重程度对直播人员进行处罚，包括但不限于警告，关停直播和带货权限7天、14天、30天，永久关停直播和带货权限，禁止进入带货榜，限制直播流量，等。

（四）直播人员寄回的样品发生损坏，平台核实后有权按照如下标准处罚

1. 三次违规，关停直播和带货权限7天，禁止进入带货榜7天；
2. 第四次违规，关停直播和带货权限30天，禁止进入带货榜30天；
3. 第五次违规，永久关停直播和带货权限。

（五）直播人员违反推广时间规定，平台有权按照如下标准处罚

1. 三次违规，关停直播和带货权限7天，禁止进入带货榜7天；
2. 第四次违规，关停直播和带货权限30天，禁止进入带货榜30天；
3. 第五次违规，永久关停直播和带货权限。

（六）直播人员出现站外导流行为的处罚标准

初次违规，关停直播和带货权限7天，禁止进入带货榜7天。

第二次违规，关停直播和带货权限30天，禁止进入带货榜30天。

第三次违规，关停直播和带货权限365天，禁止进入带货榜365天。

【想一想】

在直播带货空前火热的背景下，越来越多的商家开始加入直播电商赛道中，但不少商家盲目跟风，哪个平台火就到哪个平台上做直播带货，丝毫不考虑自己的产品与风格是否与平台匹配。淘宝直播平台、小红书直播平台与其他直播平台有什么不同？和同学谈一谈你是如何选择一个合适的电商直播平台的。

【做一做】

4~6人一组，选择小红书直播，尝试为某款面膜产品进行一场直播，向全班展示。团队分工协作，直播时注意平台管理规则，避免出现违规行为。

任务五　其他直播销售

工作情境描述

直播带货作为一种新兴的电商销售方式，在过去几年中迅速崛起，并在中国市场取得了巨大成功。直播带货不仅为消费者提供了一种互动性强、购物体验良好的购物方式，还为品牌和商家带来了巨大的销售机会。通过对前面内容的学习，晓慧了解了直播带货的平台有淘宝、抖音、快手和小红书。直播带货通过不同的营销渠道可以实现更广泛的推广和销售，提高商品的曝光度和销售量。为了更好地了解和运用直播平台，晓慧了解了微信直播和微博直播，分析不同直播平台的特色，学会根据目标群体、产品特点和销售策略进行合理的选择和搭配，以达到最佳的直播销售效果。

思考

各大直播平台都各具特色，为了提升直播销售效果，主播同时在多个平台直播时需要注意哪些问题？

任务分解

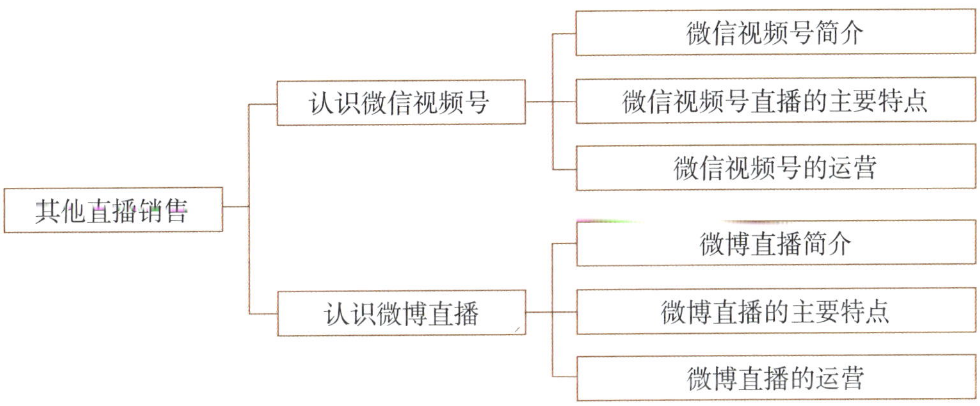

活动一　认识微信视频号

一、微信视频号简介

微信视频号不同于订阅号、服务号，它是一个全新的内容记录与创作平台，也是一个了解他人、了解世界的窗口。视频号内容以图片和视频为主，可以发布时长不超过1分钟的视频，或者不超过9张的图片，还能带上文字和公众号文章链接，而且不需要PC端后台，可以直接在手机上发布。视频号支持点赞、评论等互动，也可以转发到朋友圈、聊天场景，与好友分享。用户可以在微信视频号中浏览其他用户发布的图片和视频等内容，关注自己感兴趣的视频号。此外，微信视频号支持将内容转发到朋友圈或微信聊天界面，提高了内容的流动性和传播性。

二、微信视频号直播的主要特点

【想一想】

2020年1月，官方将微信视频号定义为一个人人可以记录和创作的平台，也是一个了解他人、了解世界的窗口。微信为什么要开设视频号？微信视频号直播平台与其他直播平台有什么不同？

（一）开通与使用便捷

微信视频号直播平台开通和使用的便捷性主要体现在以下四个方面。

1. 降低门槛：用户可以一键开通视频号直播功能。商家入驻便捷，使更多的商家能够进入直播带货的行列，扩大了主播群体。

2. 简化流程：支持PC端和移动设备端进行直播。这使得商家可以根据自身的设备条件，灵活选择直播方式，简化了直播准备的流程，提高了直播效率。

3. 即时反馈：直播画面上能直接看到在线人数和点赞数。这种即时反馈机制帮助主播实时了解直播效果，及时调整直播策略，提高转化率。

4. 社交互通：视频号直播与公众号、视频号高度整合，互相导流。这种社交互通特性不仅增加了触达用户的机会，还充分利用了庞大的微信用户群体，为商家提供了更广阔的销售平台。

（二）受众广泛

微信是国内最大的社交平台之一，拥有庞大的用户群体，视频号内容能够通过朋友圈、微信群等社交网络轻松分享，使得直播内容能迅速触达更广泛的观众。当内容被分享进入各类社交场景时，每个观众都可能成为潜在的消费者或进一步的传播者，从而有效地扩大了直播的观众基础和影响力。在社交环境中，人们更倾向于信任来自熟人推荐的购物渠道。当好友分享一个直播链接时，可以显著提升直播的点击率和观看率，最终转化为用户的购买行为。

（三）加深品牌认知

通过社交传播，品牌信息得以在用户的日常交流中自然出现，这种非正式的、口碑式的品牌展示有助于加深消费者对品牌的认知和记忆。持续的社交分享不仅增加了品牌的曝光度，还塑造了品牌的形象，特别是品牌方与用户互动中形成的对品牌和产品的正面评价，可以大幅提升品牌的形象。

（四）增强用户的忠诚度

当用户在社交平台上与商家互动时，他们与品牌之间的连接会更加紧密，用户的这种参与感可以增强其对品牌的忠诚度。用户在社交圈中的互动被其他好友看到，可以引发更多关注，形成良性的互动循环。

【做一做】

A企业要求晓慧通过视频号开展办公用品的直播专场，需要做哪些准备工作？

拓展阅读

微信视频号的市场分析

微信视频号是微信推出的一款短视频创作和分享平台，自2021年1月正式上线以来，迅速走红并吸引了大量的用户和创作者。在这篇市场分析中，我们将从多个方面分析微信视频号的市场现状和趋势。

一、市场规模和用户数量

目前，中国移动互联网市场规模已达数万亿级别，短视频、社交等应用成为市场的主要推动力。根据Quest Mobile的数据显示，2021年4月，微信视频号日活跃用户数达到1.7亿人，较去年同期增长45.8%，而月活跃用户数也达到了2.6亿人。

二、竞争对手分析

在中国的短视频市场中，微信视频号的主要竞争对手有抖音、快手、小红书等。抖音和快手是短视频市场的领头羊，两者合并后更是形成了强大的市场垄断地位。而小红书则以社交和电商为主要特色，在短视频市场中拥有一定的竞争力。

相较于这些竞争对手，微信视频号的主要优势在于其强大的社交属性和微信生态的支持，同时也依靠微信的用户基础积累了大量的用户和流量，具有较强的市场竞争力。

三、商业模式和盈利模式

微信视频号的商业模式主要依靠广告和电商。通过品牌投放广告、直播带货等方式实现商业化变现，同时也为创作者提供了一定的收益来源。

据统计，微信视频号目前的广告收入规模已经达到了数十亿元人民币，并且随着直播带货等新的变现方式的不断推广和深入，其商业化水平还有很大的提升空间。

四、市场趋势和发展前景

从目前微信视频号的市场表现来看，其用户数量和社交属性已经形成了较为稳定的基础，同时商业化进程也在不断提升，具有很大的市场潜力。

未来，微信视频号的发展将继续在深化社交属性、增加创作者数量、拓宽变现渠道等方面努力，同时也会不断探索更加多元化的商业模式和用户服务，进一步提升平台的竞争力和用户体验。

从短视频行业的整体趋势来看，短视频领域已经成为移动互联网的主流应用之一，并且未来市场规模还将继续扩大。随着直播带货、社交电商等新型商业模式的不断涌现，短视频平台的商业化前景也将变得更加广阔。

同时，政策和监管的不断加强也将对短视频平台的发展带来影响。近年来，国家相关部门对短视频平台进行了多次整治和监管，特别是对于内容审核、用户隐私保护等方面的要求越来越高。因此，未来微信视频号等短视频平台需要更加注重内容审核、用户隐私保护等方面的问题，以符合国家相关政策和监管要求，同时也提高平台的品质和用户信任度。

总之，微信视频号是一个具有巨大市场潜力的短视频平台，其用户数量、社交属性和商业化水平已经形成了较为稳定的基础。未来，微信视频号将会在深化社交属性、提高用户体验、拓宽变现渠道等方面不断探索和创新，为用户和创作者带来更好的体验和更高的收益。

【想一想】

视频号直播平台上的活跃用户具有什么特征？哪些商品适合选择视频号直播平台进行销售？

三、微信视频号的运营

（一）微信视频号准入条件

1. 必须满足国家相关法律规定及《视频号小店招募规则》的情况，入驻视频号小店资质需要同时满足店铺主体资质、品牌资质、类目对应行业资质等要求。具体的资质要求依据店铺类型及经营类目对应行业而有所不同。

2. 商家在入驻视频号小店后，需要满足一定的营业时间和销量要求。例如，商家需正常营业，且入驻视频号小店达到15天或以上，商家累计销量须大于等于100件才可准入。

3. 主播在进行直播活动时，也需要遵循相关的直播规范。例如，健康科普类直播的发布者需要遵守《视频号健康科普类直播准入标准》，内容包括但不限于直播封面、主题、商品标题、主播的名称与头像、画面背景、背景音乐、主播展示或叙述的内容等。

直播前，你应该知道的用语规范

（二）微信视频号审核机制

微信视频号每天都有大量的创作者发布视频，肯定是要设定视频审核过滤机制的，过滤一些平台不允许的视频。目前都有双重审核，分别是机器审核和人工审核。

1. 机器审核

提前设置好人工智能模型来识别你的视频画面和关键词，用来审核你的作品和文案是否存在违规行为，如视频违规则可能会对作品进行处罚，如降低推荐、删除作品、设置自我可见等。严重违规则直接删除或者设置自我可见。如果无法直接判定违规则进入人工审核。

2. 人工审核

对机器筛选出来疑似违规的作品，由人工进行审核。人工审核主要围绕三方面：视频标题、视频封面、视频关键帧。如确定违规，将会对作品进行处罚，如删除视频、降权通告、封禁账号等。

（三）微信视频号有效涨粉方法

1. 社群、朋友圈引流

给用户一个关注的理由（主页精心设计）。去社群和朋友圈做推广，大致可以将社群和朋友圈中对于这个视频号内容感兴趣的人筛选出来。

2. 公众号引流

可在公众号头条文章结尾为自己的视频号引流。通过公众号发布优质内容是吸引读者订阅的关键。内容质量决定了读者对公众号的认可度以及对内容是否值得转发的判断。

3. 视频号互推引流

最简单的是直接在视频中植入，通过口播介绍这个号不错，推荐大家关注，且现在视频号有@功能，可使用评论区留言置顶功能，或在别人的简介中放置宣传位置，做互推。

4. 视频号热评引流

尽量找跟我们的账号属性较接近的账号留言，通过在爆款视频的评论区抢占热评获得曝光。但千万不要去相同类型账号下留言评论。

5. 第三方平台引流

可以通过知乎、哔哩哔哩（B站）、今日头条等平台，为自己的视频号引流。

6. 直播引流

做视频直播时，一定要引导大家转发分享朋友圈，这样可以引入一些别人朋友圈的流量到你的直播间，然后再引导他们来关注你的视频号，未来这个可能是一个很高效的涨粉方式。

拓展阅读

微信视频号直播的优势

随着越来越多的人进入淘宝、抖音和快手这三大直播平台当中，不少平台也开始布局直播业务，而微信视频号直播后来居上，那么微信视频号直播的优势有哪些?

第一，大流量的优势。众所周知，目前微信的日活流量已经突破了12亿人，虽然现在微信直播才起步不久，但未来潜力巨大，很多直播玩家因此进场。

第二，社交平台的优势。微信是社交平台，在这里直播，可以一键分享到微信好友、朋友圈、社群，好友点击即可观看。不仅如此，主播在打造私域流量池时会更加方便快捷。

第三，直播生态的优势。在微信平台中直播，主播不仅仅可以在视频号中做直播，还可以再链接到小程序、微信公众号等渠道，拥有多个流量入口，为直播增加引流机会并扩大直播的传播范围。

第四，私域流量的优势。由于微信直播主要是以私域流量为主，主播可反复触达，带货、营销也更加快速，变现也就更加容易。

第五，强参与感的优势。通过微信直播，用户可以与主播产生更为直接的及时互动，在直播活动中，也能增强用户的参与感。

在互联网时代中，无数直播平台诞生，微信直播发展势头良好，同学们可以尝试使用。

活动二　认识微博直播

一、微博直播简介

微博是指基于用户关系进行信息分享、传播以及获取的广播式社交媒体和网络平台。微博内容有文字、图片、视频等多媒体形式，用户可以实现信息的即时分享、传播互动。

新浪微博直播是一种即时通信方式，可以实时分享和传播现场事件的相关内容。用户可以通过文字、图片、视频等多种形式来记录事件的发展过程，让关注者能够第一时间获取到最新的消息。新浪微博直播涵盖了各个领域，包括新闻、时事、体育、娱乐等，为日常生活中的各种事件提供了一个即时传播的平台。

通过新浪微博直播，用户可以实现实时沟通，与粉丝或朋友分享自己关注的事件。比如，当有一场热门比赛正在进行时，用户可以通过直播的方式分享比赛进程、比分、球员动态等信息，让关注者感受到与现场同步的互动体验。此外，用户也可以将自己的生活经验、旅游体验、美食分享等内容进行直播，让更多人能够了解到自己的故事和感受，从而获得更多的关注和赞同。

对于媒体、企业等机构而言，新浪微博直播也具有重要的意义。通过直播的方式，这些机构可以实时地报道、转播各种事件，提高自己的影响力和曝光度，同时也能够更好地传递自己的品牌形象和宣传效果。此外，通过直播的数据监测和分析，机构也能够更好地了解用户的需求和反馈，从而更好地满足用户的期望和要求。新浪微博直播在现代社会中有着广泛的应用和影响，成为人们日常生活、工作和传媒等各个领域中的必备工具。

二、微博直播的主要特点

早在2016年，微博就上线了直播功能，但作为微博的一项辅助功能，早期发展较为缓慢，并没有较早地发展直播“带货”。现如今，微博也开始大力发展直播营销，鼓励微博创作者直播，越来越多的微博关键意见领袖（key opinion leader，KOL）开始在微博开展直播营销。

对比其他平台，微博平台的直播有以下五个特点。

（一）便捷性

微博提供了这样一个平台，用户既可以作为观众，在微博上浏览感兴趣的信息；也可以作为发布者，在微博上发布内容供别人浏览。发布的内容一般较短，例如140字的限制，微博由此得名。微博也可以发布图片，分享视频等。微博最大的特点就是：发布信息快速，信息传播的速度快。例如用户有200万听众（粉丝），发布的信息会在瞬间传播给200万人。

微博开通的多种应用程序编程接口（application programming interface，API）使得大量的用户可以通过手机、网络等方式来即时更新自己的个人信息。微博网站即时通信功能非常强大，在有网络的地方，只要有手机就可即时更新自己的内容。

拓展阅读

1. API是微博提供的一组HTTP接口，允许开发者通过调用这些接口来获取微博相关的各种数据，例如用户信息、微博内容、评论信息等。使用微博API可以帮助开发者快速地构建自己的应用程序，并且获取到丰富的数据资源。掌握微博API的开发者可以轻松获取文章数据，提高收集信息的效率。

2. KOL是营销学里的概念，通常被定义为拥有更多、更准确的产品信息，且为相关群体所接受或信任，并对该群体的购买行为有较大影响力的人。KOL营销目前被视为一种比较新的营销手段，这种方式可以发挥社交媒体在覆盖面和影响力方面的优势。KOL的粉丝黏性很强，受到粉丝的高度认同，所以对于KOL的推荐，其粉丝们会仔细阅读和点赞。

（二）传播性

微博广泛分布在桌面、浏览器和移动终端等多个平台上，没有任何“门槛”，任何享有公民权的人都可以加入。微博上多种商业模式并存，形成多个垂直细分领域的可能。服从公共性逻辑的微博属于免费浏览，更加偏重微博的内容与影响，因此在信源的选取、关注的话题和个人叙事框架的构建方面，都可以保持一定的独立性，从而改变媒体发展的动力模式。

在微博，信息获取具有很强的自主性、选择性，用户可以根据自己的兴趣偏好，依据对方发布内容的类别与质量，来选择是否“关注”某用户，并可以对所有“关注”的用户群进行分类；微博宣传的影响力具有很大的弹性，与内容质量高度相关。其影响力基于用户现有的被“关注”的数量。用户发布信息的吸引力、新闻性越强，对该用户感兴趣、关注该用户的人数也越多，影响力越大。微博信息共享便捷迅速。可以通过各种连接网络的平台，在任何时间、任何地点即时发布信息，其信息发布速度超过传统纸媒及网络媒体。

（三）原创性

在微博上，发布内容有140字的限制激发了大量原创内容出现。李松博士认为，微型博客的出现具有划时代的意义，真正标志着个人互联网时代的到来。博客的出现，将互联网上的社会化媒体往前推进了一大步，公众人物纷纷开始建立自己的网上形象。然而，博客上的形象仍然是化装后的表演，博文的创作需要考虑完整的逻辑，创作成为博客作者很重的负担。与此同时，生活中“沉默的大多数”却在微博上找到了展示自己的舞台。

（四）海量的产品选择

微博直播电商内容丰富多样，产品种类繁多。微博直播电商作为一种新兴的社交电商形式，呈现有趣的内容，有实时的互动和体验，个性化推荐和选择海量的产品的特征。通过可视化、互动性和通过消费者实时体验的方式进行引导和销售，促进了电商销售效率的提高。

（五）超强的社交性

观众可以通过微博直播与主播实时互动，发表评论、表达观点，与其他观众交流讨论。这种互动性使得微博直播成为了一种全新的社交媒体形式，通过互动和交流，观众不再是被动的接受者，而是积极参与其中，与其他人分享自己的喜好和心情。微博直播电商内容具有互动性，观众可以通过弹幕、点赞、评论以及与主持人实时互动交流，让消费者感受到身临其境的购物体验。

【想一想】

微博直播平台与其他直播平台有什么不同？请你和同学谈一谈哪类商品适合在微博直播平台进行直播销售。

三、微博直播的运营

微博直播是一种流行的社交媒体形式，它通过实时视频和互动功能，使用户能够与观众分享自己的生活、经验和才华。作为一种新兴的营销方式，微博直播为企业和个人提供了一种直接、亲密的沟通方式，可以用于推广产品、增加品牌曝光度，以及与粉丝建立更紧密的联系。电商企业借助微博这一社交平台的影响力，可以提升运营效果。

（一）实名认证

微博直播需要完成实名认证才能开播，如果你在开启权限并直播后没有进行实名认证，则会出现“需要完成身份认证”的弹窗。点击“去认证”，输入姓名及身份证号后点击“下一步”，接下来进行芝麻验证，点击“开始认证”。在拍照识别的时候要把完整的脸露出来，提交资料后由官方进行审核，审核通过后就可以开始直播了。

（二）确定直播内容和目标顾客

开始直播前，要确定直播内容和目标观众。直播内容可以包括个人生活、美食、旅游、时尚、音乐、健身等各种领域。选择一个自己擅长或有兴趣的领域，可以增加直播的专业性和吸引力。目标观众是直播的重要对象，要确定自己的受众群体，以便更好地为他们提供内容和设计互动。

（三）提前策划和准备

在进行微博直播之前，需要进行充分的策划和准备工作。首先，明确直播的目标和主题，确定要传达的信息，无论是分享生活见闻、展示技能还是讨论特定话题，明确的主题有助于吸引目标观众。确保选择一个你熟悉且对观众有吸引力的主题，以提高直播的质量和吸引力。其次，制订详细的直播计划，包括直播时间、频次、内容安排等，在直播过程中，拥有一个清晰的内容大纲能够帮助你有条不紊地展示信息，防止直播过程中出现尴尬的停顿。列出要讨论的重点，安排好每个部分的时间，以确保直播流畅而有序。此外，还要确定直播的互动形式和奖品设置，吸引用户的参与和关注。此外，根据内容的需要，准备好所需的道具和设备，如摄像设备、背景布置、服装化妆等。

（四）直播前的宣传和预热

在进行一场成功的直播活动之前，做好宣传预热工作是至关重要的。宣传预热可以吸引更多的观众参与，增加直播的影响力和知名度。第一，选择合适的宣传媒体渠道。根据目标观众的特点和习惯，选择合适的宣传媒体渠道是至关重要的。如果目标观众是年轻人，那么可以选择在流行的社交媒体平台上进行宣传，如微博、微信、快手等。而如果你的目标观众是专业人士，那么可以选择在行业媒体或专业论坛上进行宣传。第二，制作富有创意而吸引人的宣传内容，以吸引更多的观众参与。可以通过发布预告片或海报，引发观众的好奇心和兴趣。同时，还可以通过精彩的文字描述和图片展示，让观众对直播内容有一定的了解和期待。第三，设置合理的宣传时间安排。宣传时间太长可能会使观众产生疲劳感，宣传时间太短则可能无法吸引到足够多的观众。因此，需要根据直播内容的特点和观众习惯，设立合理的宣传时间安排。第四，社交媒体互动与观众互动，吸引他们的参与。直播前的宣传预热应该是与观众之间的一次有效互动，而不仅仅是单方面的宣传发布。可以利用社交媒体进行问答活动，鼓励观众提前留言并回答其中一些问题。第五，与合作伙伴进行合作宣传。与合作伙伴进行合作宣传，可以扩大宣传的影响力和覆盖面。可以与合作伙伴、相关行业的知名人士、意见领袖或优秀的内容创作者等合作，共同推广直播活动。通过合作宣传，不仅可以吸引更多的观众参与，而且可以增加直播的信任度和可靠性。

（五）提升直播内容的吸引力

为了吸引更多用户的关注和观看，直播内容的吸引力至关重要。

首先，坚持直播内容的原创性至关重要。观众们总是喜欢新鲜、独特的东西，原创的内容可以在这个信息爆炸的时代脱颖而出，吸引观众的注意力，增加他们的参与度。如果你是一个音乐人，可以尝试演奏一些原创曲目，或者对热门歌曲进行创新的重新演绎，以此让观众们感受到与众不同的音乐风格。而如果你是一个美食博主，可以自己研发独特的菜谱，并在直播过程中分享制作的过程和口味体验。这些原创的内容将为观众带来新奇感，从而吸引更多人观看你的直播。

其次，注重直播内容的真实性也是至关重要的。观众希望看到真实的内容，而不是虚构的情节或假冒的事件。主播在直播中不能无中生有、虚情假意。通过分享真实的经历、展示真实的产品或演示技巧等方式，主播能够赢得观众的信任和归属感。例如，你是一位旅行博主，你可以通过直播展示你去过的景点、吃过的美食和感受到当地的文化特色。在直播中，不仅要从多角度展示景点风采，还要真诚地分享你在旅途中的所见所闻，包括美好的与糟糕的经历。这种真实性将让观众更愿意接纳你的直播内容，并成为你的忠实粉丝。

最后，提升直播内容的文化内涵也是不可忽视的一点。丰富的文化内涵能够为观众带来更多的思考和共鸣，从而增加他们对直播内容的兴趣和参与度。主播可以通过讲述历史故事、解读文学作品等方式，将知识性和娱乐性相结合，以提升直播内容的深度和广度。例如，一个文化领域的主播可以通过解读经典文学作品中的人物形象和主题等元素，给观众带来更全面的文学欣赏体验。

（六）重视直播的形象和氛围营造

直播的形象和氛围对于提升电商运营效果具有重要的影响。首先，主播要具有良好的形象和修养，包括仪表仪态、发言方式等。其次，直播过程中要注意营造和维护良好的氛围，与用户进行积极的互动和沟通，拉近与用户的距离，增加用户的好感度和信任度。最后，直播的背景布置和场景选择也要注意，要营造出与直播内容相匹配的氛围。

（七）积极关注直播的数据分析

在微博进行直播后，要及时进行数据的统计和分析，以了解用户的反馈和需求。通过分析用户的观看数据和互动数据，可以了解用户的喜好和关注点，进而调整和优化直播的内容和形式，提升运营效果。同时，还可以利用数据分析的结果，进行用户画像和精准营销，针对不同用户群体的需求进行个性化的推荐和营销策略。

实施微博直播过程中，需要做好策划准备、提升直播内容的吸引力、重视形象和氛围营造、积极利用数据分析、与其他推广渠道结合、建立良好的用户互动和沟通机制等方面的工作。要全面把握和运用这些要点，将短视频或者图文通过微博、微信等渠道进行传播和推广，扩大影响力和触达面。

拓展阅读

微博直播营销策略

作为直播平台，微博直播更适合有一定用户基础的博主和想要利用微博开展宣传活动的企业或品牌方。微博直播营销策略主要有以下四种。

1. 利用微博做好直播宣传

微博生态较为开放和包容，很多在其他平台开展直播营销的主播及其团队也多会利用微博平台对直播进行宣传和预告。基于微博平台用户基数大、用户互动率高等优势，想要在微博开展直播营销的博主可以在直播之前利用微博做好直播宣传。

微博博主可以在直播开始前几天发布微博直播预告信息，然后用抽奖的形式激励用户转发和点赞，吸引更多用户关注直播。对比其他平台，微博的转发扩散机制较为成熟和完善，很多用户会因为奖品激励参与微博转发。微博平台也已经形成了较为公平的抽奖机制，由微博系统自动抽奖，对用户来说较为公平。

微博在2020年6月开启了微博视频号内测，并激励微博用户开通视频号并发布短视频。如今，微博平台上的很多博主在微博平台发布短视频，平台上已经形成了图片、文字、视频三个方面的内容生态。利用微博做直播不仅可以以图文形式进行，也可以以短视频形式进行。

2. 利用微博直播提升影响力

很多企业或品牌方联合微博KOL在微博开展直播营销，其目的并不是销售商品或产生即时的经济效益，

拓展阅读

而是利用微博直播做产品和活动宣传。KOL本身的粉丝量和知名度，加上一定的话题热度，使直播能够起到提升品牌知名度和增加活动影响力的作用，微博支持回看，所以直播结束后直播内容也能够持续传播。

对于想要在微博开展直播营销的博主，联合企业或品牌方开展直播营销活动不仅能够提高博主和品牌的影响力和曝光度，还能摆脱依靠直播“带货”作为收入来源的单一盈利模式。

3．建立微博粉丝群

微博博主可以建立自己的微博粉丝群，将用户聚集在一起，通过保持群内互动，拉近与用户的距离。这样当博主有微博活动或者开展直播营销时，就可以通过粉丝群通知用户。

微博平台会不定期推荐用户可能感兴趣的粉丝群，邀请用户加入粉丝群。一般用户只会选择加入自己真正喜欢的博主的粉丝群，所以粉丝群的建立在一定程度上可以帮助博主筛选用户。针对粉丝群进行宣传，能在开展营销活动时有效地提高转化率。

4．固定时段开播，培养用户观看习惯

相比其他平台，微博平台的用户并没有养成固定观看直播的习惯。一方面是现阶段微博平台直播氛围并不如其他直播平台浓厚，且大部分博主直播频率较低，直播内容还不够完善；另一方面是用户对微博的功能印象多停留在以图文为主的状态，对微博直播并不熟悉，现有的引起广泛讨论和热议的微博直播也多与流量艺人相关。

但是，也正因为现阶段做直播的博主不多，所以竞争相对没那么激烈。对于博主来说，要想在微博长期开展直播销售，除了要坚持做好微博的日常内容运营，还应该培养固定的直播习惯，尽量在固定时段直播。例如，每周五直播或者每个月15日、25日直播，并且将直播预告信息置顶，培养用户的观看习惯，久而久之看直播的用户也会越来越多。

团队实训

筹备电商直播活动

【商品信息】

某文具公司准备以电商直播的形式销售下列商品，商品信息如下。

1．商品品牌：某品牌

2．商品型号：双头马克笔

3．颜色分类：乳白色

4．价格：网店日常价为61.8元；直播间到手价为49.8元。

额外赠送马克纸A3手抄报专用纸10张。

图4-5-1　60色马克笔

【任务目标】

根据商品信息，选择合适的直播销售平台开展直播销售活动。直播时需要根据企业需求及所选直播销售平台的规则，筹备一场直播销售活动。实操完成后总结本次直播销售活动并汇报。

【组织形式】

4~6人为一个学习小组，以小组为单位分工协作筹备一场电商直播活动。

【任务要求】

1. 根据直播商品信息，学会对比分析不同直播销售平台的区别，并根据实际情况选择合适的直播平台。

2. 结合直播任务背景和商品信息，制定筹备电商直播的活动方案。

3. 分工协作，尝试在班级进行一场直播。主播在直播环节中需要对粉丝的问题进行互动回答。

4. 活动结束后，团队讨论改进方案。

项目总结

通过本项目的学习探究，晓慧了解到直播销售平台有很多，各直播销售平台都有着各自不同的内容和特色。晓慧对常见的直播销售平台及其主要特点有了全新的认识，知晓不同平台直播时需要遵循的基本规则。与此同时，在学习和实训过程中，晓慧学会了根据企业需求及商品特点，选择合适的直播销售平台，能够与同学团队合作去筹备一场直播销售活动。在实践中晓慧不仅学到了直播销售平台的相关知识，而且提升了自己的团队意识和解决问题的能力。

综合评价

评价项目	评价内容	评价标准		评价方式		
				学生自评	小组互评	教师评价
学生姓名			综合评价等级			
指导老师			日期			
职业素养	安全意识 责任意识	A. 作风严谨、自觉遵章守纪、出色完成实操任务 B. 能够遵守规章制度、较好完成实操任务 C. 遵守规章制度、未完成实操任务 D. 不遵守规章制度、未完成实操任务				
	学习态度	A. 积极参与教学活动、全勤 B. 缺勤率达本任务总学时的10% C. 缺勤率达本任务总学时的20% D. 缺勤率达本任务总学时的30%				
	团队合作意识	A. 与同学协作融洽、团队合作意识强 B. 与同学能沟通、分工、协调工作能力较强 C. 与同学能沟通、分工、协调工作能力一般 D. 与同学沟通困难、分工、协调工作能力较差				
专业能力	选择合适的直播销售平台	A. 学习活动评价成绩为90~100分 B. 学习活动评价成绩为75~89分 C. 学习活动评价成绩为60~74分 D. 学习活动评价成绩为0~59分				

续表

评价项目	评价内容	评价标准	评价方式		
			学生自评	小组互评	教师评价
专业能力	直播内容设计	A. 学习活动评价成绩为90～100分 B. 学习活动评价成绩为75～89分 C. 学习活动评价成绩为60～74分 D. 学习活动评价成绩为0～59分			
	实训任务测评	A. 按时完成实训操作与任务测评，实操总结汇报表述清晰、流畅 B. 按时完成实训操作与任务测评，实操总结汇报表述基本清晰、流畅 C. 未能按时完成实训操作与任务测评，实操总结汇报表述错误较多 D. 未完成实训操作与任务评测题，无实操总结汇报			
创新能力		学习过程中提出具有创新性、可行性建议	加分奖励：		

项目实训

一、单选题

1. （　　）可以同时与天猫、淘宝、闲鱼等平台进行多平台联动。

A. 抖音直播平台　B. 快手直播平台　C. 淘宝直播平台　D. 虎牙直播平台

2. 从纯粹的工具应用转型为短视频社区，又增加了直播功能的平台是（　　）。

A. 抖音　B. 京东　C. 快手　D. 小红书

3. 下列直播电商平台中，（　　）拥有独立的直播App能开启直播。

A. 抖音　B. 蘑菇街　C. 快手　D. 淘宝

4. （　　）以“标记我的生活”为口号，号召大家分享生活和发现世界。

A. 抖音　B. 淘宝　C. 快手　D. 小红书

5. 大众娱乐属性强，直播商品以美妆及服饰类商品为主的平台是（　　）。

A. 抖音　B. 淘宝　C. 快手　D. 小红书

二、多选题

1. 截至2024年，淘宝直播是我国目前最大的直播电商平台，其特点是（　　）。

A. 活跃用户规模大　B. 转化率高

C. 货源充足　D. 支持新浪微博同步

2. 淘宝直播定位为消费类直播，直播内容涵盖（　　）。

A. 母婴　B. 美妆　C. 电竞　D. 美食

3. 直播营销违规行为包含（　　）。

A. 电子商务违法行为　B. 产品质量违法行为

C. 侵犯知识产权违法行为　D. 价格违法行为

4. 抖音直播平台鼓励商家遵照以下（　　）原则为消费者提供服务。

A. 及时　B. 可靠　C. 无忧　D. 清新

三、判断题

1. 淘宝直播平台支持半年以内的直播回放。（　　）
2. 抖音最初是一款用来制作、分享GIF图片的手机应用。（　　）
3. 小红书的用户既是消费者，还是分享者，更是同行的好伙伴。（　　）
4. 快手直播平台入驻需要实名认证，用户年龄满18岁。（　　）
5. 淘宝直播支持新浪微博同步直播。（　　）

四、简答题

1. 淘宝直播平台的主要特点有哪些？
2. 入驻抖音直播平台的资质要求有哪些？
3. 小红书直播平台的主要特点有哪些？

五、实训题

请你选择一个或多个主流直播平台，例如淘宝直播、抖音直播、快手直播等。收集平台上的销售数据，包括销售额、观众人数、互动情况等。分析平台的商业模式，包括价值主张、客户细分、渠道通路、客户关系、收入来源、关键资源、关键业务、重要合作、成本结构等要素。分析平台的商业逻辑，例如，如何吸引观众、如何促成交易、如何提升用户黏性等。根据分析结果，为平台提出改进直播销售策略的建议。

项目5 提升直播销售能力

项目概述

随着直播行业竞争持续加剧，直播行业带动了各类群体就业，造就了诸多数字新职业，主播群体呈现高学历化、年轻化、职业化趋势，直播行业成为青年群体的择业新选择。2020年，人力资源社会保障部等部门发布了关于互联网营销师这个新职业的信息，其中，在“互联网营销师”职业下增设“直播销售员”工种，带货主播成为正式工种。企业希望通过本次实践月的活动，为公司培养一批直播销售员，特意成立了直播销售员培训小组，晓慧作为小组成员，在参与A企业“6·18”直播大促活动中，发现自己在形象打造、言语表达、危机处理等很多问题上都感到棘手，离企业要求和用户满意的直播销售员还存在很大差距，认识到直播销售员作为专业人员，需要具备直播销售的专业知识和技能。为了解决这些问题，晓慧开始本项目的学习。

知识目标

1. 了解直播销售员的人设类型。
2. 知晓如何强化主播人设。
3. 学会培养直播销售员镜头感、培养口才、心态建设等方法。
4. 掌握直播销售产品的技巧和注意事项。

技能目标

1. 能够根据自身现实情况进行人设打造。
2. 能够自我练习，掌握直播能力训练技巧。
3. 能够运用常用的促销技巧、粉丝互动技巧、危机应对技巧等完成一场直播实训。

素养目标

1. 借助直播项目实训，挑战自我、克服困难，提升对直播的热情。
2. 结合直播理论技巧和实践训练，培养语言表达、团队协作和高效沟通的能力。

任务一　打造魅力人设

工作情境描述

晓慧作为直播销售员在企业里进行了短暂的直播实践，她发现直播销售员的“身份+人物特征”会影响直播间的人气、最终的销售额。对于企业来说，设置“直播销售员”的岗位只是培养主播的第一步，要想在直播销售领域争得一席之地，必须要了解和掌握打造直播销售员魅力人设的技巧和方法。

思考

晓慧在开展直播销售的过程中感到困惑：为什么同样的在线人数、同类型的产品，在不同主播的直播间的粉丝数量、销售额会差距很大？为什么有的主播擅长制造记忆点、会引出话题？

任务分解

- 打造魅力人设
  - 了解人设类型
    - 消费者+社会角色
    - 导购促销员
    - 网红达人
    - 技能专家
    - 设计师
    - 企业家
  - 塑造主播人设
    - 打造直播账号
    - 管理主播形象

活动一　了解人设类型

互联网时代，人们将公众人物对外的形象表现称为人设。其实也就是“身份+性格”。当用户看到某一个点的时候，想到的就是你，这就是人设的力量！晓慧在实践活动月中要想吸引更多人观看并下单，获得企业的青睐，必须在直播前就开始打造人设。晓慧对于自己能够打造怎样的人设感到十分迷茫，因此，晓慧首先要了解有哪些类型的人设。

在直播销售领域常见的主播人设有：消费者+社会角色、导购促销员、网红达人、技能专家、设计师、企业家。

一、消费者+社会角色

消费者+社会角色人设适用于所有商家、所有品类，社会角色人设比较常见的是闺蜜或哥们、好友、兄弟或姐妹等角色，是以自己的亲身体验拉近与消费者之间的距离，从而带来种草分享式消费，可能是各行各业的爱好者、大学生等社会人群见表5-1-1。

表5-1-1 消费者+社会角色人设具体特征

消费者+朋友/对象/家人等社会角色	优点	门槛低、拍摄难度低、演员要求低
	缺点	以付费流量为主、单品周期短、需要不断找新品
	角度	站在消费者的角度，阐述使用过程中的痛点，通过使用产品解决哪些问题，引起共鸣
	形象	语气诚恳，着重强调痛点和产品带来的便利或特点
	场景	场景围绕产品的特性，以合理化的方式，展现直播的各个环节，进而解决用户对产品的信任感
	其他	可适当搭配煽情音乐
脚本关键词	很尴尬、试过其他、了解到这款、真香、好穿、不变形、不再烦恼	

二、导购促销员

导购促销员（表5-1-2）主要就是品牌店铺自己的主播销售。除此之外，也可以跟其他人设类型结合，以明星为例，因为很多明星对产品的熟悉程度不如一个专业的导购员，当粉丝在直播间提出各种刁钻的问题时，助理可以快速地从价格、品牌、生产、原材料等多个维度给消费者提供信息价值，促成消费者在短时间内购买。

表5-1-2 导购促销员人设具体特征

导购促销员	优点	能够帮助消费者缩短决策时间，快速匹配消费者需求
	缺点	对主播综合能力要求较高，需要稳定、持续较长时间的直播
	角度	主讲产品，过款产品或产品精选优选
	形象	语言表达流畅清晰，状态和表现力都具备感染力
	场景	品牌店铺直播间、购物平台直播间
	画面	尺码推荐图、入会领券链接、活动主题标语等
脚本关键词	官方旗舰店、店铺口碑、爆款××热卖、××大促、加入会员领取大额券、爆款回货、反季福利、放心拍、最后××分钟、商场同款、售后无忧、每天××点直播、现货、福利、全国包邮，××在×号链接	

【想一想】

企业为了让更多人关注到“6·18”直播活动大促，要求晓慧作为导购促销员打造魅力人设，导购促销员和哪些人设类型结合可以提高关注度呢？请你在直播平台上帮助晓慧找一些可以合作的主播。

三、网红达人

明星、时尚达人、美妆师、手艺人、英语老师、健身达人甚至领导干部等都可以成为网红达人，比如，许多领导干部纷纷推荐当地美景美食，为农副产品开展公益性“代言”，成为老百姓眼中的“带货员”（表5-1-3）。

表5-1-3　网红达人人设具体特征

网红达人		
网红达人	优点	粉丝黏性较高，容易与用户产生情感共鸣，实现产品增值，降低用户对产品价格等属性的敏感度，利于促进产品销售
	缺点	对主播依赖大，账号培养周期比较长，可复制性比较低
	角度	根据用户需求选品，相当于用户的代言人，与产品关联度高
	形象	干净自然的妆容，情绪饱满状态良好，口齿清晰，表达流畅
	场景	户外产地直播、虚拟背景直播、室内实景直播间
	画面	可呈现家居、健身、农产品、旅游等不同产品特色情境
脚本关键词	欢迎来到××直播间、点关注、分享××技巧、××我只推荐这个、福利款、领红包、买×送×、数量有限、谢谢大家支持	

四、技能专家

技能专家（表5-1-4）是比网红达人更进一步的人设，主要是某个领域有突出贡献的技能专家。就像喜欢打羽毛球、喜欢跑步的达人，和获得世界运动类冠军的专家是不一样的人设。

专家人设不需要太刻意建立，但是网红达人人设需要持续发布作品才能够建立。

表5-1-4　技能专家人设具体特征

技能专家		
技能专家	优点	身份让产品更可信，专业技能让用户更受益
	缺点	对主播身份和技能要求较高
	角度	该角色具有天然引领性，在某个领域有突出贡献
	形象	语言表达流畅清晰，仪容仪表符合人设，比如工作服等
	场景	个人工作室、训练场、科研基地、各领域工作场景等
	画面	专业技能展示、专业设备操作流程、专业知识讲座等
脚本关键词	资料方法、使用、高效率、揭秘、指导、关键	

五、设计师

设计师（表5-1-5）体现的是专业度，所以他们一般都是专家。在服装领域非常多见，他们能够极大地吸引对品质有要求的用户。通过对生产场景等环境的展示，来体现商家的实力与货品的真实度。

表5-1-5　设计师人设具体特征

设计师		
设计师	优点	对长期固定的人设打造有帮助，可长期制作同主题素材让观众形成记忆，专业形象更利于增加信任感
	缺点	拍摄成本较高，对场景布置、对应口播的画面都有要求
	角度	以产品的外观、实用性为出发点，介绍品牌故事或产品亮点
	场地	工作室或原料实采现场、品牌直播间、品牌店铺、选材、设计定稿、出席活动等
	画面	设计稿纸、可添加3D动画、产品制作过程、参与设计和把控产品细节
脚本关键词	××专家、了解行情、亲切介绍、艰苦创业、金牌设计师、品位十足、细节极致、针对痛点设计、多次优化改版、真诚做事、自信专业、干货科普、权威场所取景	

六、企业家

企业家（表5-1-6）是消费者直接对接的企业负责人，让用户可以直接和老板对话，可以大大提升用户对品牌的信任度的一种人设类型。

表5-1-6　企业家人设具体特征

企业家	优点	主播身份优势、公信力强、拍摄要求低
	缺点	若在工厂拍摄画面可能会看起来比较杂乱、太接地气等，不利于提升整体调性
	角度	站在厂长角度、阐述产品的优势、创业的艰难、细节的把控等
	形象	整体气质符合人设，态度诚恳，带点口音也无妨
	场景	工厂、仓库、店面、直播间、秀场等
	其他	获过的奖项、拥有的证书、出席的高级活动
脚本关键词	良心老板、多年创业、热情善良、××专家、考虑周到、知心体贴、工厂实拍、库存积压、深入生产环节、让利、精心研发、出口标准、专柜品质、售后保障、好评无数	

【做一做】

1. 请同学们分别观看网红达人和技能专家人设类型的直播，提炼他们的脚本关键词，并总结两种人设类型的区别。
2. 请同学们到网上找出以上6个不同人设类型的直播案例。
3. 请你谈一谈见过的其他人设分类形式或人设类型。

知识链接

直播销售人员职业能力要求

【想一想】

直播销售员等级职业能力表明从事直播行业所必备的学识和技能。它是用人单位招聘、录用劳动者的主要依据，也是境外就业、对外劳务合作人员办理技能水平公证的有效证件。作为一名中职生，你可以通过自己的努力获得哪个等级的职业技能证书？为此，你会怎么做呢？

活动二　塑造主播人设

主播人设是一个直播账号的灵魂，它能让你从众多的同类账号中脱颖而出，让观众记住你。企业决定给晓慧塑造鲜明的人设。考虑到晓慧是身材微胖的女孩，非常擅长服装搭配，对于时尚有自己的见解，性格开朗幽默，企业要怎样做呢？

【想一想】

人设和风格是两个完全不同的概念，很多人容易混淆，人设是基于整个账号运营体系而言，而风格则是基于内容而言，不管是哪个平台的直播账号，我们都要把它看作一个人，人是固定的，但是风格是多变的。那么账号的人设到底包括哪些因素呢？

一、打造直播账号

培养直播账号，需要考虑人物形象及性格设定，是老师还是有经验的职场人？成熟知性还是逗趣活泼？冷静沉稳还是奶气可爱？出镜人数、人与物的关系等都是我们要考虑的，塑造主播人设从账号基础信息建设就要开始。

（一）账号名称

一个账号名称相当于一个品牌标识，能让你的账号迅速与其他账号区别开，并且能在用户心中形成定位。因此，为了让账号被更多人关注，账号在起名字时就要考虑到怎样才会更受欢迎。

知识链接

账号基础命名规则（以微信视频号为例）

1．视频号名称最多只有20个字符，1个中文字占2个字符，英文字母以及数字占1个字符。

2．允许使用标点符号，1个中文标点占2个字符，1个英文标点占1个字符，不允许使用空格。

3．账号名称每年可以修改2次。

起名建议。

1．账号的用户群体十分庞大，所以名字尽量使用通俗易懂的词语。

2．明确目标领域，是科技、音乐还是其他。根据你的目标领域多使用专属词。这样的话，当用户搜索相关领域的内容时，你的出现概率会更高。

3．一个朗朗上口的名字易传播，所以起名时多读几遍吧。

4．如果你在其他平台已经有一个广为人知的名称，可以继续沿用。

注意，在给账号起名字时，请避免出现以下违规情况，否则将有可能面临处罚。

1．账号名称应当与简介的内容相符，且不得与已注册成功的账号名称重复。

2．夸大性、广告性和具有误导性的表述，可能会导致账号注册失败。

3．不得仿冒公众人物、企业、政府机关，不得侵害他人的姓名权、名誉权、肖像权、隐私权、知识产权、商业秘密及其他合法权利。

4．无正当理由，账号名称与他人法律上的商标名称、微信公众平台已有的公众号名称、其他平台有广泛知名度的账号名称重复或存在混淆的，可能注册失败。

5．批量注册大量相似账号的行为可能注册失败。

6．不得出现政治敏感、低俗、违法违规等内容。不得涉及诈骗、非法营销、色情等违法行为。

7．不得出现联系方式、网址、超链接、电话等私人信息。禁止冒用名人、机构、团体等名称，且不得含有广告意味。禁止使用不文明、粗鄙、恶意中伤、造谣等不符合公序良俗的词语。

（二）账号简介

不管是昵称还是简介，都要简单直接且通俗易懂，让人在最短时间内了解账号的人设，所以编写账号简介的时候，请勇敢展示自己！让用户感知你的技能和实力。

你可以突出自身的属性，如在哪些平台拥有大量粉丝、是短视频、短文案或其他站点中的知名人士，这样可以帮助粉丝快速找到自己。

你可以展示自身的专业技能，告诉用户自己的特长和所在的专业领域，如摄影师、咖啡师或者小提琴维修工匠等，只要是自身的专业技能都可以展现出来，以便能够快速积累有相同兴趣的用户。

你可以展示自己在专业领域获得的奖项和荣誉，让用户能够感知你的专业性，如马拉松2018国际组冠军、模型师大赛冠军等。

你可以请专业机构为自身能力作背书，如机构合作对象，例如，哈苏相机认证的哈苏大师、法国图片社认证摄影师。

【试一试】

思考以下问题，结合所学习知识并上网搜索案例，帮助晓慧的账号设计一个简介。

1. 罗列目标用户的10个痛点。
2. 你能给粉丝带来什么？
3. 账号想体现什么样的价值观？
4. 晓慧的自我介绍。
5. 此账号的营销方式。

（三）账号头图

账号头图是页面最顶端的背景图片，是呈现给粉丝的第一印象，同时也是非常重要的广告位。账号头图必须具备以下几个要素：主页包装，放上符合你账号格调的高清图片，对页面进行美化。行动指令：对用户进行心理暗示，引导关注，信息关注，把重要的信息做成彩文放在头图中，这样更能突出强调你想表达的东西。

轻松制作吸睛账号头图

1. 可采用图片+文字的形式

例如：技术方向的账号文字可写“带你了解更多行业信息”，或是起到引导关注的作用。

2. 可仅使用图片形式

例如：美妆方向可与真人头像相同，也可着重突出美妆+真人图片。

（四）账号头像

账号头像要求画面清晰、比例合适。比如，以真人照为头像，头像在首页的面积本身就很小，所以只需要拍大头照，如果把一个全身照放在头像里，就看不清楚脸了，也无法给用户很好地传递信息。另外，账号头像要注意主体与场景的结合。

1. 以体现人物性格及形象的真人头像，选择带有个人特点的表情的照片，比如，你是一位果农，可以在果园拍摄带着诚实笑容的大头照。
2. 做电商的企业类账号，可以直接选择企业标识（logo），更能彰显实力。
3. 销售类产品账号可以在头像中突出产品。
4. 做娱乐内容的账号，可以选择搞怪的头像，起到吸引人的作用。

二、管理主播形象

直播间首先映入眼帘的是主播整体的形象面貌，一个干净、清爽、漂亮的主播更能吸引用户的关注。所以主播用心把自己打扮得美丽动人、干净帅气是直播销售成功的重要因素。那要如何在多种风格中找到适合自己的形象呢？

（一）妆容管理

直播销售员妆容管理的目的是体现自然、专业、可信的形象，突出产品特点和个人特点，营造出更加符合直播场景和产品特性的形象。要根据自己的肤质、脸型、气质等特点选择更适合自己的化妆品和化妆技巧，打造出适合自己的妆容。

1. 妆容管理的原则

（1）突出个人特点，根据个人的面部特点和气质，选择适合的妆容，突出自己的优势，营造出更加专业、可信的形象。

（2）保持自然真实，妆容要保持自然真实，简约不夸张，自然为主，避免过浓或过于夸张，以免给观众带来不适感。

（3）妆容要与服饰、发型等协调统一，避免出现明显的色差或风格冲突。

（4）适应场景，妆容要适应直播场景和产品特点，根据不同的场景和产品选择适合的妆容，营造出更加符合产品特性的形象。

（5）及时补妆，在直播过程中，要及时补妆，保持妆容的完整性和新鲜感，避免妆容出现裂痕或脱妆。

（6）卫生安全，化妆品要注意卫生和安全，避免使用对皮肤有刺激或易过敏的化妆品，保持皮肤的健康和卫生。

2. 直播销售员化妆参考步骤

（1）主播要了解自己的肤质。不同的肤质需要使用不同的化妆品，因此要先了解自己的肤质，选择适合自己的化妆品。

（2）主播要做好清洁面部，精简护肤（不用太多精华/面霜叠加）。在化妆之前，要确保面部清洁干净，并使用适当的保湿产品，以保证妆容更加贴合和自然。

（3）主播要做好妆前隔离，提亮皮肤暗沉的地方，缓解肤色不均的情况。

（4）底妆，主播根据肤质选择粉底或气垫，注意手法，取粉后一定要均匀，比如，气垫取粉后可以在盖子上把多余的粉蘸一下，鼻翼处等容易脱妆的地方可以用力按压或轻揉，少量多次上妆。

（5）修容、提亮，若要五官更加立体，主播可在定妆前使用修容、提亮。修容一般用在颧骨或下颌骨等部位，要根据脸型选择合适的修容产品。提亮一般用在眼下三角区、太阳穴等面部需要更加饱满的地方。

（6）定妆，主播可以选择适合肤质的定妆粉或喷雾，均匀取粉后定妆，以使妆容持久。

（7）眉毛修饰，主播可以使用眉笔或眉粉适当修饰眉毛，使其自然有型，同时要注意眉毛的颜色与发色相协调。

（8）眼妆，是化妆的重点之一，主播可以使用眼影、眼线、卧蚕和睫毛等来打造出有神的眼睛。主播要注意眼影的颜色要与肤色和眼型相适配，眼线的颜色要与眼型和妆容相协调。

（9）腮红和修容，腮红和修容也是化妆的重点之一，主播使用适当的腮红可以提升气色，修容则可以修饰脸型。主播要注意腮红的颜色与肤色和妆容相协调。

（10）唇妆，唇妆也是化妆的重点之一，主播可以选择口红、唇釉等不同产品来打造出适合自己的唇色。主播要注意唇妆的颜色要与妆容相协调，同时也要考虑自己的肤色和气质。

补妆：在直播过程中，主播要适时进行补妆，保持妆容的完整性和新鲜感。主播要注意在补妆之前可以使用吸油纸吸去多余的油脂，然后使用适当的化妆品进行补妆。

（二）发型管理

1. 发型管理的原则

（1）无论选择什么样的发型，保持整洁是最基本的要求，因此，主播要定期修剪发梢，保持头发干净、清爽，避免油腻。

（2）主播根据自己的脸型、气质和直播内容选择适合自己的发型，能够提升形象，以达到最佳的视觉效果。

（3）主播根据个人的特点，可以选择一些能够突出自己优点的发型。例如，如果眼睛特别明亮，主播可以选择一些能够突出眼睛的发型；如果脸型比较圆润，可以选择一些能够拉长脸型的发型。

（4）主播保持一定的时尚感也很重要，可以关注一些流行的发型趋势，但要注意不要过于夸张或过于复杂。

（5）主播为了在直播过程中保持发型的稳定性，可以使用一些定型产品。

（6）考虑到直播的环境和设备，主播可以选择一些适应性较强的发型，以便在不同的场景和设备下都能够保持良好的状态。

2. 直播销售员发型参考

（1）短发。主播可以将头发剪短，保持干净利落的形象。短发较适合脸型较小的销售员，有助于突出脸部的轮廓线条。

（2）短发配刘海。如果主播脸型较长或较圆，可以选择短发配刘海的发型，这样能够软化脸部上半部分的宽度感，营造出更加优雅的形象。

（3）长发。长发可以营造出主播柔美、浪漫的形象，适合女性直播销售员，可以通过不同的长发造型来展现不同的风格。

（4）波浪卷发。波浪卷发是一种比较自然、时尚的发型，能够帮助主播软化脸部的线条，营造出更加柔和的形象。

（5）直发。直发是一种比较常见、经典的发型，适合各种脸型的直播销售员，能够帮助主播突出脸部的垂直线条，营造出更加整齐、干练的形象。

知识链接

妆发检查的事项

1. 观发际与眉毛洁净度

主播发际上沾的粉底霜可用湿纱布或湿毛巾擦去，沾在眉毛上的粉底霜最好用眉刷刷掉。

2. 观眉妆

主播双眉是否画得对称均匀，从眉型是否一致，眉毛浓淡是否得宜，眉峰高低是否一致，眉型与脸型是否协调等几方面观察。主播如果眉妆画得高低不一致或是一边过重一边过轻，都会破坏脸部的均衡。

3. 观眼妆

主播双眼化妆效果如何，双眼化妆是否对称，半闭上眼时，眼睛是否也好看。主要从主播眼影浓淡程度如何，边缘是否有过渡而不显得生硬，与鼻侧影相连处是否相融，眼线有没有漏画，睫毛上是否沾有粉底霜或香粉等几个方面来看。

4. 观唇

主播牙齿上是否沾着口红。为防止主播牙齿上沾口红，在涂完口红后应撅起嘴唇，用小棉球擦拭唇的内侧。此外，主播口红颜色不能过重，光泽要适度。

5. 底妆是否太厚

笑笑看，如果主播皱纹太明显，也是底妆太厚的表现。主播可用乳液将手打湿，从上往下轻轻按一按，就可以改过来了。

6. 远观

主播远离镜子看看，脸上是否像罩上一层东西，颈部和面部的颜色是否一致，如果不一致，可选用一些粉底霜调整。

7. 头发占的分量是否适中

如果主播头发占的分量过大，人就显得矮，看上去也不那么轻盈快捷。如果主播留前发，头发的分量不宜过大。主播眼睛的化妆是否与头发相称，比例是否恰当，也需要检查一下。

8. 穿着与化妆是否相称

比如，穿礼服时，主播妆容是否过淡。如果主播穿的是牛仔裤，妆容是否过于浓艳。主播颈部上下是否截然不同，特别是比较裸露的服装，还要注意肩、臂等部位肤色一致。

9. 全身的色调是否统一

如果主播服装是玫瑰红类的，那么口红、胭脂、指甲油也应该用玫瑰红，以求得一致。即使主播追求的是色彩的反差美，也要考虑妆容的颜色与服装色彩之间是不是协调。

10. 整体给人的印象如何

化妆结束后，要能看出来是主播本人，化妆的效果与自己本身的年龄、性格、气质是否和谐一致。如果主播化妆造成的气氛与自己本身的气质等相差悬殊，反而给人一种不自然的印象。

11. 显漂亮的是皮肤还是化妆品

如果主播化妆后人工痕迹过重，只能显出粉底霜的效果，而皮肤本身的健美却未能很好地表现出来，易导致别人的视线只集中在化妆品上，而不是化妆了的人，则说明化妆没有成功。

12. 淡、浓妆是否与主题相宜

主题不同对主播化妆的要求也有所不同，一般来说，如果主播是打算跳舞，应以浓妆为宜；如果是分享故事，则以淡妆为好。

（三）服装管理

直播销售员的着装应该根据直播的内容、目标受众和品牌形象来选择。好的着装形象，能够增强客户的信任感和购买意愿，从而提高销售业绩。

1. 服装管理的原则

（1）符合品牌形象，主播确保着装符合品牌形象，能够展现出品牌的特色和风格。

（2）整洁性，主播定期检查和清洗服装，确保其干净、整洁，没有污渍、破损或款式过时。

（3）规范搭配，规定主播在直播中应如何搭配服装，如颜色搭配、款式搭配等，以确保整体形象的一致性。

2. 直播销售员服装参考

（1）休闲商务风格，这种风格适合主播在直播中介绍日常用品、家居用品等。主播可以选择穿着休闲的西装、衬衫搭配牛仔裤或休闲裤，营造出轻松、舒适的氛围。

（2）时尚潮流风格，如果主播销售的是时尚潮流相关的产品，如服装、鞋帽等，可以选择时尚潮流的着装风格，展现出年轻、活力的形象。

（3）运动风格，如果主播销售的是与运动相关的产品，如健身器材、户外装备等，可以选择运动风格的着装，如运动鞋、运动衣等，展现出健康、活力的形象。

（4）简约风格，如果主播销售的是高端、高价值的产品，可以选择简约风格的着装，如黑色、白色的服饰，营造出高雅、大方的形象。

（5）民族风格，如果主播销售的是具有民族特色的产品，可以选择相应的民族风格着装，展现出独特的文化魅力。

总的来说，直播销售员的服装选择应综合考虑品牌形象、个人特色、色彩搭配、款式细节以及适用场景等因素。精心搭配服装不仅能够提升主播的整体形象，还能增加直播的吸引力和提升销售转化率。

【做一做】

请同学们观看主播打造妆发的视频，学习打造适合自己的妆容、发型和服装造型，并分享自己的人设形象和适用场景。

任务二　提升表达与自我管理能力

工作情境描述

随着直播次数的增加，企业的工作人员提出晓慧的体态、表情、语言表达等方面需要提升。反观成熟的直播销售员可以连续直播几小时甚至十几小时，依然能保持好的表现力，在遇到突发状况时也能从容面对，这让晓慧十分佩服。晓慧自信心受到了很大的冲击，也深刻地认识到了直播销售员绝对不是表面功夫，一定要培养自己的直播销售能力，更要提升调整心态的能力，才能成为成熟的直播销售员。

思考

晓慧在生活中开朗活泼，无论和同龄人还是和长辈都能开心交谈，为什么在直播间就会有明显的紧张感，表达也很生硬呢？她该怎样克服和改善呢？

任务分解

- 提升表达与自我管理能力
  - 提升语言表达能力
    - 提升发音技巧
    - 提升口语表达
  - 提升镜头感与台风
    - 提升镜头感
    - 提升台风
  - 提升情绪管理和抗压能力
    - 提升管理情绪的能力
    - 提升抗压能力

活动一　提升语言表达能力

主播在镜头前的表达可以认为是一种演说，要让观众听懂主播在说什么，这需要主播具备良好的词汇量和优秀的语言表达能力。

语言表达能力的提升绝非一日之功，只有通过不断地学习和练习，才能逐步提高自己的语言表达能力。以下主要从发音技巧、口语表达2个方面进行介绍。

一、提升发音技巧

通过腹腔控制呼吸，可以帮助人们发出更为低沉、稳定的声音，通常被称为“腹式发声”“胸腔共鸣”。这种技巧常常被用在唱歌、演讲等场合中，在直播销售中也同样适用，可以使声音更为浑厚有力，特别是在需要大声说话或长时间讲话的情况下，能够减轻嗓子的疲劳感。

直播销售言语能力表达–发音技巧

1. 腹式发声技巧

呼吸要深长而缓慢。用鼻吸气，用口呼气。一呼一吸控制在15秒左右。先深吸气（鼓起肚子）3～5秒，屏息1秒，然后慢呼气（回缩肚子）3～5秒，屏息1秒。每次做腹式呼吸练习可持续5～15分钟，做30分钟练习最好。

知识链接

打枣歌的歌词有多个重复的音节和押韵的韵律，这种旋律和节奏可以帮助人们放松呼吸、练习腹腔发声、锻炼口型和面部肌肉等，从而有效地提高人们的发声能力和技巧。具体如下。

出东门过大桥，大桥底下一树枣，
青的多，红的少，拎着竿子去打枣。一个枣，
两个枣，三个枣，四个枣，五个枣，六个枣，七个枣，
八个枣，九个枣，十个枣；十个枣，九个枣，八个枣，
七个枣，六个枣，五个枣，四个枣，三个枣，两个枣，
一个枣。这是一段绕口令，一口气说下来才算好！

2. 口腔操练习

直播销售员需要经常用嘴和舌头工作，口腔操可以锻炼口腔肌肉和舌头的灵活性，更好地掌握发音部位和发音方式，使发音更加清晰、准确。

（1）哈欠操，直播销售员开口的动作要柔和，两嘴角向斜上方抬起，上下唇稍放松，舌头自然放平。可以帮助直播销售员解决口腔开度的问题。

（2）咀嚼操，直播销售员练习张口咀嚼与闭口咀嚼结合进行，舌头自然放平。可以帮助直播销售员解决两腮肌肉运动问题。

（3）嘴唇操，直播销售员将嘴唇紧闭，然后用力吹气，使嘴唇变得紧绷。直播销售员保持这个姿势几秒，然后放松，重复多次。这个练习可以帮助直播销售员加强嘴唇的肌肉，或者直播销售员双唇闭拢向前、后、左、右、上、下，以及左右转圈。做这个练习，有助于解决直播销售员双唇的运动问题，对美唇也有帮助。

（4）舌头操，直播销售员舌尖顶下齿，舌面逐渐上翘；舌尖在口腔内左右顶口腔壁，在门牙上下转圈；舌尖伸出口外向前伸、向左右、上下伸；舌在口腔内左右立起等动作可以帮助锻炼舌部肌肉。

（5）牙齿操，直播销售员将上下牙齿咬合在一起，然后用力咬紧，保持几秒钟，然后放松，重复多次。这个练习可以帮助直播销售员加强下颌肌肉和牙齿的紧固力。

（6）喉咙操，直播销售员张开嘴巴，伸出舌头，然后发出“啊”的声音，尽量拉长声音的持续时间，重复多次。这个练习可以帮助直播销售员加强喉咙的肌肉和声音的控制能力。

（7）面部操，直播销售员用手指轻轻按摩面部的肌肉，特别是额头、太阳穴和下巴周围。直播销售员可以顺时针和逆时针方向按摩。这个练习可以帮助直播销售员放松面部肌肉，缓解压力和紧张感。

二、提升口语表达

1. 练习语调

升降调练习，直播销售员用升调来读句子，然后用降调来读相同的句子，再使用平调进行阅读。通过这种方式，直播销售员可以练习语调的变化和对比。

【试一试】

试着使用升降语调练习以下句子。

感叹句：啊，今天的天气真好！

疑问句：你明天要去哪里？

陈述句：我喜欢吃冰淇淋。

祈使句：请给我一杯水。

反问句：难道你不知道吗？

肯定句：我会做这道题。

否定句：他没来参加会议。

角色扮演练习，直播销售员通过扮演不同的角色来进行语调练习。例如，你扮演服务员，另一个同学扮演顾客，然后使用不同的语调来对话。

听力练习，直播销售员通过听力训练来提高自己的语感。直播销售员可以听新闻、广播剧或电影的原声，并尝试理解不同的语调和发音。

配乐练习，直播销售员通过配乐来帮助自己更好地掌握语调。直播销售员可以使用一些节奏明快或情感丰富的音乐，让学生用不同的语调来读句子，以配合音乐的感觉。

知识链接

选择适合自己语调和情感的配乐是练习的关键，不同类型的音乐都可以用来练习语调，重要的是选择适合自己的音乐，让自己感到舒适和自在。

音乐类型如下。

轻音乐，通常有悠扬的旋律和柔和的节奏，适合用来配音朗读。如新世纪音乐、钢琴曲、大自然音乐等。

古典音乐，通常具有丰富的情感和深度，可以用来练习表达不同的情感和语气。如巴赫、莫扎特、贝多芬等的作品。

流行音乐，通常比较简单、易于跟唱，可以用来练习语调和节奏。如流行歌手的歌曲或者电影、电视剧的插曲等。

民族音乐，通常具有丰富的文化特色和情感色彩，可以用来练习表达不同的文化背景和情感，如中国传统音乐、印度音乐、非洲音乐等。

以下是一些适合配乐练习的语调推荐。

悲壮、激昂、庄重、史诗、大气、辉煌、逆境、希望，可以选择“True Strength”，它出自John Dreamer的*True Strength-Epic Music*专辑，适合循序渐进、情绪不断昂扬的正能量朗诵。

正能量、史诗、大气、希望、悲壮，可以使用“Main Titles”，此曲情绪高昂，适合歌颂类、情绪起伏较大的正能量朗诵。

舒缓、轻松、自然、治愈、平静、沉着、感动、抒情，可以使用“1967”，它出自GONTITI的*Humble Music*专辑，娓娓道来，适合舒缓轻松的朗诵。

歌颂祖国类，《我爱你，中国》这首曲子情绪激昂，充满力量和感动，《红旗颂》也非常适合歌颂祖国的朗诵。

轻松、欢快、治愈、平静、自然，可以选择《云村的夏天》，此曲适合风景类的朗诵或散文。

知识链接

正能量、励志、逆境、勇敢，可以使用“Stories of Hope”，适合情绪逐渐高涨或需要加快速度的朗诵。

神秘、抒情、悲伤、怀旧、感动，可以使用“Who's Lovin' You”，带着些许悲伤，适用于情感起伏不大的朗读。

【做一做】

选择适合自己语调和情感的配乐，朗诵或朗读一段文字，能够体现语调的变化，可以录音后分享交流。

2. 练习音节

直播销售员练习“pa”这个音节，可以促进唇部肌肉的放松，练习时可以保持微笑和打开口腔，注意发“a”时要保证舌头的位置在口腔的中央。

直播销售员练习“ba”这个音节，可以提升咬字准确，练习时舌头应保持在口腔中央，注意发“a”时要打开口腔，声音应从喉咙发出。

直播销售员练习“ma”这个音节，可以提升唇部肌肉和舌头的灵活性，发“a”时要打开口腔，舌头向后缩，同时发出声音。

直播销售员练习“fa”这个音节，可以提升唇部肌肉的灵活性和力量，发“a”时要保持舌头的位置不变，让嘴唇一开一合进行练习。

直播销售员练习“da”这个音节，可以提升舌头的灵活性，锻炼唇部肌肉的力量，发“a”时要保证舌头的位置在口腔中央，让嘴唇一开一合进行练习。

直播销售员练习“ta”这个音节。可以提升舌头的灵活性和力量，同时可以促进唇部肌肉的放松，发“a”时要打开口腔，舌头向后缩，同时发出声音。

直播销售员练习“na”这个音节，可以提升舌头的灵活性，同时可以锻炼唇部肌肉的力量，发“a”时要保持舌头的位置不变，让嘴唇一开一合进行练习。

直播销售员练习“ha”这个音节，可以提升唇部肌肉的灵活性和力量，同时可以提升舌头的灵活性，发“a”时要保持舌头的位置不变，让嘴唇一开一合进行练习。

3. 练习咬字

绕口令是练习咬字的好方法，直播销售员在练习时，要注意正确的姿势和呼吸方法，保持身体的放松和呼吸的平稳。

【做一做】

推荐绕口令练习。

1. 七巷一个漆匠，西巷一个锡匠。七巷漆匠用了西巷锡匠的锡，西巷锡匠拿了七巷漆匠的漆，七巷漆匠气西巷锡匠用了漆，西巷锡匠讥七巷漆匠拿了锡。

2. 老谭挑着一担炭去炭摊卖炭，老杜挑着一担蛋去蛋摊卖蛋。半道老杜招呼老谭聊起炭蛋，老谭耽搁了卖炭急得挑起炭担，不料炭担撞着了老杜的蛋担，破了一担蛋。老谭没有卖成炭，老杜更是赔了蛋。

【做一做】

3. 胡家小胡过河捉蛤蟆，花家小花拎壶去浇花。胡家小胡捉了五只大花活蛤蟆去看花家小花浇花，花家小花浇完红花黄花与小胡一起玩大花活蛤蟆。

4. 飞飞佛佛捉凤凰，凤凰藏在凤山上，飞飞捉黄凤凰红凤凰，佛佛捉粉凤凰黄凤凰。红凤凰黄凤凰粉凤凰，飞飞佛佛头昏眼发花。

4. 练习表达

口语表达必须坚持练习。通过以下方法练习，可以提高自己的口语表达水平，扩大自己的词汇量，提升语言魅力。

（1）练习朗读，选择一些优美的文章或诗歌，进行朗读练习。在朗读时，要注意语音、语调、语速、停顿等方面的准确，同时也要注意表达出文章或诗歌的情感和内涵。

（2）练习复述和转述，可以先读书给镜头听，熟悉后添加自己的理解和看法，尝试列出大纲，进行复述和转述，坚持练习。

（3）观看演讲和访谈，观看一些优秀的演讲、访谈等节目，学习别人的表达技巧和语言运用。在观看时，要注意语音、语调、语速、停顿等方面的准确，同时也要注意表达出自己的观点和情感。

（4）复述故事，选择一个有趣的故事或寓言，用自己的语言进行复述。在复述时，要注意表达清晰、流畅，同时也要注意语气和语调的变化，让故事更加生动有趣。

（5）练习自我介绍，选择一些自己的兴趣爱好、经历等，进行自我介绍。在介绍时，要注意表达清晰、准确，同时也要注意语音和语调的变化，让介绍更加生动有趣。

（6）模拟对话，选择一个话题，与朋友或同事进行模拟对话。在对话时，要注意表达清晰、准确，也要注意语气和语调的变化，使对话生动有趣。

（7）练习演讲，选择一个自己感兴趣的话题，进行演讲练习。在演讲时，要注意语音、语调、语速、停顿等方面的准确，同时也要注意表达出自己的观点和情感。

【试一试】

以下是一些可以用来练习口语表达的短文，可以根据自己的兴趣和实际情况进行选择和修改。在练习时，可以大声朗读这些短文，并尝试用自己的语言进行复述和转述，以提高自己的口语表达能力和水平。

1. 描述一个物体

每天早上，我都会被一个美妙的杯子吸引。它静静地立在我的床头柜上，小巧玲珑，优雅而充满活力。它由一种非常漂亮的陶瓷材料制成，白如雪，光滑如玉。在它的腹部，绘制着一只活灵活现的小猫，它有着柔软的毛发和亮晶晶的眼睛。每当我把手放在它身上时，都会感受到它温暖的气息和微微的湿润感。我非常喜欢这个杯子，每天早上都会用它来喝一杯香浓的咖啡。

2. 描述一个地方

当我来到这个小镇时，我感到一股宁静和安详。街道两旁，有着许多小巧玲珑的房子，每一座房子都有着自己独特的特点。有的房子门前有一个小花园，里面种着各种各样的花草；有的房子则有一个小阳台，上面挂满了五彩斑斓的衣服。每当黄昏时分，夕阳就会洒在街道上，整个小镇仿佛被染上了一层金色的光辉。我非常喜欢这个小镇，这里有着简单而美好的生活。

【试一试】

3. 描述一个事件

那是一个晴朗的周末下午，我和几个朋友一起来到郊外的草坪上野餐。我们带来了各种美食和饮料，还有一张大毯子铺在草地上。大家一边品尝美食一边聊天，尽情享受着这美好的时光。突然，一只小鸟飞过来，落在了我们的毯子上。我们都非常惊讶，这只小鸟一点也不害怕我们，甚至还蹦蹦跳跳地在我们身边玩耍。我们都被这只小鸟的可爱吸引，纷纷拿出手机给它拍照。这个下午真是一段美好的回忆。

【做一做】

请根据以下分类积累句子素材，每类至少3句。

1. 物品

请你描述物品的颜色、大小、形状、材质、功能、特点等方面，例如："这是一个重250克的糖心红富士苹果，它属于黄纹红果，大小适中，方便送礼。"

2. 人

请你描述人的外貌、性格、兴趣爱好等方面的句子，例如："她长着一双大眼睛，严肃的长方形脸上戴着一副金色宽边眼镜，高鼻梁，嘴角总是挂着微笑，喜欢看书和旅游。"

3. 事件

请你描述事件的起因、经过、结果等方面的句子，例如："正月初六的下午我和最好的朋友小芳一起去电影院看电影，喜剧电影的情节非常搞笑，这是一个愉快的下午。"

4. 想法

请你描述自己对某个问题的看法、意见、建议等方面的句子，例如："我认为学习不光要学习文化知识，也要注重实践，要积极参加社会和学校的各项实践活动。"

5. 过程

请你描述某个过程或步骤的句子，例如："要化一个精致的妆容，首先要进行洁面和基础护肤，接下来用粉底和散粉完成底妆，最后是完成眼妆/腮红/唇妆等彩妆。"

6. 比较

请你描述两个或多个物品、人或事件之间的比较或对比关系的句子，例如："xx手机比xx手机屏幕更清晰，续航能力更强，而且功能也更全面。"

7. 因果关系

请你描述两个事件之间有因果关系的句子，例如："因为今天天气是雨夹雪，路面湿滑，所以无论是行车还是步行都要注意安全。"

活动二　提升镜头感与台风

在直播销售中，镜头感是指主播在面对直播镜头时，对自己的手势、表情、肢体的有效控制，能够自然地展现出最佳的状态，与用户进行良好的信息沟通。好的镜头感可以帮助主播更好地展示产品、分享内容，提升直播的质量和效果。

一、提升镜头感

要想成为一名有出色镜头感的直播销售员，除了先天条件，靠后天的努力练习也能获得，尝试将情感和能量传递给镜头，而不是简单地背诵台词或做表面表演。将情感融入你的表演中，寻求他人的反馈，利用这些反馈来改进自己的镜头感。

1. 捕捉最佳的出镜比例

全身最佳的观看效果是头顶到屏幕上方留1/4空白，离背景墙有一定距离，才会有镜深感；上半身最佳观看效果是人脸在中上的位置。坐播适用于小于等于10平方米的直播间，主播尽量坐在画面中间，展示台与整个直播画面按4：1的比例进行。

2. 捕捉摄像头的位置

直播销售员要面对面跟粉丝沟通，切忌用侧脸和后脑勺一直对着镜头。与镜头建立良好的眼神交流可以使你的表现更加自然和真实。练习在镜头前直视镜头，并保持眼神的交流。

3. 捕捉最好的展示角度

手机屏是平面的，你的脸和肢体是立体的。你在镜头前的每一帧都有极致的魅力，哪个角度下的耳环最好看都是可以考虑的问题。

4. 捕捉最甜的笑容

笑容是拉近与用户之间距离的最好方式。练习模仿：观察并模仿那些善于微笑的人的表情和神态，这可以帮助你更好地掌握微笑的技巧和感觉，练习口型：反复练习“茄子”“微笑”“露牙笑”等口型，这有助于训练嘴唇和脸部的肌肉，使你的笑容更加自然和轻松。

【试一试】

请同学们，试一试对着镜头说话。

1. 找一面镜子，找好角度，调整角度。

2. 手机前置摄像头，放松状态，坚持不断地练习。

参考练习：

“哇哦！这个镜头让我热血沸腾，好像全身充满了力量！”（兴奋的表情）

“哎呀呀！这个镜头让我心跳加速，感觉就像在坐过山车一样刺激！”（紧张的表情）

“哈哈哈！这个镜头太搞笑了，我笑得合不拢嘴！”（开心的表情）

“呜呜！这个镜头太感人了，我的眼眶都湿润了！”（感动的表情）

“哼！这个镜头让我愤怒不已，我简直要气炸了！”（不满的表情）

“哎呀！这个镜头好恐怖，我的汗毛都竖起来了！”（惊恐的表情）

“嘿！这个镜头真有趣，我笑得前仰后合！”（愉快的表情）

5. 表情

直播时需要保持眼神明亮、自信，时刻与观众进行眼神交流。微笑是直播中最常用的表情，除了微笑，主播还需要学会表达其他的情感，如惊讶、开心、愤怒、不满等。这些情感表达需要自然、真实，不要过于夸张或者过于平淡。

二、提升台风

台风指的是直播时的表现风格和技巧。直播销售员是一个站在镜头前的工作，一颦一笑都备受瞩目。管理好自己的手势、身姿、表情都是十分必要的。培养好的台风需要长时间的积累和实践，需要不断学习、观察、反思和提高自己的专业素养和技能水平。同时要保持积极的心态和耐心，相信自己能够成为一名优秀的直播销售员。

（一）手势

在直播销售中，手势的使用需要根据实际情况而定，要自然、得体，避免过于夸张或生硬。同时，手势要与口头表达和肢体语言相协调，以达到最佳的表达效果。在直播中加入合适的手势，可以调动直播的气氛，表达自己的情感，增强表达效果和与观众的互动。以下是一些常见的手势。

1. 指示手势：用于指示商品的位置或特点，如用手指指向商品或用拳头示意大小。

2. 情绪手势：用于表达情感和态度，如胜利的手势、挥手告别等。

3. 象形手势：用于模仿商品或其使用方式，如用手比画衣服的大小、摆出手机的形状等。

4. 指示与情绪结合的手势：将指示手势和情绪手势结合起来，如用手指指向商品并微笑示意。

（二）坐姿

直播销售员的坐姿也是很重要的，因为它能够影响观众的观看体验和信任度。直播销售员的坐姿要符合专业、自信、自然的要求，能够展现出自己的形象和气质，同时也要注意与手势、口头表达等方面的协调和配合。直播销售员坐姿要端正，入座时要轻、稳，上身保持直立，双腿并拢或交叠，手臂自然放松。直播销售员落座时要注意整理衣裙，避免褶皱。主播坐姿要端正，坐在椅子前端，目视前方，表现出精气神。

1. 基本坐姿：直播销售员入座时要轻，至少要坐满椅子的2/3，后背轻靠椅背，双膝自然并拢，可略分开。直播销售员身体稍向前倾，表示尊重和谦虚。女性入座前应先将裙角收拢，两腿并拢，双脚同时向左或向右放，两手叠放于腿上。如直播销售员长时间端坐可将两腿交叉叠放，但要注意上面的腿向内回收，脚尖向下。

2. 坐姿禁忌：直播销售员在就座时也应有所禁忌，避免弯腰、驼背、抖腿等，无意间，这些习惯可能会影响视觉效果。直播销售员不良的坐姿可能给人留下漫不经心、狂妄自大、缺乏涵养、不够耐心、心理素质差等种种不良印象。

3. 坐姿变化：直播中可能需要变换姿势，直播销售员可适当变化腿部位置，如两腿交叉或并拢，同时变化手部动作或交叉双臂。直播销售员变换姿势时应保持优雅大方，避免幅度过大或过于频繁。

（三）站姿

直播销售员在直播过程中要保持自然、自信、亲切的站姿，展现专业形象，增强观众的信任感。同时直播销售员要注意与观众互动，提高直播效果。站姿是直播销售员在直播中需要注意的仪态之一，以下是直播销售员站姿的练习方法。

1. 基本要求，直播销售员保持两眼平视前方，男性主播两脚跟之间应有一拳的距离，前脚掌分开；女性主播站姿要优雅自然，两脚跟应并拢，前脚掌可分开成V字形或丁字形。直播销售员站立时，双脚自然分开与肩同宽，身体微微前倾，保持头部直立，收腹挺胸，双臂自然下垂，放松肩膀，重心放在脚跟。

2. 练习步骤，直播销售员先靠墙站立，让身体与墙面平行，脚跟、臀部、肩膀、头部都贴着墙，然后逐渐离开墙面练习站立，保持身体与墙面平行。在练习时直播销售员要注意保持身体平衡，不要左右晃动或倾斜。

3. 直播销售员双手摆放，直播销售员双手可以自然下垂或放在身前，不要抱胸或插兜。在介绍产品时，直播销售员可以适时举起产品或使用手势。注意站姿的细节，如保持衣物整洁、发型得体等，展现直播销售员专业形象。

4. 细节注意，直播销售员站立时要保持自然大方，不要拘谨或过于紧张。直播销售员要注意放松肩膀和上半身，但不要过于松懈。同时直播销售员要注意保持头部直立，不要低头或仰头。

5. 变化姿势，直播销售员在直播中需要保持一定的姿势，但长时间保持同一姿势容易疲劳，因此可以适当变化姿势，如左右转身、轻轻抬起手臂等。但直播销售员要注意变化时要保持优雅大方，不要过于频繁或幅度过大。

6. 配合语言和表情，直播销售员站立时要配合语言和表情的表达，如挺胸收腹、自信微笑等。同时直播销售员要注意保持与观众的眼神交流，增强互动感。

7. 保持直立，直播销售员站立时身体保持直立，头部挺直，不驼背、不倾斜。直播销售员双腿并拢或微微分开，但不要跨步或交叉。

8. 重心稳定，直播销售员将身体的重心放在双腿之间，保持稳定。直播销售员不要随意摇晃或倚靠其他物体。

总之，直播销售员站姿需要注重细节和技巧，结合自己的特点和习惯进行针对性的练习。同时直播销售员要注重整体形象的塑造和提升，以达到更好的直播销售效果。

【试一试】

坚持姿势练习可以帮助加强姿势的稳定性，提升身体协调性和平衡感。每天进行几分钟的练习，可以让你保持健康的体态和良好的身体状态。

完成以下姿势练习，多练习几次，并将任务步骤录成视频，进行分享交流。

训练1：

（1）坐直，挺胸，收腹，双脚平放在地面上，双手放在膝盖上。保持这个姿势，深呼吸几次。尝试将注意力集中在呼吸上，感受气息在鼻腔中流动的感觉。

（2）慢慢将一只手从膝盖上抬起，伸直手臂，掌心向上。保持这个姿势，感受身体的平衡和稳定性。

（3）慢慢将手臂向左右旋转，感受腰部和背部的力量。慢慢将手臂向前伸直，掌心向前，然后向后伸直，感受肩膀和颈部的力量。将双手放回膝盖上，然后慢慢将身体前倾，感受腰部和臀部的力量。慢慢将身体向后仰，感受颈部和背部的力量。

训练2：

（1）站立，双脚分开与肩同宽，双手自然下垂。保持这个姿势，深呼吸几次。

（2）慢慢将双臂向前平举，感受肩膀和颈部的力量。慢慢将双臂向后伸直，感受背部和肩部的力量。

（3）将一只脚向前迈出一步，保持身体平衡，感受腿部和脚部的力量。慢慢将身体左右旋转，感受腰部和臀部的力量。将双手放在腰间，然后慢慢向前弯腰，感受腰部和背部的力量。慢慢向后仰身，感受颈部和背部的力量。

活动三　提升情绪管理和抗压能力

直播销售员情绪管理和抗压能力训练是非常重要的，因为直播销售员在工作中需要面对各种挑战和压力，如与观众互动、应对不同的问题、处理销售业绩等。通过掌握这些训练方法，直播销售员可以更好地应对工作中的挑战和压力，提高工作质量和效率。

一、提升管理情绪的能力

情绪是人类对外部事件、事物或情境的心理反应和生理变化，通常表现为愉悦、悲伤、愤怒、恐惧等主观体验。情绪可以是短暂的，如一阵惊喜；也可以是持久的，如长期的忧郁。情绪会影响人的思维、行为和生理健康，因此对人类生活具有重要意义。所以，无论是在直播中还是生活中，我们都要了解情绪、管理好情绪。

表5-2-1　直播销售员要管理的情绪

问　题	说　明
过分关注销售额	直播销售员过分关注销售额，导致在直播过程中过于紧张和焦虑
过分依赖观众反馈	直播销售员可能会过分依赖观众的反馈，导致在直播过程中缺乏主动性
对负面评论的过度反应	直播销售员可能会对观众的负面评论产生过度反应，影响自己的情绪和工作状态
激情和动力不足	直播销售工作可能会让人感到疲惫和厌倦，新鲜感过去后，直播销售员激情和动力不足
过分依赖运气	直播销售员认为销售业绩的好坏完全取决于运气的好坏，安于现状，随心躺平
自信心不足	直播销售员对竞争对手产生恐惧心理等导致自信心不足，担心自己的销售业绩受到影响
心理落差	直播销售员可能有过成功的经验，在换了平台或者某几场直播不尽如人意时，心理落差很大，一时难以接受
优越感	“骄傲使人落后”，有的直播销售员对自我表现感到良好，把优越感带到直播间，难免一时得意说错话
急于表现	“不忘初心，方得始终”，直播销售员一味地为了流量和销售额而急于表现，失去自己的风格和原则是不可取的

要想克服这些情绪，能够将直播事业热爱并坚持，就必须具备强大的心理素质。主播在直播中，会面临各种影响心情的局面。例如：刚开始直播时，直播间观看人数少、没有粉丝互动、黑粉语言攻击等；带货的商品卖不出去，遇到客户投诉、退货等一系列售后服务问题；平台不断更新的规则，以及越来越严格的政府监管等。这些因素都可能让一个心理素质较差的直播销售员随时崩溃。只有不断地去调整心态，提升自己，才能坚持下来，成为一名优秀的直播销售员。

经典案例

主播回复情绪对比

Q1：主播你真丑！

回复1：就你好看，你好看你来播！不想看就滚出去！

回复2：（唱起来）长得丑，活得久，长得帅，老得快，我要当个丑八怪，开心又可爱。

Q2：你们弹券是只有一张吗？怎么抢都抢不到？

经典案例

回复1：抽不到就是你手速不行咯，你看别人都抽到了。

回复2：宝贝不要急，先点波关注，关注不断，福利不断哦，下波福利在×××。

Q3：主播你怎么不回答我的问题，不理人啊，我都已经问了3遍了！

回复1：你以为你谁啊？正忙着呢，急什么急！

回复2：不好意思哦宝宝，这边拿小本本记下来了哈，马上给你讲解。

提升直播销售员的心理素质，主要有以下策略。

1. 设定合理的目标，学会复盘总结。直播销售员需要明确自己的优势和劣势，从而有针对性地设定切实可行的销售目标，避免期望过高导致心理压力过大，总结经验教训，尽量避免直播出现失误。

2. 情绪日记，每天记录自己的情绪变化，分析情绪产生的原因，并寻找有效的应对方法。

3. 树立“归零”意识，每一次直播都是一次重新开始，每一个新的直播销售员在初期，都会经历“无人观看”或者“少人观看”的状况，这是很正常的。想成为一名优秀的直播销售员，在观看的用户比较少时，也得尽职尽责，认真直播。要把每一场直播，当成一次锻炼的机会，克服尴尬和失落的情绪，哪怕直播间就一个人观看，也必须用最佳的状态认真完成每次的直播，机会总是留给有准备的人。

4. 学会放松和调整，教会直播销售员如何在工作之余进行有效的放松和调整，如进行深呼吸、冥想、运动等。这有助于直播销售员缓解工作压力，保持良好的心理状态。

知识链接

冥想练习放松的步骤如下。

1. 找一个安静舒适的地方，坐下或躺下，确保你的身体姿势不会给你带来不适。

2. 你闭上眼睛，开始深呼吸。慢慢地吸气，感受气息进入你的鼻子，填满你的肺部。然后，慢慢地呼气，感受气息从你的嘴巴离开你的身体。专注于呼吸的感觉，让其他思绪慢慢离开你的头脑。

3. 将注意力集中在你身体的不同部位。从头部开始，逐渐扫描你身体的每个部分。注意感觉你每个部位的放松和紧张。如果你感觉到任何紧张或不适，尝试通过深呼吸来放松那个区域。

4. 让你的注意力回到呼吸上。专注于每一次呼吸的感觉，不要刻意改变它，只是观察和接受它。

5. 当你的思绪开始漫游时，不要责备自己。只需轻轻地将注意力带回到呼吸上。

6. 继续冥想几分钟，直到你感到身心放松和平静。

7. 缓慢地睁开眼睛，回到日常生活中，尽量保持自己冥想时的平静和放松感。

5. 与自己和解，保持自信心。接受自己的不足之处，并积极改进。自信表现在两个方面：一是要对自己的产品自信，相信自己推荐的产品就是特别好，无论是质量还是价格，都特别适合直播间的粉丝们，比其他直播间的产品要更胜一筹；二是要对自己的能力自信，一个优秀的直播销售员，声音不一定要大，但是一定要清晰，语速要适中，该快的地方快，该慢也要慢下来。直播销售员讲话要富有感染力，表达积极的情绪，传播正能量。这就要求直播销售员在平时多加练习，在镜头前做好自我介绍，是成功的第一步。在平时，练习在肯定自己的前提下把自己介绍给别人。除此之外，经常给予自己和他人积极的反馈和鼓励，其实人和人之间是相互的，给予别人鼓励的同时也增加了自己获得肯定的概率。

6. 建立良好的团队氛围，团队成员是共同面对挑战的伙伴，及时沟通和倾诉，有助于营造直播的氛围。同时，鼓励销售员与团队成员密切合作，共同策划和执行直播活动，提高团队协作能力。

7. 保持积极乐观的心态，学会看到问题的积极面，直播销售员面对直播中的各种问题和挑战时，如技术故障、观众质疑等，应该保持冷静和乐观的心态，灵活应对，把挫折当作成长的机会。可以看一些正能量的励志书籍、故事或视频，保持积极的情绪和心态。除此之外，积极的心理暗示是克服恐惧的好办法，如经常告诉自己“我要放松”“我没问题”“我不怕丢人”“困难总会过去”“出错不要紧，这都是经验，下次注意就好”。

二、提升抗压能力

根据压力带来的影响不同，压力可以分为积极压力和消极压力两类。积极压力可以带来动力，使人们更好地工作，更积极主动地解决一些问题；消极压力则会造成精力的损耗，降低生产力，长此以往会影响身体健康，使自己的脾气变得很糟糕，从而破坏人际关系。

（一）压力评估

要想管理压力，首先要了解自己正在承受的压力情况，对于直播销售员来说，工作状态和心理感受直接影响直播效果。以下问题可以帮助直播销售员进行压力评估。

1. 工作负荷与时间管理。

（1）你觉得每天的工作时间是否过长，难以保持高效的工作状态？

（2）你是否经常需要在非工作时间（如晚上、周末）进行直播或处理工作？

（3）你觉得自己的工作量是否超出了可承受的范围，导致你难以充分准备和应对直播？

2. 业绩压力与销售目标。

（1）你是否经常感到因为销售业绩不达标而承受巨大的压力？

（2）公司设定的销售目标是否让你感到难以达成，从而增加了你的焦虑感？

（3）你是否担心因为业绩不佳而面临职业发展的困境或经济压力？

3. 客户互动与反馈。

（1）你在与客户互动时是否经常感到紧张或不安？

（2）你是否经常收到负面反馈或投诉，这对你造成了多大的心理压力？

（3）你是否觉得需要不断满足客户的各种需求，这让你感到疲惫不堪？

4. 竞争压力与市场变化。

（1）你是否感到所在行业的竞争越来越激烈，这增加了你的工作压力？

（2）你是否担心市场变化（如新产品推出、消费者需求变化）会对你的销售业绩产生负面影响？

（3）你是否觉得需要不断学习新知识、新技能来应对市场变化，这增加了你的学习压力？

5. 个人发展与职业规划。

（1）你是否对自己的职业发展路径感到清晰明确？如果不是，这是否增加了你的不确定性和压力感？

（2）你是否觉得公司提供的培训和发展机会不足以满足你的职业成长需求？

（3）你是否担心自己的职业竞争力下降，未来可能面临失业的风险？

6. 工作环境与团队氛围。

（1）你对目前的工作环境满意吗？是否存在影响你的工作效率或心情的负面因素？

（2）你与其他团队成员的关系如何？你们是否存在沟通不畅或冲突的情况？

（3）你是否觉得公司或团队的文化氛围与你的价值观不符，从而增加了你的心理压力？

7. 身心健康状况。

（1）你最近是否感到身体疲惫、睡眠不足或经常生病？

（2）你是否觉得自己的情绪波动较大，容易感到焦虑、沮丧或易怒？

（3）你是否觉得自己的压力已经影响到了日常生活和社交活动？

通过这些问题，可以较为全面地了解作为一名直播销售员的工作压力状况，若“是”超过50%，则建议制定缓解压力的措施和提供情绪支持的计划。

（二）缓解心理压力的方法（见表5-2-2）

表5-2-2　直播销售员缓解心理压力的方法

方　法	说　明
改变环境	暂时离开产生压力的环境，例如，工作场所或学习场所 去公园散步、听音乐、阅读等，让自己放松一下
转移注意力	尝试不同的活动或兴趣爱好，以转移注意力
调整思维方式	思考问题的不同方面，从多个角度看待问题 培养乐观的心态，关注积极的方面 反思自己的思维模式，是否有不合理的信念或假设
社交互动	与亲友聚会，分享感受和经历 参加社交活动或加入兴趣小组，结识新朋友 通过交流和互动，获得支持和理解
情绪释放	释放自己的情绪和情感，如通过大声喊叫、哭泣、大笑、唱歌等方式来释放内心的压力和情绪

【试一试】

遇到问题之前，经常假设出现压力的场景，提前思考预案，防患于未然，有利我们游刃有余地解决问题，避免压力过大，试一试思考以下问题并交流讨论。可以根据自己的实际情况回答问题，并思考自己的应对方式和策略是否合理、有效。

1. 你遇到一项紧急直播任务，需要在很短的时间内完成，但你对产品还不熟悉，你会如何应对？

2. 你遇到一项直播任务，需要与其他人合作完成，但是你与其中一位成员有矛盾，你会如何应对？

3. 你遇到一项直播任务，需要加班完成，但是你已经有其他安排，你会如何应对？

4. 你遇到一项直播任务，需要你做出决策，但是你无法确定决策的后果，你会如何应对？

综上，直播销售员要关爱自己，定期运动、保持良好的睡眠和健康饮食等，不但有利于心情愉悦，也可以让身体和心理保持健康和平衡。

【直击大赛】

在2023年的职业学校电子商务竞赛中，对大赛选手的言语表达和镜头感都有了更高的要求，请同学们根据大赛赛卷脚本：全麦面包、小黄鸭棒棒糖，训练自己的镜头感和台风，进行言语表达，克服恐惧和压力，完成直播赛卷，用时5～10分钟。

直播赛卷

任务三　提升直播销售能力

工作情境描述

作为新人直播销售员，晓慧认真学习，努力实践，已经得到了企业工作人员和同学们的认可。“趁热打铁”，现在企业直播销售小组决定把××新品上市的直播间交给晓慧，为了准备这一次直播，晓慧把原来直播时没有解决的问题总结了一下，大致如下：直播间没有人互动怎么办？问题太多回答不过来怎么办？没有销量怎么办？直播间有用户怼我怎么办？为了解决这些问题，晓慧下定决心好好学习直播销售的技巧，给新品上市的销售业绩交上一份满意的答卷。

思考

晓慧作为直播销售员，如何提升直播时的销售量？怎样让用户认同和信任直播销售员？好的产品怎样讲解更吸引人？如何应对用户的疑问？同学们，你们又该如何准备呢？

任务分解

- 提升直播销售能力
  - 掌握直播销售方法
    - 了解直播销售的内容分类
    - 掌握直播销售产品的方法
  - 掌握直播销售语言技巧
    - 学习讲解产品的语言技巧
    - 熟悉常见的直播销售语言
    - 掌握促进直播销售的语言

活动一　掌握直播销售方法

在直播过程中，直播销售员通过真诚的态度和专业的建议，使用户更愿意购买产品或服务。同时，用户可以即时反馈产品或服务存在的问题，让企业及时改进和优化，提高产品或服务的质量。在直播中采用销售技巧和销售语言可以大大提高直播间的营销效率和客户忠诚度，将直播销售的优势发挥到最大。

一、了解直播销售的内容分类（表5-3-1）

多样化的直播间内容可以拉近和用户的距离，增强观众的参与感和忠诚度。因此，直播销售员可以通过学习不同的内容分类和形式，满足不同观众的需求和口味，提高直播间的互动性和观赏性。同时，要注意保持直播内容的真实性和可信度，避免过度夸大或虚假宣传，树立良好的口碑和形象。

表5-3-1 直播销售内容分类

<table>
<tr><th colspan="2">直播销售内容分类</th></tr>
<tr><td>新品展示
面向对象：对新品敏感人群
玩法：对新品进行全方位直播
适合品类：服饰、美妆</td><td>生活交流
面向对象：全体消费者
玩法：生活直播，包括日常生活分享，吃播，晒穿搭，商品使用感受，交流创业初衷，人生经历等</td></tr>
<tr><td>特惠专场
面向对象：全体消费者
玩法：24小时不间断直播</td><td>热点活动
面向对象：对价格敏感的人群
玩法：直播间限时抢购，组合优惠，赠品优惠</td></tr>
</table>

【想一想】

特惠专场和热点活动的活动时间活动内容一样吗？有什么区别？

二、掌握直播销售产品的方法

（一）了解用户需求

在直播前，需要充分了解目标消费者的需求和兴趣，包括他们的购买习惯、喜好、关注点等。除了前期调研，还可以通过互动方式了解，比如“想听×××的请在公屏上打出1，想听×××的请在公屏上打出2”等，这样在直播中可以根据用户的需求和关注点进行针对性地推荐和介绍产品，提高用户的购买意愿。

（二）塑造产品价值

直播销售员在直播间展示并讲解商品时，扮演的角色绝对不是一个产品的说明书，也不是讲解产品的机器和工具，而是要塑造产品价值，只有用户知道了为什么要买这个产品，才有兴趣去了解具体的卖点，才会认为产品是有价值的。

1. 痛点场景需求化，商品讲解时，直播销售员根据人群说痛点，如“有没有冬天怕腿冷还想穿裙子的姐妹”，让用户认为跟自己有关，吸引注意力。

2. 产品卖点利他化，直播销售员通过产品的卖点来解决痛点，比如“我们家的豆浆机有24小时预约功能”虽然说明了有预约功能这个卖点，但是没有体现利他化，如果换成“前一天晚上定好时，放好材料，第二天早上就能直接喝了”，用户就会认为解决了他们的痛点。

3. 价值塑造升华化，有的产品主打的就是性价比，比如“9块9一大包”，但是有的产品，如收藏品、工艺品等，就需要直播销售员通过讲解制作工艺、产品细节、展示特写的镜头、灯光语言、音乐的渲染等，先让用户感受到产品的价值感，直播销售员讲价格的时候用户才会感到物有所值，更愿意下单购买。

【试一试】

企业新出了一款可折叠的太阳镜，晓慧作为直播销售员负责讲解该商品的主要卖点，请结合前面学过的内容，试试塑造这一产品的价值吧。

（三）赢得顾客信任

赢得顾客信任是直播销售的关键，直播销售员可以通过分享个人使用经历和感受、对产品质量和售后服务做出承诺等方式，增加顾客对产品的信任度，从而提高成交，可以采用以下思路。

1. 直播销售员引起反思，让消费者想象拥有这个产品后他的生活将发生什么样的改变。以女装举例，例如："姐妹，我穿着好看，你穿着一样好看，拿回去到镜子前去试一试，拍个照发个朋友圈，你闺蜜的点赞会告诉你，这是你不能错过的款式。"

2. 直播销售员做出举证，让消费者感觉到已经有很多人在用这个产品，例如："姐妹，在我家买，质量完全不用担心，如果不是活动，不可能有这个价，不信你自己点开链接看一看，1 000件以上的销量，好评率98%，一千多位姐妹的选择，你不必担心哈。"

3. 直播销售员强调服务，让消费者感觉随时都可以反悔。例如："我给每个姐妹都安排了7天的试穿权益，品质好不好，上手才知道，运费险也已经安排上了，所以姐妹，售后这里完全不用担心。"

（四）营造紧迫氛围

限时促销和刺激购买欲望：在直播过程中，直播销售员可以设置一些限时促销活动，如打折、赠品等，来激发观众的购买欲望。

1. 限量销售

直播销售员宣布产品只有少量库存，或者在特定的时间段内进行销售，让观众意识到机会难得。也就是饥饿营销，可以在直播过程中将产品分多次上架售卖，不会全部上架。

2. 倒计时

在直播中设置倒计时，让观众感受到时间的紧迫感，促使他们尽快做出购买决策。

3. 优先购买权

宣布前多少名购买的观众可以获得额外的优惠或礼品，激发观众的购买欲望。

4. 抢购活动

设置抢购环节，让观众在规定的时间内进行抢购，营造紧张刺激的氛围。

5. 限时折扣

在特定的时间段内提供折扣，让观众意识到只有在直播中购买才能享受到优惠。

6. 推出新品

宣布推出新品，并强调新品数量有限，让观众感到机会难得，促使他们尽快购买。

7. 互动抽奖

设置互动环节，鼓励观众参与抽奖，并宣布只有购买产品的观众才能参与抽奖，营造紧迫感。

【试一试】

1. 一些直播销售员在推荐商品时经常会讲述自己或周围人的使用经历，使用怎样的表达能让消费者信任呢？

2. 直播销售员介绍一款新品手机，强调其高端的配置和优秀性能。直播销售员宣布在接下来的30分钟内，该手机将享受特别折扣，并强调折扣价格和原价之间的差别，请你试着做一个具体的直播活动方案。

活动二　掌握直播销售语言技巧

作为直播销售员，无论使用哪种技巧，一定要配上有效的话术才能把用户留下来，如果你不会表达，那么即使发再多的红包和福袋也没有用。

其实直播语言，并非一种可以套用的固定的内容，相反，对于直播语言的理解，更多的应该定义在沟通技巧上，也就是如何说话才会让人觉得愉快，这也是主播应该掌握的一门基本功。

经典案例

从北京大学毕业的刘媛媛，几年前参加演说综艺一炮而红，现今正忙碌着直播带货。据了解，刘媛媛自从在抖音创立同名账号“刘媛媛”以来，至今在平台已坐拥1 405.9万粉丝，获赞8 440.2万个，发布的短视频作品高达1 004个（以上数据统计时间截至2021年9月14日）。

“北大法律硕士”“福布斯精英”“超级演说家冠军”等多个身份，足以让刘媛媛立稳学霸和专业的主播人设，她从一开始游刃有余地直播销售图书品类，再到逐渐深挖垂类和拓宽品类，完善了其在抖音直播的经营布局。

以刘媛媛在直播间带货图书《做个不生气的妈妈》时为例，因其在内容端已有“如何拒绝孩子的使唤”相关视频，指出母亲面对孩子使唤的正确做法，以观点抢占用户心智，再在直播间强调母亲教导有方的重要性，充分调动母亲的购买需求，进而达成较高的销售转化。

飞瓜数据显示，2021年8月，售价9.9元的图书《做个不生气的妈妈》，总直播销售额达2.3万元；售价899元的科大讯飞翻译笔S10，总直播销售额达447万元。

显然，内容端与直播间的深度共创，对刘媛媛的直播带货有显著加成。与此同时，刘媛媛在直播中能够根据不同产品的特点和使用场景，使用有针对性的话术来描述产品。她的话术不仅符合产品的定位，而且能够准确地触达观众的需求点，进一步提高产品的销售量。

所以刘媛媛将场景延伸后，不只是带有益孩童成长的儿童读物，更是有涉及育儿、社科等类目的图书，以及助学类数码产品等。在一定程度上是用户沉淀后的正向反馈，即用户信任主播并认同其推荐的更多商品。

刘媛媛在直播带货上并不止于深拓垂类，随着其经营能力的持续精进，转型全品类带货已水到渠成。观察刘媛媛直播带货记录发现，其不断在拓展带货的品类，从图书、美妆、个护、珠宝等逐渐延伸至全品类。同时，在她发布关于带货全品类的视频里，多数粉丝表达了支持的态度。当然这也得益于刘媛媛在直播中能够通过语言和表情等手段，营造出一种积极、愉悦的氛围。她的话术不仅能够帮助观众更好地了解产品，而且能够让观众感受到购物的乐趣和满足感。

从图书类到全品类，刘媛媛在直播中坚持经常与观众进行互动，通过回答观众的问题、听取观众的建议等方式，让观众感受到她的真诚和亲和力。她的表达不仅能够帮助她更好地与观众建立联系，而且能够让观众感受到她的专业素养和责任心。

【想一想】

1．刘媛媛为什么能够在直播带货上取得好成绩？她具备哪些优势？

2．通过案例学习，说一说作为直播销售员，你为什么要学习直播语言技巧？

一、学习讲解产品的语言技巧

直播销售员讲解产品时，要保持自然和真诚，并根据不同的听众和场合进行调整，最重要的是要熟悉产品的特点和优势，以便能够自信地讲解并与潜在客户建立信任关系。以下是一些常用的描述产品的技巧。

1. 直播销售员描述产品形象要具体，如红色可以具体描述到苹果红，有生命力的红，有点像宣纸印出来的红色等。

2. 直播销售员描述产品不设限，如口红颜色靓可以夸张表达为天不怕地不怕的颜色，这个颜色显白到爆炸，仿佛这支唇膏在嘴巴上面会跳舞等。

3. 构建场景方法：去海边漫步时，穿着白纱裙……直播销售员构建产品的使用场景等。

4. 直播销售员从产品到人设的联想，如“这种衣服看起来就是干练帅气的酷女孩才会穿的衣服”等。

5. 直播销售员可以降维解读产品，解读产品的成分、面料、工艺，使用通俗易懂的话让用户明白产品的功能等。

【试一试】

请你试着描述一个复古风格的咖啡杯并为其构建一个使用场景，写出具体话术。

在直播过程中，直播销售员可以强调产品的优惠信息来吸引观众的注意力。例如：“这款口红大家以前用过吗？今天在我的直播间里，它有特别优惠的价格，限时限量，错过就可惜了哦！”

直播销售员讲述故事，在直播过程中，直播销售员可以通过讲述一些真实的故事来吸引观众的注意力。例如：“这款产品我亲身使用过，效果非常好，今天我想和大家分享一下我的使用经验。”

催促购买，在直播过程中，直播销售员可以使用一些催促购买的话术来鼓励观众购买产品。例如：“今天的产品真的非常优惠，走过路过不要错过，错过是真的没有这个价格了！”或者“这款产品非常受欢迎，库存已经不多了”等。

引用权威认可，如果产品获得了行业专家、媒体或知名人士的认可和推荐，直播销售员可以在讲解中引用他们的话语或评价，这样可以增加产品的可信度和吸引力。例如：“这款产品被《时代》杂志评为今年的创新产品。”

解答常见问题，直播销售员预测并提前准备好可能被问到的问题，并在讲解中给出清晰、简洁的回答。这样可以展示你对产品的深入了解，并增强用户购买的信心。例如：“我知道你们可能会问，我们的产品是否易于使用？我可以向你保证，它的操作非常简单，即使是没有技术背景的人也能轻松上手。”

二、熟悉常见的直播销售语言

直播销售语言是指在直播销售过程中，主播用来介绍产品、回答观众问题、引导观众购买等的语言。以下是一些常见的直播销售语言。

了解常见的直播销售语言

（一）欢迎语言

【想一想】

1．新主播开播时候要怎么开场？

主播一：大家好，我是××，大家可以点点关注。

主播二：Hello，宝宝们，我是××，欢迎来到××直播间哦，今天是×月×号，是××活动日，我们直播间有爆款哦，而且给了超级福利的价格，宝宝们关注点起来，点关注有福利哦！

2．直播时如何避免冷场和尴尬的时刻？

粉丝一：主播，你多少岁啦？

粉丝二：主播，你能给我唱首《忐忑》吗？

理论上每一个进入直播间的人直播销售员都要欢迎一下，最基础的话术是："欢迎×××进入直播间。"但是这种表达太机械化了，而且很多直播销售员都在用，观众早就屏蔽了，直播销售员们需要做出改变。

那如何改变呢？直播销售员在进入房间提示的这2秒钟，主播能看到某个消费者的等级和名字。可以据此进行如下欢迎。

欢迎语1：传达直播内容

"欢迎×××来到我的直播间，很多人说因为有小伙伴觉得我家产品好用才推荐过来的，你也是吗？"

欢迎语2：解读观众名字

"欢迎×××进入直播间，看你昵称猜你一定是个幽默有趣的人，带动全场氛围就靠你啦！"

欢迎语3：找共同点

"欢迎×××进来捧场，您也是老乡/喜欢旅游/玩××游戏的，是吗？"

欢迎语4：蓬荜生辉

"欢迎×××的到来，您这一来我这直播间蓬荜生辉呀！"

欢迎语5：感动话术

"欢迎×××回来，每一场直播都见到你来，老粉了，特别感动，真的。"

欢迎语6：幽默欢迎

"哎呀，×××，你来得太是时候了。你这一来，我腰不疼，腿也不抽了，一口气都能爬5楼了。"

（二）播报话术

在直播的时候要经常给自己打广告，不断给新用户介绍自己的直播间，这不仅能吸引新用户点关注，还会提升老用户的熟悉度。

播报语1：直播时间预告

"非常感谢所有还停留在我直播间的各位亲们，我每天的直播时间是××点—××点，风雨不改，没点关注的记得点关注，点了关注记得每天准时来哦。"

播报语2：产品或活动宣传

"新进来的用户还不知道今天直播间的新品/活动吧？我现在要宣传一波啦，你们听好啦！（具体产品信息和活动）。

（三）话题互动

直播间的氛围是需要直播销售员去营造的，直播销售员在不同的情景下应该有不同的话术引导直播间里的观众参与互动。直播销售员主要目的就是让直播间里的观众持续不断地发言，增加他们的停留时间。这类型的话术都有一个共通点，就是让观众做一些简单的发言。例如以下内容。

1. "想听×××的扣1，想听×××的扣2。"
2. "换左手这一套衣服的扣1，右手这一套衣服的扣2。"
3. "刷波520让我感受一下你们的热情。马上活动价走一波。"
4. "刚刚给大家分享的小技巧，大家学会了吗？""你们能听到我的声音吗？"

（四）冷场时的话术

有时直播间没人发言，但又不太适合再用上面提到的话术，这时就需要直播销售员重新激活房间里的人了。你可以用类似下面的话。

"您好，有人在吗？是不是卡了，都听不到你们说话了。（直播销售员配合夸张的表情语气和动作。）"

（五）肢体语言

现实里两个人的交流，有80%的内容是通过肢体语言完成的。直播的时候，肢体语言是相当重要的，很多主播都会忽略。

可以看一些电影。注意里面的语气，语调眼神，面部表情，手势，姿势等。直播中，除了多笑之外，可以有其他的动作表情。例如，剪刀手：卖萌；心形手势：感谢；吐舌头：调皮。

（六）感谢语

感谢并不需要话术，因为这是一个条件反应。当看到有人下单你会开心，也会感动，那就表现你的真实情绪。

1. 粉丝一直在打赏

"感谢××送的爱心，还没停吗？50个、60个、70个、100个，我真的太开心了，爱你哟！"

2. 粉丝突然刷火箭

"感谢××送来的大火箭，来我直播间这么长时间，你终于出手了！"

您一看就是江湖中隐藏的大佬，我的感谢如滔滔江水、连绵不绝！"

3. 看的次数多终于下单

"感谢××，来直播间那么多次了，终于下单了，今天这个品哦，过了这个村是真的没有这个店，库存有限哦。"

4. 感谢榜前几名

"感谢今天的榜一×××，榜二×××，榜三×××，谢谢你们的信任和下单，今天特别开心。感谢所有下单及观看直播的新粉丝老粉丝们，谢谢你们的信任！”

5. 感谢陪伴

“感谢朋友们一直以来的陪伴，感谢大家的关注哟，感谢你们的点赞和关注，主播今天非常开心。”

“感谢所有进入我直播间的朋友们，陪伴是最长情的告白，你们对我的关爱及呵护，我感受到了。”

（七）下播语

每一个陪你到下播的人都是真爱，每一场直播都要有始有终，所以每天临近下播的时候，都需要有一套下播的语言，这不仅能表达对粉丝的不舍之情，也是给自己做一个简单的总结。常见语言如下。

1. “又到了该下播的时间了，天哪，今天播了好久但觉得时间过得好快，非常开心的一天，感谢××，谢谢老客户再次信任，感谢××，谢谢你给的好建议，感谢你关心我们，我们会越做越好的，不辜负大家，希望明天还能和大家一起见面哦。”

2. “今天的直播接近尾声了，明天××点—××点，会准时开播哦，各位宝宝们记得下一场见面哦。”

3. “最后送给大家的一首歌《××××》，唱完就要下播啦，希望大家晚上睡个好觉，做个好梦，明天新的一天好好工作，晚上我们再聚。没点关注的宝宝们点个关注，明天见哦！”

4. “各位宝宝们，今天的直播时间就到这里了，感谢开播就直接进场的小伙伴们，一直陪我到下播，明天见，做个好梦。”

5. “今天的直播就到这里了，感谢大家的支持，明天同一时间准时开播，大家一定要来哦。”

6. “今天新增粉丝团成员××个，涨了××个关注，感谢大家的支持，明天我会继续努力。”

7. “直播间的家人们，我要下播了，谢谢你们的陪伴。因为有你们，所以我会一直坚持下去，希望下一次直播我还能看到你们。”

三、掌握促进直播销售的语言

要想直播间有好的销售数据，就要有人气、有氛围、有价值体现，比如，有人站榜、有人飘礼物、有人扣字活跃气氛、有人点赞、有人加粉丝团等，这样的直播如何才能实现呢？

（一）请求帮助

直播销售员开播要积累粉丝，所以，时时刻刻都要想方设法地提醒大家关注、点赞、评论、转发、分享，但是，也不要翻来覆去就那一句话，采用多种方法表达，效果会好很多。

1. “新来的宝贝们没点关注的请点一下关注，点关注后参与直播间活动，福利多多哦。”

2. “大家动动自己发财的小手给主播点个关注！谢谢大家了；动起你们发财的小手，互动不要停，点赞不要停！”

3. “想要的宝宝们在公屏扣个1，感谢大家的多多支持。”

4. “宝宝们可以点击左下角链接，加入粉丝团/福利群，参与、转发、分享、评论活动，福利多多，优惠多多。”

（二）带货表达技巧

1. 免单，“直播间的朋友们，还没有点关注的朋友们记得点个关注，8点整就可以参与抽免单活动了，还可以私信我们的客服小姐姐领10元优惠券……”

2. 限时抢购，“老铁们，7点半我们抽奖送福利，8点半我们还有个10元限时抢购活动，大家一定要记得参与哦！

3. 限量，“直播间所有宝宝们，告诉大家一个好消息，今天我们为大家争取到了一个限时活动，9.9元，只卖100单，想要的在直播间扣1。”

4. 噱头，“家人们，有没有想听主播高歌一曲的，想听的赶紧下一单，下单到一百我给大家唱青藏高原。”

5. 下指令，“大家好，欢迎来到××直播间！主播今天要给大家带来××和××，直接点击购物袋抢购哦！”

6. 赠品，“亲爱的朋友们，现在××正在热销中，前××名购买的朋友可以获得××赠品，走过路过不要错过！”

7. 发货，“××已经拍下的小伙伴们，主播这就给你们准备发货哦！记得关注下次直播，我们会有更多的优惠和福利等着大家！”

（三）催单技巧

直播销售员催单时一定要结合实际情况，不能夸大其词或虚假宣传，以免对观众产生误导。同时也要注意话语的表达方式和语气，尽量用亲切、自然的语气来催促观众下单，避免过于强硬或生硬的话语。

1. “数量有限，如果你看中了一定更要及时下单哦，马上就要卖完了哦！”

2. “先付先得，最后2分钟！最后2分钟！”

3. “活动马上结束了，要下单的朋友们抓紧咯！”

4. “不用想，直接拍，只有今天有这样的价格，是我好不容易申请到的，结束就恢复原价啦！”

5. “我自己私底下也会买的款，真的超级百搭！千万不要错过！”

6. “这次的优惠券数量有限，领完就没有了，喜欢的赶紧下单吧！”

7. “这款产品只剩下最后几件了，错过今天，就要等很久才有货了。”

8. “直播间里的宝贝们，这款产品真的是超值，价格已经最低了，不抢真的就没有了！”

9. “现在下单还有机会获得我们的限量赠品，先到先得哦！”

10. “明天活动就结束了，今天下单还有额外的折扣和礼品，别错过了！”

11. “宝贝们，这款产品真的是大热销，后台显示已经有成千上万人想要购买了，你们还等什么？”

12. “最后一分钟，没有下单的宝贝们要抓紧时间了，过了这个村就没有这个店了！”

（四）练习表达技巧

练习直播销售表达是提高直播带货效果的关键。以下是一些具体的练习技巧，旨在帮助直播销售员更好地掌握和运用销售语言。

1. 分析优秀案例，观看其他优秀直播销售员的直播，尤其是类似产品的直播。将观看过程中的学习心得进行总结提炼，重点关注他们的表达结构、表达方式、互动技巧等，分析他们成功的原因。

2. 制订练习计划，将表达练习分为不同的阶段，如开场白、产品介绍等，每个阶段集中进行练习。练习前要设定明确的目标，如提高表达的流畅度、增加互动效果等，可以安排固定的时间进行练习，并保持一定的练习量，以确保效果。

3. 模拟直播，在没有观众的情况下进行模拟直播，练习所学的表达技巧。可以邀请朋友或同事扮演观众，与自己进行互动，模拟真实的直播场景。可以录制自己的直播过程，以便后续分析和改进，这有助于提升自己在直播中的应变能力和互动技巧。

4. 收集反馈并改进，在每次练习后进行自我评估，分析自己的表达是否流畅、是否清晰、互动是否有效等。可以收集大家的反馈，根据反馈不断调整和优化自己的表达内容和技巧，保持学习和进步的态度。

通过以上技巧的练习和应用，直播销售员可以逐步提升自己的直播销售表达能力，提高直播带货的效果和转化率。

团队实训

1. 根据以下直播概况策划，准备三个商品的卖点提示、产品介绍文本、问题。

2. 4～6人为一个小组，以小组为单位分工协作筹备一场电商直播活动。

3. 15分钟完成以下三个产品的直播带货直播，以自然堂粉底液为例，补充完整产品介绍文本，将另外两个产品的卖点、话术、问题补充完整。

4. 注意镜前表达自然大方，语速适中，能够调动直播间氛围，完成直播销售任务。

5. 活动结束后，团队讨论优化方案并将内容填至直播概况策划表中。

直播概况	
直播日期	1月2日19：30—22：00
直播产品	百雀羚套装精粹礼盒四件套、自然堂感光无瑕持妆粉底液、 自然堂冰肌爆水定妆散粉
参　与	主播：×××。场控： ×××。运营：×××。客服：×××
推品逻辑	根据护肤、化妆先后顺序，价格高低穿插，中间设置爆品限时抢购，带动直播间气氛
活动规则	1. 开场满送。在线人数满300、600、900人时，抽自然堂冰川水光面膜20片装2盒（市值139元）3～10份。后台联系助理，登记领奖品 2. 神秘黑盒。发放99、199两种福袋，限量各1个，随机放置超额商品 3. 限时抢购。限量1份百雀羚套装精粹礼盒四件套、1份自然堂感光无瑕持妆粉底液 4. 自然堂Q&A：问答推广，答对的用户，随机送1份冰肌爆水散粉（产品特点：冰凉） 5. 下播优惠券。下播后30分钟内还可领优惠券，30分钟之后恢复原价，营造优惠感

品牌	类别	名称（中文）	卖点提示牌	产品介绍文本	Q & A
自然堂（例）	彩妆	感光无暇持妆粉底液	立体修容 感光粉底 锁妆技术 控油不闷痘	宝宝们，你们看我这个昨天熬完大夜的脸是不是状态好得很。强烈安利这个自然堂感光无瑕持妆粉底液，它的质地非常细腻，上脸真的立体修容，轻薄自然又服帖，特别适合夏天，出油不闷妆，不厚重，特别服帖。 它的流动性很强，你们看上脸很容易推开（动作），并且带有一点滋润感，但不会油腻，因为它里面加了5%精纯胭酰胺等养肤成分，可以有效保持妆容的滋润度和持久度，我们看到上完粉底液后出来的是一种雾面，24小时不发灰不暗沉，几小时，底妆时刻在线，上妆即锁妆，三种颜色为亚洲热卖主推色，高级的雾面妆效真的非常赞了，宝宝们带回去试一下，体验一下什么叫国货不输大牌。	Q：为什么叫“感光修容”粉底液? A：灵活感应环境光线，自动调节妆面颜色。（意思答对即可） Q：感光无暇持妆粉底液会氧化、暗沉吗? A：满足24小时长效持妆，高遮瑕、防蹭妆。 Q：上脸是哪种妆效? A：雾面妆效

品牌	类别	名称（中文）	卖点提示牌	直播话术	Q & A
自然堂	彩妆	冰肌爆水 定妆散粉			
百雀羚	护肤	百雀羚套装 精粹礼盒 四件套			

项目总结

通过本项目的学习探究，晓慧了解并学习到直播销售员的很多技能，不同人设类型的直播销售员都有着各自不同的特点。晓慧对直播销售员的形象管理、言语表达及台风都进行了训练，在直播时也克服了恐惧和不自信的心理，在本项目学习结束后，晓慧甚至感觉自己的谈吐仪态都有了提升，成为了一个“眼里有光”的焕然一新的直播销售员。与此同时，在学习和实训过程中，晓慧学会根据企业、用户需求及商品特点，结合前面几个项目学习的内容，编写直播脚本，与同学合作去筹备电商直播活动。晓慧不仅学习并训练了直播销售员所具备的知识与技能，而且提升了自己的团队合作意识和分析解决问题的能力。

综合评价

评价项目	评价内容	评价标准	评价方式		
			学生自评	小组互评	教师评价
学生姓名			综合评价等级		
指导老师			日期		
职业素养	安全意识责任意识	A. 作风严谨、自觉遵章守纪、出色完成实操任务 B. 能够遵守规章制度、较好完成实操任务 C. 遵守规章制度、未完成实操任务 D. 不遵守规章制度、未完成实操任务			
	学习态度	A. 积极参与教学活动、全勤 B. 缺勤率达本任务总学时的10% C. 缺勤率达本任务总学时的20% D. 缺勤率达本任务总学时的30%			
	团队合作意识	A. 与同学协作融洽、团队合作意识强 B. 与同学能沟通、分工、协调工作能力较强 C. 与同学能沟通、分工、协调工作能力一般 D. 与同学沟通困难、分工、协调工作能力较差			
专业能力	账号和形象管理	A. 学习活动评价成绩为90～100分 B. 学习活动评价成绩为75～89分 C. 学习活动评价成绩为60～74分 D. 学习活动评价成绩为0～59分			
	镜头感及台风	A. 学习活动评价成绩为90～100分 B. 学习活动评价成绩为75～89分 C. 学习活动评价成绩为60～74分 D. 学习活动评价成绩为0～59分			
	言语表达能力	A. 学习活动评价成绩为90～100分 B. 学习活动评价成绩为75～89分 C. 学习活动评价成绩为60～74分 D. 学习活动评价成绩为0～59分			
专业能力	销售话术应用	A. 按时完成实训操作与任务测评，实操总结汇报表述清晰、流畅 B. 按时完成实训操作与任务测评，实操总结汇报表述基本清晰、流畅 C. 未能按时完成实训操作与任务测评，实操总结汇报表述错误较多 D. 未完成实训操作与任务评测题，无实操总结汇报			
创新能力		学习过程中提出具有创新性、可行性建议	加分奖励：		

项目实训

一、单选题

1. 选择电商企业账号的头像时，可以直接选择（　　），更能彰显实力。

A. 真人头像　　B. 突出产品　　C. 企业logo　　D. 搞怪头像

2. 做每一个类型的账号，都需要考虑人物形象及性格设定，包括真人不出镜、知识解说等都需要考虑（　　）。

A. 风格　　B. 账号　　C. 特点　　D. 人设

3. （　　）是账号页面最顶端的背景图片，是呈现给用户的第一印象，同时也是非常重要的广告位。

A. 账号简介　　B. 账号名称　　C. 账号头图　　D. 账号头像

4. 直播销售员需要经常说话，（　　）可以针对性地锻炼口腔肌肉和舌头的灵活性，更好地掌握发音部位和发音方式，帮助发音更加清晰、准确，从而更好地控制声音。

A. 口腔操　　B. 腹式发声　　C. 绕口令　　D. 音节练习

5. （　　）是直播销售的关键，直播销售员可以通过分享个人使用经历和感受、对产品质量和售后服务做出承诺等方式，增加顾客对产品的信任度，从而提高成交转化率。

A. 锁定消费者需求　　B. 塑造产品价值

C. 赢得顾客信任　　D. 营造紧迫氛围

二、多选题

1. 申报直播销售员四级职业能力应满足以下条件之一（　　）。

A. 累计从事本职业或相关职业工作2年（含）以上

B. 取得本职业或相关职业五级职业能力等级证书后，累计从事本职业或相关职业工作1年（含）以上

C. 取得中等职业学校及以上本专业或相关专业毕业证书（含尚未取得毕业证书的在校应届毕业生）

D. 在行业内具有影响的人员，可破格申请评定

2. 妆容管理的原则有（　　）。

A. 突出个人特点　　B. 保持自然真实　　C. 适应场景　　D. 及时补妆

3. 直播销售员的着装应该根据（　　）来选择。好的着装形象，能够增强客户的信任感和购买意愿，从而提高销售业绩。

A. 直播的内容　　B. 价格款式　　C. 目标受众　　D. 品牌形象

4. 直播销售内容可分为（　　）。

A. 新品展示　　B. 生活交流　　C. 特惠专场　　D. 热点活动

5. 带货话术技巧包括（　　）。

A. 免单　　B. 限时抢购　　C. 噱头　　D. 下指令

三、判断题

1. 直播销售员综合评审主要针对二级职业能力和一级职业能力，通常采取审阅申报材料、答辩等方式进行全面评议和审查。（　　）

2. 直播销售员妆容管理的目的是保持自然、专业、可信的形象，突出个人特点和产品特点，营造出更加符合直播场景和产品特性的形象。要根据自己的喜好和直觉选择化妆品，使用最流行的化妆技巧打造出适合且亮眼的妆容。（　　）

3. 通过腹腔控制呼吸，可以帮助人们发出更为低沉、稳定的声音，这通常被称为“腹式发声”或“胸腔共鸣”。这种技巧常常被用在唱歌、演讲等场合中，在直播销售中也同样适用。（　　）

4. 根据压力带来的影响，可以分为积极压力和消极压力两类。无论是哪一种压力，长此以往会影响身体健康，使自己的脾气变得很糟糕，进而破坏人际关系。（　　）

5. 单一的直播间内容可以拉近和用户之间的距离，增强用户的参与感和忠诚度。因此，直播销售员可以通过学习不同的内容分类和形式，满足不同观众的需求和口味，提高直播间的互动性和观赏性。（　　）

四、案例分析题

数据显示，2022年，中国直播电商市场规模超过3.4万亿，年增长率为53%。电商直播用户规模占网民整体近五成。2022年全网直播电商的GMV占全部电商零售额23%左右。

2022年“双11”期间，淘宝直播成交额过亿的直播间达62个、成交额过千万元直播间632个，新主播成交额同比增长345%；抖音电商参与“双11”活动的商家数量同比增长86%，7 667个直播间销售额超百万元；快手参与活动的买家数量同比增长超过40%。

尽管拓展了业务边界，主播培养依然是MCN机构（MCN机构，全称为Multi-Channel Network，中文意为“多频道网络”，是一种新的网红经纪运作模式。它通过将内容生产者联合起来，在资本支持下保障内容持续输出，最终实现商业稳定变现。因此，MCN机构也被称为网红孵化机构）增强核心竞争力的关键一环。如今，平台流量场域处于半饱和状态，主播迭代速度加快，达人生命周期缩短，MCN机构淡化“超级主播”，使得明星艺人主播和主播团群体IP成为主流。各大头部MCN机构都在弱化个人IP，让多位主播出镜分散流量，布局矩阵化直播间。

从趋势来看，在直播领域，“去头部化”和“品牌自播”并行。平台一端陆续推出去头部化政策，将达人和商家自播培育起来，让整个生态更健康。如快手遂在引入大量品牌直播的同时，弱化头部主播的私域流量，把头部的流量分给更多的腰部主播，并引入明星、企业家等。

平台带动之下，越来越多的品牌方投入店播，孵化自有IP。比如某护肤品牌在淘宝直播平台的官方直播间一年播出了900多场，2022年“双11”正式开始当天，该品牌直播间的成交额已经破亿。

在培养主播方面，MCN机构在2022年加大了研发虚拟主播的力度。如某科技公司配备了原画设计团队、产品研发团队，聚焦动态实时捕捉技术，搭建从Avatar建模和C端以及KOL（关键意见领袖）用户的综合服务平台，运营虚拟偶像，推出了原创虚拟偶像。

阅读案例思考：

（1）商家自播会建立哪些直播销售员人设？具有较大发展潜力的是哪些人设类型？

（2）请选择一个大品牌商家的直播间学习直播销售员的镜头感、台风、摘录表达，模仿其直播。

（3）请思考虚拟主播的出现对现在的直播销售员有哪些影响？

五、工作场景实训题

新疆棉、马面裙等事件加速发酵，激发民众的爱国情怀，“国货”概念逐渐流行，目前线上中国品牌市场占有率已超过72%，而在国潮服装市场方面，国货服装品牌增长量激增。同时，小红书上“国货服装”相关笔记的搜索量占整个服装市场的79%。

“十四五”新征程已经开启，中国服装产业从制造强国向时尚强国转变，鼓励品牌创新，鼓励原创设计，展现中国服饰文化和品牌自信，保护服装原创设计。

企业根据自身发展情况，突出原创设计、可定制的优势，决定采取预售模式打造国风服饰的原创品牌直播间（预售原是定制服装多有的销售模式，根据客户身材，量体裁衣，往往需要一定的工期）。现邀请你作为直播销售员，请你设计妆容服饰，完成直播销售中产品内容的介绍并练习，试着为其策划一场直播。

项目6　直播销售数据采集与分析

项目概述

晓慧通过直播销售的实践，发现直播销售的业绩时好时坏，虽然她每一场直播都进行了认真的准备，但并不是每一场直播销售额都能达到目标，她找到运营部门的同事一起开会讨论原因。通过讨论，晓慧明白从直播销售的数据中可以看出直播的情况，做的好的方面和做的不好的方面。于是晓慧开始学习直播销售数据的整理与分析，希望通过对直播销售数据进行深入分析，探索如何优化直播销售过程，提高销售效益和用户体验。带着这个目标，晓慧开始用心地学习新的技能，让我们和晓慧一起探索这项专业技能吧！

知识目标

1．了解直播销售数据的定义。

2．了解直播销售数据分析的作用。

3．了解直播销售数据指标及其分类。

4．熟悉采集直播销售数据的各种平台。

5．掌握对直播销售数据进行采集和分析的方法。

技能目标

1．能够恰当地运用数据平台采集直播销售数据。

2．能够对直播数据进行科学地整理、分类和分析，从而提高直播销售效益。

素养目标

1．增强法律意识，遵守相关法律法规，在数据采集过程中做到不侵权、不违法。

2．树立坚定信念，在直播销售数据的分析过程中坚持社会主义核心价值观。

任务一　认识并采集直播销售数据

工作情境描述

作为一个主播，公司考核晓慧的主要指标就是单场直播销售额和观看人数，晓慧直播的品类是食品，公司最近在直播间推出了客单价比较低的小麻花，希望借此引流，晓慧在直播销售过程中遇到过爆单，曾经一场直播销售额过万，她为此高兴了好几天，但大部分时候一场直播销量并不过千，如何让销量稳定持续地增长呢？每一场直播结束后应该分析哪些数据呢？这些数据应该从哪里收集呢？收集了数据以后又该怎样分类整理呢？分析数据能不能优化下一场直播呢？带着这些疑问，晓慧开始学习如何采集和分析直播销售数据。

任务分解

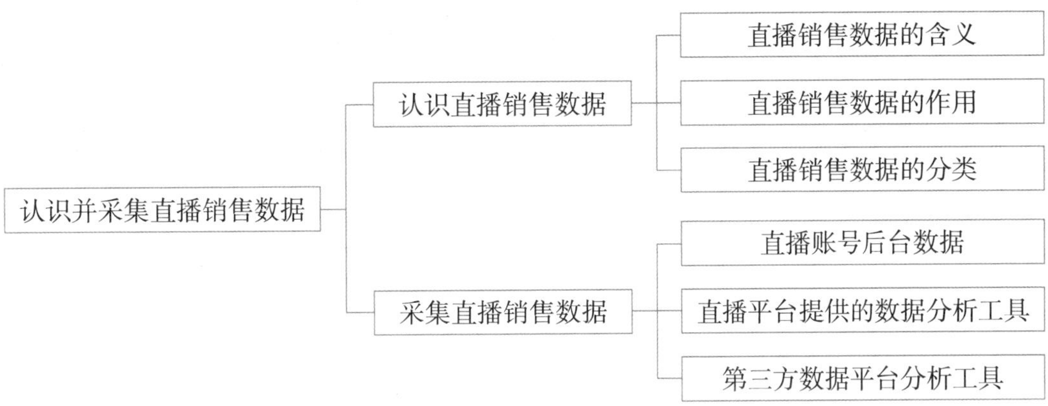

活动一　认识直播销售数据

在当今数字化时代，直播销售已经成为一种流行的电子商务形式。直播销售不仅提供了一个全新的销售渠道，而且还为消费者提供了与卖家直接互动和娱乐的体验。然而，直播销售面临着一些挑战，例如，如何提高销售效率，如何吸引更多的观众参与及如何优化销售策略。因此，直播销售员通过数据分析来优化直播销售成为了一个重要的工作。

一、直播销售数据的含义

数据就是数值，也就是我们通过观察、实验或计算得出的结果。数据有很多种，最简单的就是数字，数据也可以是文字、图像、声音等。数据可以用于科学研究、设计、查证、数学运算等。

直播销售数据是指企业在进行直播销售活动时产生的各种数据。这些数据可以反映客户的行为，如客户的观看情况、停留时间等，也可以反映企业的经营状况，如产品的交易量、销售额等。企业可以通过对这些数据的深入分析进一步调整企业的经营决策，不断适应瞬息万变的市场环境，例如，图6-1-1。

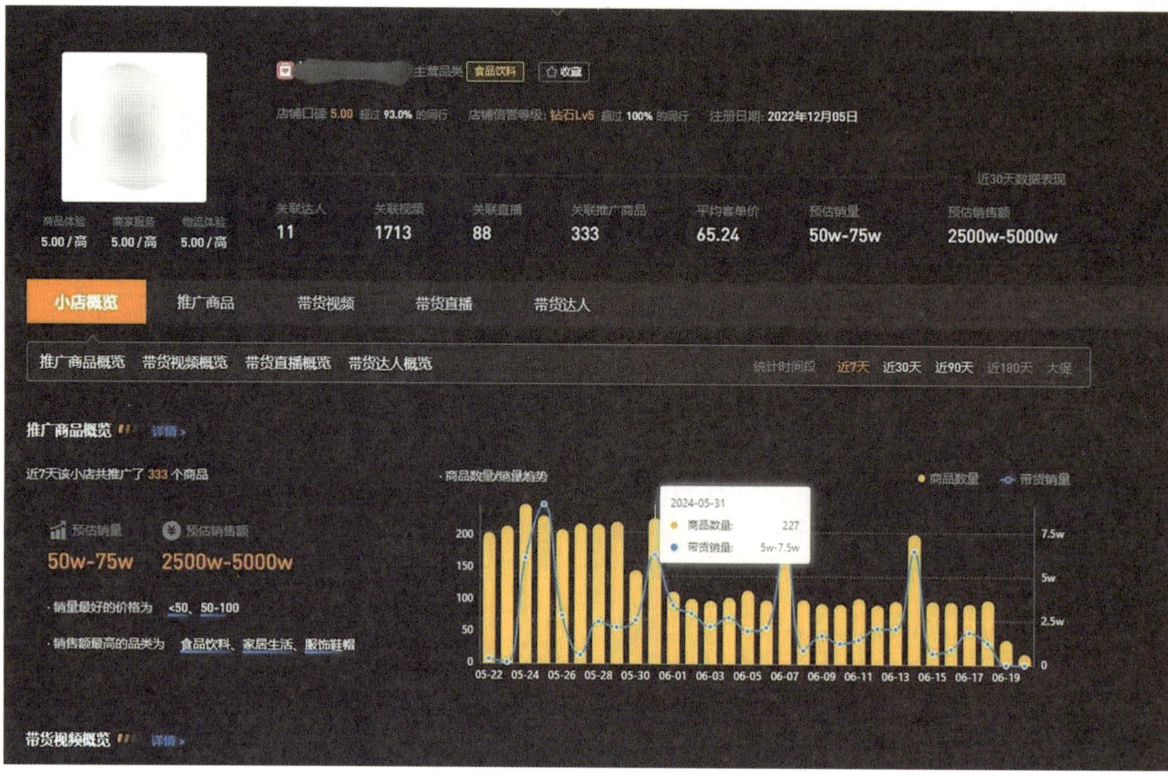

图6-1-1　东方甄选直播间销售数据

二、直播销售数据的作用

直播销售数据在今天的电子商务环境中发挥着重要的作用。以下是一些主要的作用。

（一）改进销售策略

销售数据可以帮助销售团队了解哪些产品在直播期间更受欢迎，以便在未来的直播活动中推广更受欢迎的产品，通过数据分析，你可以确定你的销售目标。比如，你可能希望提高你的转化率，或者增加你的用户留存率，根据你的目标，你可以制定相应的销售策略，如你的目标是提高转化率，你可能需要提高你的产品的吸引力，或者提高你的直播的互动性。

（二）进行客户行为分析

销售数据可以揭示购买者的行为模式，如他们在什么时候最可能购买，购买什么类型的产品等。这种信息可以用于创建更有效的销售和营销策略，企业可以进一步比较不同的直播销售策略的效果，如我们可以测试不同的直播时间、主持人风格、商品推介方式等，来提高客户的购买数量和频率。

（三）优化库存管理

通过分析销售数据，公司可以更好地预测哪些商品在未来可能会受到欢迎，从而更有效地管理库存。

1. 对销售速度较快的商品提前备货：直播销售数据可以帮助商家发现哪些商品受欢迎，销售速度较快，这样商家就可以提前预备一定的数量，以满足下一次直播的需求。

2. 监控库存：通过直播销售数据，商家可以实时了解商品的销售情况和库存状况，可以及时调整库存，防止库存过少或过多而造成损失。

3. 消除季节性影响：通过长时间的直播销售数据分析，商家可以发现不同季节对销售的影响，进而根据季节的变化调节库存，尽量减少因季节性影响而造成的库存积压。

（四）进行市场趋势预测

销售数据可以帮助预测市场趋势，例如哪些产品或品牌可能在未来流行。通过分析直播销售数据，商家可以发现消费者的购买习惯，进而根据消费者的需求开发新的产品。

（五）进行个性化营销

通过分析销售数据，公司可以了解到用户的购买行为和偏好，从而提供个性化的推荐和优惠，提高销售额和客户满意度。

总之，直播销售数据在直播销售过程中的作用不仅局限于销售数据的统计和分析，更包括对市场和客户的深入了解和预测，以及优化营销策略和建立客户关系的重要支持。

三、直播销售数据的分类

直播销售作为一种新兴的电子商务销售模式，它结合了媒体播放和实时互动，为用户提供了一种全新的购物体验。在评估和优化直播销售表现时，有很多重要的数据指标可以参考。以下是一些常见的数据指标分类，例如，图6-1-2。

直播销售数据指标的分类

图6-1-2　抖音平台直播数据大屏

（一）直播观众指标

直播观众指标是衡量直播流行程度和受欢迎程度的重要指标。这些指标关注的是观众的数量和行为，主要可以通过以下五个方面进行评估。

1. 观众数量

观众数量是最直观的指标之一，表示直播吸引的观众人数。观众数量越多，表示直播受欢迎程度越高。

2. 人均观看时长

观看时长是观众在直播中停留的时间，长时间的停留表明观众对直播内容的关注程度较高，观看时长越长，说明观众越喜欢这个直播。

3. 新关注者获取量

直播活动可以吸引新客户的关注和参与，统计新客户获取量可以衡量直播对新客户的吸引力和影响力。

4. 直播观众留存率

直播观众留存率是指在一段时间内，观看直播的用户中，有多少人继续观看的比率。这个指标可以反映出直播的质量和吸引力，对于主播来说，这是一个非常重要的数据，观众留存率高说明直播内容吸引人，观众愿意继续观看。

5. 峰值观众数

峰值观众数反映了直播在某一时刻的最大观众数。峰值观众数高，说明在某一时刻直播间留下了大量的观众。

通过以上指标的评估，可以对直播的受欢迎程度进行综合评估，并对直播的内容策划、运营等方面进行优化和改进。

（二）直播销售指标

直播销售指标是衡量直播销售表现和效果的指标，主要可以通过以下四个方面进行评估。

1. 销售额

直播销售额是最直接的衡量指标，可以统计直播期间产生的销售额和订单数量。销售额越高，表示直播销售效果越好。

2. 销售转化率

销售转化率是指观看直播的用户中最终购买产品或服务的观众比例。高转化率表示直播内容和销售策略具有高吸引力和有效性。

3. 平均订单价值

平均订单价值表示观众在直播中平均每个订单的价值，可以了解观众的购买力和购买倾向。

4. 复购率

复购率表示曾经购买过产品或服务的观众再次购买的比例。高复购率表示直播内容和产品的质量和吸引力。

通过以上指标的评估和分析，可以了解直播销售的效果和表现，为直播内容的优化和销售策略的调整提供参考依据。

（三）直播产品指标

直播产品指标是衡量直播中销售产品的表现和效果的指标，主要可以通过以下四个方面进行评估。

1. 产品库存销售率

产品库存销售率是指在直播期间售出的产品数量占产品总库存的比例。产品库存销售率越高，表示产品的销售速度和受欢迎程度越高。

2. 单个产品销售额

单个产品销售额可以了解观众对单个产品及其定价水平的接受程度。

3. 产品回购率

产品回购率表示曾经购买过某产品的用户再次购买该产品的用户比例。高回购率表示用户对该产品的满意度较高。

4. 产品评价评分

观众对直播销售的产品的评价分数可以反映产品的质量和满意度。评分高表示产品的质量和用户体验较好。

通过以上指标，可以了解直播销售产品的效果和表现，并为产品策划和销售策略的优化提供参考依据。

（四）直播互动指标

直播互动指标是衡量直播互动程度和观众参与度的指标，主要可以通过以下六个方面进行评估。

1. 观众互动次数

观众互动次数指观众在直播过程中进行的互动行为次数，包括点赞、评论、分享、送礼物等。

2. 互动参与度

互动参与度是观众互动次数与观看人数的比例。

3. 观众留言评论数

观众留言评论数表示直播中观众进行留言和评论的数量。

4. 观众点赞数量

观众点赞数量表示观众对直播内容进行点赞的次数。点赞数量的高低可以反映观众对直播内容的喜爱程度。

5. 礼物打赏数量

观众进行礼物打赏是直播平台上常见的互动方式，礼物打赏的数量可以反映观众对直播的喜爱和支持程度。

6. 分享次数

分享次数表示观众将直播内容分享给其他人的次数。高分享次数表示观众对直播内容的推荐和传播程度较高。

通过对以上指标的评估和分析，可以了解直播互动的程度和观众的参与度，为优化直播内容和制定互动策略提供参考依据。

活动二　采集直播销售数据

采集直播销售数据可以让企业实时跟踪销售业绩，包括销售额、订单数量、转化率等指标。这有助于企业及时了解销售情况、了解消费者的点击行为、浏览习惯、购买偏好等；有助于企业深入了解目标消费者，优化产品和服务，提供更加精准的推荐和定制化的购物体验，从而提高用户满意度和购买意愿；也可以指导企业对销售策略进行调整，并及时采取措施以提高销售业绩。所以，及时获取全面详细的直播销售数据对于企业做好直播工作来说非常重要，到哪里去采集这些数据呢？让我们通过活动二的探索来学习采集数据的方法。

一、直播账号后台数据

直播账号后台数据是指在电商直播平台或社交媒体平台上，主播或账号管理员可以查看和分析相关后台数据，以当前直播平台中最火爆的淘宝直播和抖音直播为例说明如下。

（一）淘宝直播中控台

主播在直播过程中用电脑端，点击淘宝直播中控台推流界面右下角的“查看详细”按钮，就可以跳转到实时场次报告界面，以便主播实时了解直播间情况，实时做出合理决策。淘宝直播中控台主要的作用如下：淘宝直播中控台可以查看直播数据、分享宝贝、分享优惠券、发红包互动，也可以发起直播抽奖和投票等，主要是运营操作后台，提升直播间流量，提高粉丝停留时间和粉丝转化率。

（二）抖音主播中心

直播销售员可以在主播中心查询自己的直播数据，打开抖音App，进入自己的主页，点击右上角的“设置”按钮，点击“创作者服务中心”，后点击“主播中心”即可查看自己的直播数据。

抖音主播中心是抖音为主播提供的一个管理和运营工具。主播中心向主播提供了丰富的功能和资源，帮助他们更好地管理直播内容、增加粉丝和收益。主要功能如下。

1. 直播

主播可以通过主播中心进行直播，与粉丝进行互动。

2. 数据统计

主播可以查看直播数据，包括观看人数、礼物赠送情况、收入统计等，以便了解自己的直播效果和收益。

3. 礼物管理

主播可以查看和管理收到的礼物，包括礼物数量、价值和送礼人的信息。

4. 粉丝管理

主播可以查看和管理自己的粉丝，包括粉丝数量、关注情况和互动情况。

5. 收益管理

主播可以查看自己的收益情况，并提现到自己的账户。

6. 活动参与

主播可以参与抖音举办的各种活动，提升自己的曝光度和知名度。

通过主播中心，抖音为主播提供了一站式的管理和运营工具，让他们可以更方便地开展直播和管理自己的粉丝和收益。

二、直播平台提供的数据分析工具

各大直播平台都有自己的数据分析工具，其中阿里巴巴旗下的电商直播平台发展相对完善，平台的数据分析工具更加多样，以淘宝直播平台为例说明如下。

（一）淘宝直播数据助理

淘宝直播数据助理是淘宝直播平台提供的数据分析工具，可以帮助用户更好地分析和理解直播销售数据，用户可以在淘宝卖家中心的直播管理页面中找到淘宝直播数据助理，并根据自己的需要进行数据分析和导出。淘宝直播数据助理的主要功能如下。

1. 销售总览

提供销售总额、订单数、转化率等关键指标的统计概览，帮助用户快速了解整体销售情况。

2. 直播统计

分析直播的观看人数、直播结束后达成交易的比率等指标，以及直播带来的GMV（总交易额）和UV（访客数量）等数据。

3. 商品数据

展示直播中销售的商品的销售情况，包括销售额、销售数量、商品收藏和购买转化率等指标。

4. 用户行为

分析用户在直播过程中的互动行为，如弹幕消息、点赞、评论等，帮助直播销售员了解用户参与度和购买意愿。

5. 数据导出

提供导出数据的功能，方便用户将数据导入到其他分析工具或进行更详细的自定义分析。

淘宝直播数据助理可以帮助用户深入了解直播销售情况，进行销售趋势分析、用户行为分析、产品销售分析等，从而优化销售策略，提升销售业绩。

（二）淘宝生意参谋

淘宝生意参谋是淘宝平台提供的一个数据分析工具，旨在帮助卖家更好地了解和优化其在淘宝平台上的业务。淘宝生意参谋的功能如下。

1. 销售数据分析

淘宝生意参谋提供了全面的销售数据分析功能，包括销售额、订单量、客单价、转化率等各种关键指标的统计和对比分析。淘宝生意参谋首页见图6-1-3。用户可以根据不同的时间段、店铺、商品等进行数据筛选和比较，以便更好地了解自己的销售情况。

图6-1-3 淘宝生意参谋登录首页

2. 竞争对手分析

淘宝生意参谋可以帮助用户分析竞争对手的销售情况和销售策略。用户可以根据关键词或店铺名称搜索竞争对手，并查看其销售排名、销售趋势、热销商品等信息，以便制定有针对性的竞争策略。

3. 用户行为分析

淘宝生意参谋账户实时概况见图6-1-4。淘宝生意参谋提供了用户行为分析的功能，帮助直播销售员了解用户的浏览、搜索和购买行为。用户可以查看不同关键词的搜索热度和搜索排名，了解用户偏好和需求，从而优化商品和店铺的推广策略。

图6-1-4 淘宝生意参谋账户实时概况

4. 营销策略优化

淘宝生意参谋通过分析用户的购买转化率和活动参与度，帮助用户评估和优化不同营销策略的效果。用户可以了解不同促销活动（如优惠券、满减）对销售的影响，从而调整活动方案和优化运营策略。

总之，淘宝生意参谋是一个重要的数据分析工具，帮助卖家更好地了解和优化在淘宝平台上的业务。通过淘宝生意参谋，卖家可以分析销售数据、竞争对手、用户行为等关键信息，以优化销售策略、提升用户体验和提高业绩。

三、第三方数据平台分析工具

第三方数据平台分析工具是一些由第三方开发的软件或平台，用于收集、分析和解读各电商平台上的数据，这些工具可以帮助用户深入了解电商平台上的用户行为、内容趋势、粉丝互动等方面，可以利于主播对比分析其他直播间的数据，利于主播掌握当前热门直播主题，寻找直播潮流趋势，这一类的平台很多，这里主要介绍三个常用的平台。

（一）飞瓜数据

飞瓜数据平台具有多个版本，不仅可以查询抖音各项数据，也可以查询其他热门平台的数据，如快手和B站的数据。飞瓜直播平台的实时数据，能够提供全面、准确的数据报告和统计结果，帮助用户了解平台上的用户活跃度、观看时长、用户增长趋势等关键指标。飞瓜数据平台采用直观的可视化图表和报告展示方式，将复杂的数据转化为易于理解和分析的可视化图像，帮助用户更好地把握数据趋势（见图6-1-5）和模式，便于决策和战略规划。飞瓜数据平台提供实时数据更新，用户可以随时查看最新的数据情况，及时了解平台上的变化和趋势。飞瓜数据平台可以对不同时间段、不同主播或不同直播内容进行数据比较和对比，帮助用户找出成功的模式和策略，优化运营和创作。飞瓜数据平台允许用户根据自己的需求定制报告和数据分析，根据关键指标、时间段、主播等进行个性化设置，提供更精准的数据分析和洞察。

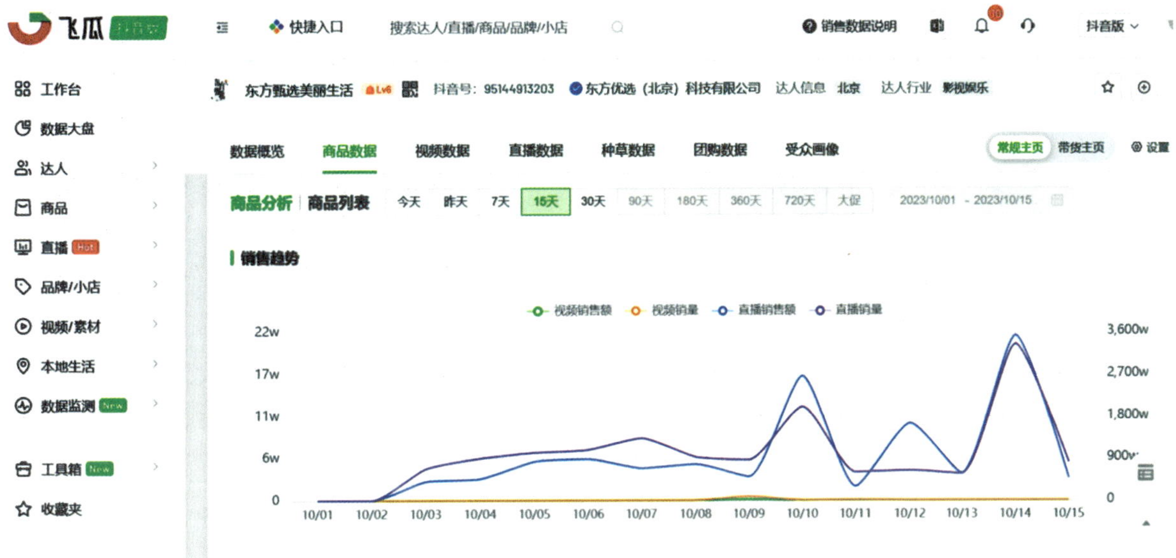

图6-1-5　飞瓜数据平台账户销售趋势页面

（二）蝉妈妈

蝉妈妈是针对抖音、小红书等短视频平台的一站式数据分析服务平台，平台首页见图6-1-6，可以帮你监控数据，包括毫秒级实时直播监控、首发直播转化率、行业首创直播间独立访客价值、行业首创直播间平均停留时长、抖音小店数据分析、支持App端数据查询等功能，帮助达人和商家更好地进行合作，提高销售额和用户体验。

图6-1-6　蝉妈妈数据平台首页

（三）抖查查

抖查查作为一款基于抖音平台的信息查询工具，提供了丰富的数据和信息（见图6-1-7），包括抖音作者的粉丝数量、获赞数量、关注数等，以及抖音直播的关键词搜索和热门推荐，用户可以全面了解到抖音平台上的相关内容。抖查查通过关键词搜索和热门推荐功能，帮助用户找到与特定主题或关键词相关的热门直播间和主播，用户可从中汲取灵感，为自己的创作汲取灵感和创意。抖查查的操作界面简洁直观，易于使用，适合各类用户使用。

图6-1-7　抖查查数据平台直播详情数据

总而言之，近几年我国直播行业发展态势良好，在线直播用户规模总体呈逐年增长趋势。目前，中国直播行业基本成熟，其发展进入多维度、全方位、多强并行的成熟阶段，前景一片大好。2020年我国在线直播用户规模已突破5亿人，除了淘宝和抖音直播平台，快手、B站、小红书和微信视频号及拼多多等各个平台的直播业务蓬勃发展，各种第三方数据分析平台应运而生（如图6-1-8）。

图6-1-8　知名第三方数据平台

面对激烈的市场竞争，电商企业为了最大化地进行产品销售和品牌推广，一般会同时在各大直播平台同时运作多个直播间，企业可以根据自己的实际需要结合直播账号后台数据、平台提供的数据分析工具和第三方数据平台分析工具，综合运用发挥它们各自的优势，最大化地获取全面有效的直播销售数据以便进行全面分析，为进一步提升直播间销售业绩做好准备。

【做一做】

“与辉同行”在2024年1月9日19时开播，直播间人数瞬间突破10万人，并在高峰期冲破170万人，位居抖音带货总榜第一名、即时人气第一名。截至22时，“与辉同行”位列带货总榜第三名，同在直播的东方甄选则位列第100余名。1月9日19时开播时，“与辉同行”抖音账号粉丝数416.8万，截至23时，“与辉同行”账号粉丝数超过712.8万，点赞超10亿次，这也意味着在本场直播中，涨粉近三百万。据灰豚数据，截至1月9日21时，该场直播累计在线观看人数超3 000万人，观看人数峰值超170万人；在GMV（总交易额）方面，“与辉同行”产品销售额超1亿元。

根据以上案例，请同学们思考讨论以下几个问题。

1．GMV指的是什么？

2．哪些数据属于直播数据关键指标，为什么？

3．我们还可以从哪些平台获得抖音直播数据？

任务二　分析并优化直播销售数据

工作情境描述

作为一个主播，晓慧发现如今直播带货的热度越来越高，这种变现方式受到众多商家的追捧，所以越来越多的人加入主播的阵营，直播的竞争日趋激烈，主播想要脱颖而出变得越来越难，主播在直播过程中的任何一个小失误都有可能给自己的直播带来不可挽回的损失。因此，单场直播卖货并不是终点，主播要不断地发现问题、解决问题，提高自己的直播技巧。要想做到以上几点，主播就需要在每场直播结束后认真地进行复盘，分析采集到的直播数据，从而找出自己的优势和劣势，进而找到改进方法和优化直播的方案。带着这个目标，晓慧决定向其他资深主播学习，学习他们如何进行直播数据的分析和优化，努力成为一个实力强大的主播。

任务分解

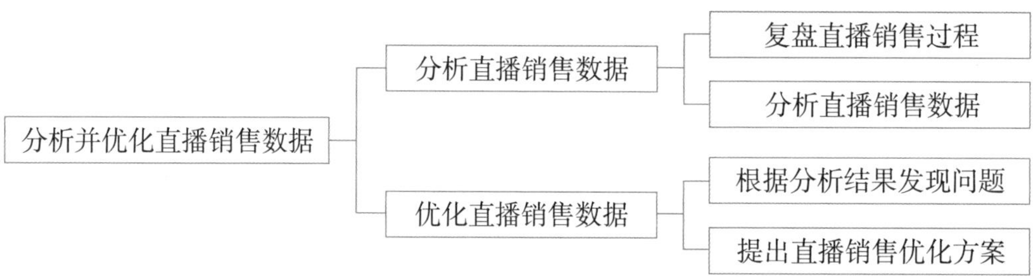

活动一　分析直播销售数据

晓慧很想知道自己跟头部大主播的差距到底在哪里，她收集了一些头部主播的资料，发现头部主播每场下播后都要复盘。很多主播没有建立直播后复盘这个意识，也不懂得怎么分析数据。晓慧决定跟着资深主播好好学习。

分析直播销售数据

一、复盘直播销售过程

复盘是指对一场或者一段时间内的直播内容进行回放和总结的过程。在直播过程中，主播通过讲解、演示等方式向观众传达信息，而观众则通过弹幕、评论等方式互动。直播复盘就是在直播结束后对直播的整个过程进行回顾、分析和讨论，总结出观众的反应和意见，并分析和改进。通过复盘，直播销售员可以了解自己的直播过程和效果、提升直播技巧和积累知识，直播复盘是提高直播质量和观众体验的重要环节。以下直播销售过程复盘以抖音直播平台销售女包为例。

（一）直播内容复盘

本场女装直播为下午14时开播，开播后预热，通过介绍品牌故事与观众互动，利用开播10分钟时间以截屏抽红包方式拉人气加关注粉丝团，在线人数增加到70人后，截屏抽奖出现了突发问题，截屏没有成功，运营人员将抽奖的1.88元红包金额提升到了8.88元来补偿用户，以继续留住用户。

14：20上架第一个福利款商品为吊带背心，通过推出福利款继续提升直播间人气，介绍吊带背心时采用了砍价的模式，从原价98元砍到9.8元，这期间让观众在评论上发“想要”等评论进行互动。主播重点介绍的产品内容包括：品牌背书，通过现场官网查询实现；产品展示与包装，9.8元且包邮。改价后留给观众购买的时间大概3分钟，下架时间由场控根据实时销售情况调节，在销售150单时下架了该福利款产品，完成第一轮人气积累。整个介绍商品过程（包括引出预热、介绍产品特点、产品利益点、砍价、上架、库存逼单）大概10分钟，后面每一款介绍商品的过程基本上也是按照这个流程。14：25上架的第二款福利产品是遮阳帽，每款产品的特点不同，讲解时间也不同（福利款相对讲解时间较少，因为福利款几乎适合所有观众）。

14：40上架的第一款正式商品为连衣裙，这款产品物美价廉，为主要的GMV拉升品，先引导观众刷评论引出这款裙子，宣传卖点为明星同款，用天猫比价来刺激顾客下单，同时赠送丝巾，设置场景：拿着一束花的模特配合动感背景音乐展示及跳舞营造直播间氛围，为这款产品进行预热，两款福利款库存变为0营造购买氛围，随后进入砍价环节，专柜价799元，官网价529元，活动价359元，老板1次报价259元、2次报价209元，最终开价159元，经历了6个价格跨越，最终销量153条。随后推出了本场第二个正式产品夏凉裤，经过多轮砍价最终定为289元（最终销量为50条），这款运营流程和上一款裙子基本上相同，只是没有模特跳舞的环节。其中有个细节，这款衣服不是和其他款一样临时上架，而是开播时就用原价放在小黄车里进行展示，在这款产品讲解的过程中，后台把其他款产品进行了改动，159元的裙子和福利款帽子库存调0，并从小黄车里移除，这时候给新观众展示的小黄车就是之前被抢光的商品和现有商品，既明确了直播间的商品以女装为主，又体现了直播间的福利属性，营造了商品抢购的氛围。14：55上架的本场第三款产品，进行新款测试。虽然此款销售数据不佳，结合之前的所有运营流程，在线人气达到1 295观看人数。15：08上架的第四款产品，是爆款商品，用来防止数据持续下滑，销量达到58个。从数据看，这时观看人数已经从1 295人下降为970人左右。15：33—16：00推出的三款产品数据都不理想，主播状态有所下滑，团队运营节奏没有之前紧密。

16：00点人气下滑到839人，借着整点送福利，把之前的背心产品返场用来拉人气，从数据看，效果并不明显，人气依旧下滑。

16：20—16：45主播下场休息，由助播和场控操作爆款产品返场。16：45主播休息回来，播了两款产品数据不是很好。

17：05上一个客单价为129元的开衫，且送了福利丝巾，人气也拉升了一些。

17：20上架一款外套，客单价偏高，销量为零。

17：28上架一款新品，数据很好。

17：42上架了普通款产品，客单价偏高，销量一般。

18：00左右借着整点送福利，上架了一款99元的低客单价款产品，数据并不理想。后面时间基本就是新款测试，销售数据不太好。

（二）直播人员复盘（见图6-2-1）

角色	复盘方向	关注维度
主播	直播状态	脚本、开场话术、互动话术、促单话术、产品话术、控场能力
场控	直播效果	选品、排品、组合、流程、节奏、视觉效果、人气、转化
运营	投放效果	视频发布、推广时机、投放金额、投放目标、投放效果
助理	后台操作配合	上下架产品、库存、优惠券、进店、点击、下单

图6-2-1　直播人员复盘内容

直播人员复盘时可以参考以下内容。

1. 主播复盘

本场主播表现力较好，对产品也足够了解，但解释时间过长，回答了多个和销售无关的问题导致直播间人气下降，在其他环节和工作人员配合较好。

2. 场控复盘

本场场控既帮忙砍价，又控制氛围，进行库存催单、小白板提示、写砍价理由，拉粉丝团，还能做助播，表现全面。

3. 运营复盘

本场运营提前发布短视频，控制投流时间和金额，在现场和助理一起上架商品、改价，但是发布预告视频时主题不明显。

4. 助理复盘

上架商品、改价、实时改库存（保证库存小于5以营造稀缺氛围），与场控沟通实时把控产品上下架的顺序，兼顾拿产品。

（三）直播数据复盘

每场直播可按照以下表格对直播数据进行采集和整理，如图6-2-2所示。

二、分析直播销售数据

从各个数据平台采集的直播销售数据条目繁多，在实际业务中，业务人员可以基于以下几个核心数据进行分析。

（一）直播销售额

直播销售额指的是通过直播活动所产生的销售收入的总额。直播销售额是衡量直播业绩和商业效果的关键指标之一。直播销售额的计算通常包括以下三个方面。

1. 商品销售额

统计通过直播销售的商品数量和单价，计算出商品销售的总额。这可以通过观众在直播期间的购买行为以及后续的订单和支付数据来统计。

2. 广告合作收入

在直播活动中，主播可能与品牌或商家合作展示广告，根据广告的定价和合作方式，可以计算广告合作所带来的销售额。

抖音直播复盘表

<table>
<tr><td rowspan="2">数据概览</td><td>账号</td><td></td><td>开播日期</td><td></td><td>开播时长</td><td></td><td>直播时间段</td></tr>
<tr><td>观众总数</td><td></td><td>付款总人数</td><td></td><td>付款订单数</td><td></td><td>销售额</td></tr>
</table>

<table>
<tr><td colspan="5">直播内容质量分析</td></tr>
<tr><td colspan="2">直播吸引力指标</td><td>关联因素</td><td>问题记录</td><td>复盘结论</td></tr>
<tr><td>最高在线人数</td><td></td><td rowspan="6">流量精准度
选品吸引力
产品展现力
营销活动力
主播引导力</td><td rowspan="6"></td><td rowspan="6"></td></tr>
<tr><td>平均停留时长</td><td></td></tr>
<tr><td>新增粉丝数量</td><td></td></tr>
<tr><td>转粉率</td><td></td></tr>
<tr><td>评论人数</td><td></td></tr>
<tr><td>互动率</td><td></td></tr>
</table>

<table>
<tr><td colspan="5">直播销售效率分析</td></tr>
<tr><td colspan="2">销售效率指标</td><td>关联因素</td><td>问题记录</td><td>复盘结论</td></tr>
<tr><td>转化率</td><td></td><td rowspan="5">流量精准
产品给力
关联销售
直播展示
主播引导</td><td rowspan="5"></td><td rowspan="5"></td></tr>
<tr><td>订单转化率</td><td></td></tr>
<tr><td>客单价</td><td></td></tr>
<tr><td>客单件</td><td></td></tr>
<tr><td>UV价值</td><td></td></tr>
</table>

<table>
<tr><td colspan="5">直播流量优化分析</td></tr>
<tr><td>流量来源</td><td>占比</td><td>人数</td><td>问题记录</td><td>复盘结论</td></tr>
<tr><td>视频推荐</td><td></td><td></td><td rowspan="5"></td><td rowspan="5"></td></tr>
<tr><td>直播推荐</td><td></td><td></td></tr>
<tr><td>其他</td><td></td><td></td></tr>
<tr><td>关注</td><td></td><td></td></tr>
<tr><td>同城</td><td></td><td></td></tr>
<tr><td>付费流量总数</td><td></td><td></td><td rowspan="5"></td><td rowspan="5"></td></tr>
<tr><td>Dou+短视频</td><td></td><td></td></tr>
<tr><td>Dou+直播间</td><td></td><td></td></tr>
<tr><td>Feed直播间</td><td></td><td></td></tr>
<tr><td>自然流量总数</td><td></td><td></td></tr>
</table>

<table>
<tr><td colspan="8">短视频内容优化分析</td></tr>
<tr><td>视频链接</td><td>完播率</td><td>播放量/获赞/评论/分享</td><td>总播放量</td><td>视频导流人数</td><td>视频点击进入率</td><td>分析与建议</td><td></td></tr>
<tr><td></td><td></td><td></td><td rowspan="5"></td><td rowspan="5"></td><td rowspan="5"></td><td></td><td></td></tr>
<tr><td></td><td></td><td></td><td></td><td></td></tr>
<tr><td></td><td></td><td></td><td></td><td></td></tr>
<tr><td></td><td></td><td></td><td></td><td></td></tr>
<tr><td></td><td></td><td></td><td></td><td></td></tr>
</table>

<table>
<tr><td colspan="8">单品销售数据分析</td></tr>
<tr><td>品名</td><td>购物车序号</td><td>直播间浏览量</td><td>直播间点击量</td><td>单品点击率</td><td>支付订单数</td><td>单品转化率</td><td>支付GMV</td></tr>
</table>

图6-2-2　直播复盘数据采集信息表

3. 观众礼物赠送

观众在直播期间会通过赠送礼物来支持和鼓励主播，礼物通常有一定的虚拟价值，将赠送礼物的总价值计算为销售额之一。

需要注意的是，直播销售额的计算可能还需要考虑退款、折扣和其他费用等因素的影响，以得出最终的净销售额。直播销售额是直播商业模式的重要指标，可以帮助主播和相关企业评估业绩、制定销售策略和增加收入。

（二）直播观众总数

直播观众总数是指在一场直播活动中观看直播的总人数。这是一个重要的指标，用于衡量直播的受众覆盖面和观众的参与度。直播观众总数的计算可以通过以下方式进行。

1. 观看次数计数

计算直播观看总次数，这是一种较为常用的统计方法。

2. 独立用户计数

通过观众在直播平台上登录或注册的账号进行识别，统计不同用户ID的数量来计算直播观众总数。这种方法相对较精确，可以避免同一用户多次观看而重复计数的情况。

3. 实时在线人数统计

有些直播平台会实时提供直播间的在线观众人数，通过观察实时人数变化的情况，可以实时调整直播内容和节奏。

需要注意的是，不同的直播平台可能采用不同的统计方法和算法，因此得出的观众总数可能会有一定的差异。另外，直播观众总数还会受到直播主题、时间、推广等因素的影响。对于一场直播活动，了解实际观众总数可以帮助主播评估受众覆盖和观众参与度，为后续的直播策略和内容提供参考。

（三）观众停留时长

直播观众停留时长是指观众在一场直播活动中的平均观看时长。这个指标可以用来衡量直播内容对观众的吸引力和观众的参与度。计算直播中观众停留时长的方法可以通过以下方式进行。

1. 观众登录时间和退出时间

记录观众进入直播间的时间和离开直播间的时间，计算观众的停留时长。

2. 热度值变化

有些直播平台会用热度值来表示观众的参与程度，在直播过程中统计热度值的变化，并以此作为观众参与程度的参考指标。

3. 平均观看时长

通过观众停留时长的平均值，将观众总停留时间除以观众总数，可以计算出观众的平均观看时长。

需要注意的是，观众停留时长会受到多种因素影响，例如，直播内容的吸引力、观众的兴趣和需求、直播时长、主播的表现等。较长的观众停留时长通常表示观众对内容的兴趣度高，而较短的停留时长可能意味着观众对内容不感兴趣或不满意。主播可以通过分析观众停留时长，了解观众对直播的反应和参与度，以及直播工作可能存在的改进空间，帮助直播销售员更好地调整直播策略和内容，提高观众的参与度和满意度。

（四）转粉率

直播转粉率是指观众在一场直播活动中成为主播粉丝的比例。粉丝是指持续关注并支持某个主播的观众，他们通常在直播结束后也会继续关注主播的直播和后续内容。计算直播转粉率的方法可以通过以下方式进行。

1. 粉丝增加数量

记录在直播过程中主播的粉丝数量变化，包括直播开始前和直播结束后的粉丝数量。粉丝增加数量等于直播结束后的粉丝数量减去直播开始前的粉丝数量。

2. 观众总数

统计直播过程中观看直播的总观众数量。

3. 直播转粉率计算

将粉丝增加数量除以观众总数，并乘100，得出直播转粉率的百分比。

直播转粉率反映了观众对主播的认可和信任程度，高转粉率通常表示主播在直播中表现优秀、内容吸引人，并能够吸引观众连续关注。主播可以通过分析转粉率，了解观众对直播的反应和参与度，以及可能存在的改进空间，提高观众的转粉率和保持粉丝的关注度。此外，直播转粉率也是衡量主播品牌影响力和商业价值的重要指标之一。

（五）转化率

直播下单转化率是指在观看直播过程中观众最终实际购买产品或服务的人数比例，通常以百分比表示。该转化率衡量了直播活动对观众购买意愿和行动的影响程度。直播下单转化率计算：将观众购买人数的数量除以观众总数，并乘100%，得出直播下单转化率的百分比。

直播下单转化率是直播活动的关键指标，可以反映观众对产品或服务的购买意愿，以及直播内容和呈现方式对观众购买行为的影响。较高的转化率通常表示直播活动能够有效激发观众的购买欲望，并促使他们下单购买。主播可以通过分析转化率来评估直播活动的商业效果，调整营销策略和产品展示，提高下单转化率和增加销售收入。

（六）其他重要数据

除了以上核心数据，还有一些其他数据也值得关注，数据类型和计算公式汇总如图6-2-3所示。

流量数据

视频引流进入率=（观看总人数×视频推荐占比）/短视频播放量

（代表视频引导观众进直播间的效率）

直播数据

平均停留时长=用户观看总时长/观看总人数

互动率=评论人数/观看总人数

转粉率=新增粉丝数/观看总人数

（每一百人进入直播间有多少人关注）

电商数据

购物车点击率=点击购物车人数/观看总人数

（顾客的潜在购买欲望）

转化率=成交人数/观看总人数

（每一百个顾客能成交的比例）

客单价=全场销售额/成交订单数

（每个顾客平均下单金额）

客单件=成交订单数/成交人数

（每个顾客购买的件数）

销售额=流量×转化率×客单价

UV价值=全场销售额/观看总人数

（进入直播间的每位用户平均贡献的销售金额）

图6-2-3　直播核心数据计算公式

以刚才列举的抖音直播平台销售女包的专场数据来看，UV价值是7.86，转化率5.11%，场观1.8W，流量较少，转化率正常，平均停留时间12分钟左右，新增590位粉丝，转粉率3.21%，粉丝团新增72位。总计上架12款商品，爆款占比40%，5款产品销售额占比80%，总计GMV 15万左右。直播核心数据计算公式见图6-2-3。

直播本质上是人货场的匹配，具备木桶效应，任何一场好的直播都是精细化运营的结果，一场直播的结果由各种细节决定，需要电商企业团队通力合作。

活动二　优化直播销售数据

晓慧经过一段时间对直播的复盘和数据分析，逐渐发现数据反映了直播间运营的很多问题，她感觉想要变成头部主播真的既靠实力也靠运气，因为一个直播间在运营的过程中总会出现这样那样的问题，她接下来就是要不断地积累经验并且学习具体的操作技巧，处理直播中遇到的困境，在问题解决的过程中不断完善自己，提升技能。

优化直播销售数据

一、根据分析结果发现问题

因为市场瞬息万变，竞争日益激烈，大部分直播间在运营过程中都会出现各种问题，在直播数据分析过程中，可能会发现以下主要问题。

1. 观众参与度低

分析数据发现观众参与度不高，例如，弹幕互动少、点赞和礼物赠送较少等。这可能说明直播内容不够吸引人，或者观众与主播之间的互动活动有待改进。

2. 直播内容单一

数据分析显示直播内容较为单一，缺乏创新和新鲜度，观众对内容的兴趣度不高。这可能导致观众流失和观看时长较短。

3. 过度宣传或推销

分析数据发现直播过程中过度宣传或推销产品或服务，观众对此感到厌烦或不满。这可能影响观众的参与度和转化率。

4. 技术问题

使用的直播平台或设备出现技术问题，导致直播视频质量不佳、断流或卡顿等。这可能影响观众的观看体验和留存率。

5. 观众流失问题

分析数据发现在直播过程中观众流失较多，观众的留存时长较短。这可能是直播内容、技术问题、呈现方式等方面的问题引起的。

通过发现这些主要问题，主播和团队可以进一步分析问题的原因，并采取相应的改进措施。这可能包括调整直播内容、改进互动方式、提升技术稳定性、增加观众参与度等，以提高直播质量和观众体验，进而提升观众参与度和转化率。

二、提出直播销售优化方案

要优化直播销售，可以考虑以下方案。

1. 定义明确的销售目标

设定具体的销售目标，如增加销售额、提升购买转化率、增加观众留存等。明确的目标有助于指导优化策略和评估效果。

2. 提供有吸引力的产品或服务

确保直播中展示的产品或服务具有独特性、高品质和实用性，能够引起观众的兴趣和购买欲望。说明产品的特点、优势和使用方法，以吸引消费者。

3. 定制个性化的销售策略

根据观众的需求和兴趣爱好，定制个性化的销售策略。如提供针对不同观众群体的专属折扣、套装优惠等。

4. 强化互动和参与度

通过增加直播的互动性，如与观众的互动、拉票抽奖、问答环节等，提高观众的参与度和黏性。直播间互动有助于减少观众的厌倦感，增加观众的购买意愿。

5. 优化直播内容和演示效果

制订精心准备的内容计划，确保直播内容有逻辑性、生动有趣，并能清晰传达产品或服务的价值和优势。同时，提供高质量的直播视频和音频，以保证观众的良好观看体验。

6. 推广和营销

直播销售员提前进行充分的营销宣传工作，通过社交媒体、电子邮件、运营号等渠道提前引起观众的兴趣。同时，直播销售员也要充分利用直播结束后的回放功能，以吸引更多潜在观众观看和购买。直播间引流是指直播销售员通过各种手段吸引更多观众前往直播间观看直播，提高观众的参与度和转化率。以下是一些常见的直播间引流方法：①社交媒体推广；②邀请合作；③优惠促销；④引导式营销；⑤品牌合作推广；⑥精准定向广告；⑦口碑传播。

直播销售员综合运用以上引流方法，并根据目标受众、直播内容和特点进行策略调整，可以增加直播间的曝光度、吸引更多观众的参与和转化，并提升直播销售和品牌影响力。

7. 数据分析和优化

直播销售员通过对直播数据的分析，了解观众的行为和偏好，并根据数据结果不断优化直播策略和内容，提高销售效果和观众参与度。

以上方案可以帮助直播销售员优化直播销售，但需要根据具体情况和目标进行调整和实施。直播销售员持续关注观众的反馈和市场趋势，并进行灵活调整，以提高直播销售的效率。

团队实训

实训目标	利用本书各章节知识，建立直播账号进行直播实操，直播后对自己团队的直播过程进行复盘，利用合适的分析工具分析直播数据并进行优化
组织形式	每小组4～6人，小组内部推举小组负责人，组员通过讨论进行组内分工，合作完成实训目标
实训要求	1. 录制直播过程视频 2. 按照分工进行直播复盘 3. 每个人书写直播复盘报告 4. 小组共同制定直播数据优化实施方案，并且制作PPT

综合评价

通过项目6的学习，晓慧深入了解了直播销售数据的重要性，掌握了数据采集和分析的方法，并学会了如何利用数据优化直播销售过程。她明白了数据是直播销售中不可或缺的环节，可以帮助她了解观众行为、产品表现、直播效果等信息，从而制定更有效的销售策略，提升直播销售业绩和用户体验。

综合评价

评价项目	评价内容	评价标准		评价方式		
				学生自评	小组互评	教师评价
学生姓名			综合评价等级			
指导老师			日期			
职业素养	安全意识 责任意识	A. 作风严谨、自觉遵章守纪、出色完成实操任务 B. 能够遵守规章制度、较好完成实操任务 C. 遵守规章制度、未完成实操任务 D. 不遵守规章制度、未完成实操任务				
	学习态度	A. 积极参与教学活动、全勤 B. 缺勤率达本任务总学时的10% C. 缺勤率达本任务总学时的20% D. 缺勤率达本任务总学时的30%				
	团队合作意识	A. 与同学协作融洽、团队合作意识强 B. 与同学能沟通、分工、协调工作能力较强 C. 与同学能沟通、分工、协调工作能力一般 D. 与同学沟通困难、分工、协调工作能力较差				
专业能力	熟练掌握直播复盘流程	A. 学习活动评价成绩为90～100分 B. 学习活动评价成绩为75～89分 C. 学习活动评价成绩为60～74分 D. 学习活动评价成绩为0～59分				
	选择合适的数据分析平台	A. 学习活动评价成绩为90～100分 B. 学习活动评价成绩为75～89分 C. 学习活动评价成绩为60～74分 D. 学习活动评价成绩为0～59分				

续表

评价项目	评价内容	评价标准	评价方式		
			学生自评	小组互评	教师评价
专业能力	能对直播数据进行分析和优化	A. 学习活动评价成绩为90～100分 B. 学习活动评价成绩为75～89分 C. 学习活动评价成绩为60～74分 D. 学习活动评价成绩为0～59分			
	实训任务测评	A. 按时完成实训操作与任务测评，实操总结汇报表述清晰、流畅 B. 按时完成实训操作与任务测评，实操总结汇报表述基本清晰、流畅 C. 未能按时完成实训操作与任务测评，实操总结汇报表述错误较多 D. 未完成实训操作与任务评测题，无实操总结汇报			
创新能力		学习过程中提出具有创新性、可行性建议	加分奖励：		

实战训练

一、单选题

1. 以下哪个指标反映了直播在某一时刻的最大吸引力？（　　）

A. 直播观众留存率　　B. 销售转化率

C. 新关注者获取量　　D. 峰值观众数

2. 以下哪个指标可以了解观众对单个产品的接受程度？（　　）

A. 产品回购率　　B. 单个产品销售额

C. 产品评价评分　　D. 产品库存销售率

3. 以下哪个平台不属于第三方数据平台分析工具？（　　）

A. 抖音主播中心　　B. 抖查查　　C. 飞瓜数据　　D. 蝉妈妈

4. 转化率是指以下哪一项？（　　）

A. 观众在一场直播活动中成为主播的粉丝的比例

B. 观众在一场直播活动中购买产品的比例

C. 观众在一场直播活动中点赞的比例

D. 观众在一场直播活动中评论的比例

5. （　　）是指观众在直播结束后继续关注主播的比例。

A. 转粉率　　B. 转化率　　C. 留存率　　D. 参与度

二、多选题

1. 复盘直播过程需要哪些人员参与？（　　）

A. 主播　　B. 场控　　C. 助播　　D. 运营

2. 直播销售额主要包括以下哪几部分收入？（　　）

A. 商品销售额　　B. 观看次数计数

C. 广告合作收入　　D. 观众礼物赠送

3. 分析直播销售数据有哪些作用？（　　）

A. 改进销售策略　　B. 进行客户行为分析

C. 优化库存管理　　D. 进行市场趋势预测

4. 直播互动指标包括以下哪些内容？（　　）

A. 观众互动次数　　B. 互动参与度

C. 观众留言评论数　　D. 观众点赞数量

5. 直播销售指标包括以下哪些内容？（　　）

A. 销售额　B. 销售转化率　C. 平均订单价值　D. 复购率

三、判断题

1. 只要好好准备直播，每一场直播的销售额就一定会高。（　　）

2. 较高的转粉率通常表示直播活动能够有效激发观众的购买欲望，并促使他们实际下单购买。（　　）

3. 通过观众口碑传播可以引流更多的观众，例如提供良好的观看体验、优质的服务、有趣的内容等，激发观众传播直播的积极评价和分享。（　　）

4. 观众停留时长会受到多种因素影响，例如直播内容的吸引力、观众的兴趣和需求、直播时长、主播的表现等。（　　）

5. 直播销售数据可以帮助预测市场趋势，例如哪些产品或品牌可能在未来流行。（　　）

四、案例分析

小张的直播困境

大学毕业生小张回到甘肃家乡，希望通过直播销售当地特色农产品帮助村民脱贫致富。然而，几场直播下来，观看人数少（每场不超过百人），粉丝增长缓慢（每次不超过50个），销售额惨淡（每场不超过500元）。小张为此十分苦恼，希望能得到学校电子商务专业的同学们的帮助。

请结合本书所学的直播销售数据分析与优化的知识，为小张提出改善直播销售状况的建议。

五、工作场景实训

某美妆品牌在抖音平台进行直播销售，最近几场直播的销售额波动较大，部分场次转化率较低（低于5%），观众停留时长较短（平均10分钟以内），且粉丝流失率较高，品牌运营团队希望通过数据分析找出问题并优化直播销售策略。

如果你是这个美妆品牌运营团队的成员，请结合本项目知识，分析该美妆品牌直播销售存在的问题，并提出优化方案。